GOTT
UND
GÖTTER
IM ALTEN
ÄGYPTEN

SYLVIA SCHOSKE

DIETRICH WILDUNG

GOTT
UND
GÖTTER
IM ALTEN
ÄGYPTEN

VERLAG PHILIPP VON ZABERN

Veröffentlicht anläßlich der Sonderausstellung
GOTT UND GÖTTER IM ALTEN ÄGYPTEN
Sammlung Resandro
Ägyptisches Museum und Papyrussammlung,
Staatliche Museen zu Berlin, 1992
Staatliche Sammlung Ägyptischer Kunst München,
1992/93
Museum für Kunst und Gewerbe Hamburg, 1993

Text:
Sylvia Schoske, Dietrich Wildung

Dokumentation und Satz:
Gabriele Wenzel

Photos:
Dietrich Wildung

Schwarz-Weiß-Labor:
Holger Wenzel

Grafik:
Edda Kreihe-Schmalix

Restauratorische Betreuung:
Florian Rödl

Analysen:
Josef Riederer, Rathgen Forschungslabor

Umschlag: Katalog Nr. 6

Vorsatz: Götterkatalog im Sanktuar des Hibis-Tempels,
Oase el-Charge (nach Norman de Garis Davies, The
Temple of Hibis in el Khargeh Oasis III, New York
1953)

Frontispiz: Widderköpfiger Gott, Seite 4

VII, 240 Seiten mit 113 Farb- und 88 Schwarzweißabb.

Die Deutsche Bibliothek – CIP-Einheitsaufnahme

Gott und Götter im Alten Ägypten:
Sammlung Resandro, Ägyptisches Museum und
Papyrussammlung, Staatliche Museen zu Berlin,
1992 ; Staatliche Sammlung Ägyptischer Kunst
München, 1992/93 ; Museum für Kunst und
Gewerbe Hamburg, 1993 / Sylvia Schoske ;
Dietrich Wildung.
Veröff. anläßlich der Sonderausstellung Gott und
Götter im Alten Ägypten. – Mainz am Rhein :
von Zabern, 1992
    ISBN 3-8053-1409-4
    ISBN 3-8053-1420-5 (Museumsausg.)
NE: Schoske, Sylvia ; Wildung, Dietrich ; Ägyptisches
Museum und Papyrussammlung ⟩Berlin⟨ / Sammlung
Resandro

ISBN 3-8053-1409-4
ISBN 3-8053-1420-5 (Museumsausgabe)
Satz: Typo-Service Mainz
Lithos: SWS Repro GmbH, Wiesbaden
Gesamtherstellung: Zaberndruck, Mainz am Rhein
Printed in Germany / Imprimé en Allemagne
Printed on fade resistant and archival quality paper
(PH 7 neutral)

Inhalt

Zum Frontispiz

Wissenschaft will Ordnung schaffen, Gesetzmäßigkeiten erkennen und Regeln formulieren. Die wissenschaftlichen Methoden der Ägyptologie – sei es im Bereich der Sprache und Literatur, der Religion und Geschichte oder der Kunst – sind auf dieses Ziel hin orientiert, den Einzelfall ins Allgemeingültige zu überführen.

Es kann nicht ausbleiben, daß die von der Ägyptologie erarbeiteten Regeln in Widerspruch treten zu altägyptischen Quellen, wenn diese Quellen, Texte oder Bilder, in Form oder Inhalt den ägyptologischen Regeln nicht folgen wollen. Gern zieht dann der Gelehrte den Schluß, der regelwidrige Text sei zu verbessern, da vom altägyptischen Schreiber fehlerhaft abgefaßt, und ein bislang unbekannter, also im kodifizierten Kenntnisstand nicht verzeichneter Bildtypus sei von zweifelhafter Authentizität.

Die Kniefigur mit Widderkopf, einen Pavian vor sich haltend, entzieht sich den Regeln der bislang bekannten Ikonographie. Die Grundform läßt an naophore Priesterfiguren denken, aber dieser Kniende trägt einen Widderkopf. Der Pavian als Erscheinungsform des Gottes Thoth ist kaum vereinbar mit einem Widdergott, und an den Kultorten widdergestaltiger Götter – Elephantine für Chnum, Theben für Amun, Herakleopolis für Herischef, Mendes für den *Ba-neb-dedet* – ist Thoth nicht beheimatet.

Wenn Statuentyp und Ikonographie schwer lösbare Fragen aufwerfen, so bleibt die dritte Ebene der Aussage und Beurteilung, der Stil, die künstlerische Qualität und Stimmigkeit.

Kein Zweifel, die Kniefigur ist monumental in ihrer Kleinheit von nur sechs Zentimetern, ist voll Spannung in den gespreizten Zehen, in der Haltung der Beine, Arme und Hände, strahlt Lebendigkeit aus in den Gesichtern der beiden Tierköpfe – eine glückliche Symbiose von Form, Ikonographie und Stil.

Eine Erweiterung und Differenzierung der Regeln der Darstellungsweisen ägyptischer Götter erscheint hier angebracht. Die kleine Figur ist ein Modellfall für die Bedeutung des Bildes in der Religion der alten Ägypter. Sie fordert auf, Namen, Gestalt, Funktion und gegenseitiges Verhältnis der beiden dargestellten Götter zu überdenken und sie in ihren angemessenen geographischen und zeitlichen Rahmen zu setzen.

Kann ein Pavian in Gemeinschaft mit einem Widderköpfigen eine Darstellung des Thoth sein? Ist er nicht vielmehr Chons, der Sohn des Amun, und somit in Theben, in Karnak anzusiedeln? Ist der Figurentypus nur für Priester belegt? Hält nicht auch Isis vor sich ihren Sohn Horus, von ihren schützenden Händen behütet?

Das bislang unbekannte Bildmotiv steht für einen Grundzug altägyptischer Religion, für die Vielschichtigkeit des Gottesbegriffes, der niemals in einer dreitausendjährigen Geschichte endgültig formuliert wurde, stets offenblieb für neue Namen, neue Gestalten, neue Gotteserfahrungen.

Fayence
H. 6,2 cm; B. 1,7 cm; T. 3,2 cm
Dritte Zwischenzeit, frühes 1. Jtsd. v. Chr.

Vorwort

Überwältigend in ihrer Vollkommenheit und Größe sind die Tempel und Gräber der alten Ägypter, für eine Ewigkeit gebaut, an der noch der Mensch des 20. Jahrhunderts unmittelbar teilhat. Ihre Reliefbilder und Malereien und ihre Statuen von Göttern, Königen und Würdenträgern sind noch nach Jahrtausenden lebendige Gesprächspartner. Altägypten ist präsent, aktuell, aufregend. Dem Nichtfachmann bietet sich das pharaonische Ägypten allerdings nur bruchstückhaft dar, kopflastig in seinen vor Ort erhaltenen Bauten, die in ihrem bis vor kurzem noch guten Erhaltungszustand Ruinen zu nennen man zögert, in populären Büchern reduziert auf die Standardwerke, die Stars in den Museen der Welt.

Ein geschlossenes Bild dieser Kultur gewinnt nur der, der die Seitenkabinette der Museen sucht und dort jenseits der Monumentalität die Unmittelbarkeit all dessen findet, was oft als »Kleinkunst« abgetan ein Schattendasein führt. Altägypten *en miniature* – das war und ist auch das Reich der Sammler, die ohne die Glasscheibe der Vitrine in direktem Kontakt mit ihren Stücken leben. Der Öffentlichkeit bleiben diese kleinen Kostbarkeiten meist verschlossen; außerhalb der Atmosphäre der Privatsammlung verlören sie manches von ihrem Reiz.

GOTT UND GÖTTER IM ALTEN ÄGYPTEN öffnet erstmals eine Sammlung, die in dreißig Jahren kundigen, beharrlichen und bisweilen hartnäckigen Suchens zusammengetragen wurde. Die thematische Konzentration auf Götterdarstellungen ist ein Nebeneffekt der Erwerbungsphilosophie des Sammlers, in der die künstlerische Qualität der Objekte wichtigstes Kriterium ist. Daß diese Entscheidungen ohne fachliche Rückendeckung gefällt werden, anerkennt der Ägyptologe mit großer Bewunderung.

Viele bedeutende Kunstwerke, die über zahlreiche kleine Sammlungen verteilt waren, sind nun zu einem Ganzen vereint und bieten sich in zweifacher Weise dar, kurzfristig in einer Sonderausstellung, die in Berlin, München und Hamburg gezeigt wird, langfristig in einer Publikation, die den Grund für eine wissenschaftliche Beschäftigung mit den Objekten legen will, aber auch versucht, vor der inhaltlichen Ebene das Kunstwerk sichtbar zu machen.

Berlin – München,
Ostern 1992

Sylvia Schoske
Dietrich Wildung

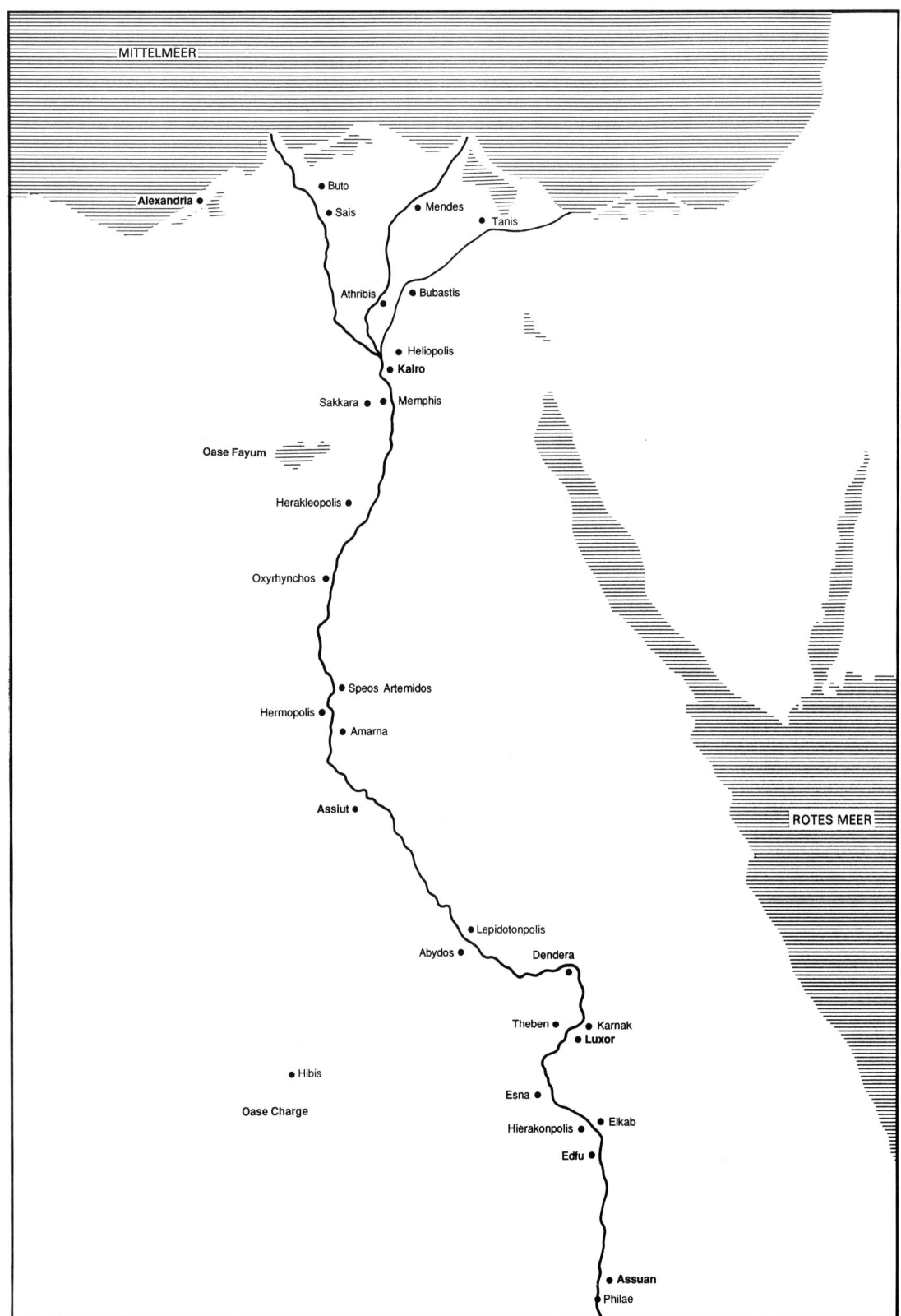

MITTELMEER

Alexandria ●

● Buto
● Sais

● Mendes

● Tanis

Athribis ●
● Bubastis

● Heliopolis
Kairo ●

Sakkara ● ● Memphis

Oase Fayum

Herakleopolis ●

Oxyrhynchos ●

● Speos Artemidos

Hermopolis ●

● Amarna

Assiut ●

● Lepidotonpolis

Abydos ● Dendera ●

Theben ● ● Karnak
● **Luxor**

● Hibis

Oase Charge

Esna ●

Hierakonpolis ● ● Elkab

Edfu ●

● **Assuan**
● Philae

ROTES MEER

VIII

Einleitung

Wenn der Theologe Eugen Drewermann in seinen Werken vielfach und ausführlich auf die Religion der alten Ägypter Bezug nimmt, geschieht dies nicht nur aus der kühlen Distanz des Historikers, sondern auch aus der unmittelbaren Betroffenheit des Gläubigen, der Grundfragen der menschlichen Existenz in Texten und Bildern Ägyptens formuliert und beantwortet findet. Ein neues, unmittelbares Verhältnis zur Glaubenswelt einer antiken Religion tut sich hier auf, eine Ernsthaftigkeit der Auseinandersetzung, die weit über das analytische Forschen hinausgeht.

Die Unbefangenheit und Selbstverständlichkeit, mit der der Gottsucher unserer Tage auch den Weg nach Altägypten einschlägt, ist umso erstaunlicher, als dieser Weg noch selten begangen ist. Schwer überwindbare Hindernisse stellen sich dem entgegen, der hier eine mögliche Annäherung an das Göttliche vermutet, Hindernisse, die die Ägypter und die Ägyptologen errichtet haben.

Das altägyptische Hindernis erschien über viele Jahrhunderte, seit der Spätantike, unüberwindlich. Die Kenntnis der altägyptischen Schrift, der Hieroglyphen, war verlorengegangen und mit ihr der Zugang zur Sprache und zu all ihren Inhalten. Nur aus zweiter Hand, aus griechischen, lateinischen, später auch aus arabischen Quellen gelangten Nachrichten über Altägypten an die Nachwelt, unvollständige und entstellte Informationen, geprägt vom Erfahrungshorizont der jeweiligen Beobachter. Erst die Entzifferung der Hieroglyphen durch J.-F. Champollion im Jahre 1822 erschloß den so lange versperrten Weg.

Ein ähnliches Schicksal widerfuhr der reichen Bilderwelt Altägyptens, den Grabmalereien und Tempelreliefs, den Statuen und Amuletten, und ihrem architektonischen Rahmen, den Pyramiden und Felsengräbern, den Pylonen und Säulenhallen der Tempel. Sprachlos in den sie bedeckenden unverständlich gewordenen Inschriften hatten sie ihren Sinn verloren und luden ein zu phantastischer Ausdeutung, die aus Altägypten das Land der Mystik und Magie, des Götzendienstes und der Geheimbünde werden ließ.

Erst mit der Geburt einer wissenschaftlich betriebenen Ägyptenforschung begann der langsame Abbau dieser Barrieren, und Stein um Stein wächst aus dem Nebel des Vergessens wieder das weiträumige Gebäude einer differenzierten Kultur in all ihren Lebensäußerungen. Unterschiedlich war und ist der Fortschritt beim Wiederaufbau der altägyptischen Welt. Chronologie und Geschichte, Wissenschaft und Technik sind gut erforscht; Wirtschaft und Sozialstruktur, innen- und außenpolitische Herrschaftssysteme, aber auch Grundfragen der altägyptischen Kunst bleiben vorerst noch Notstandsgebiete der Forschung.

Auch die Religion Altägyptens steht auf der Liste der Defizite der Ägyptologie. Was die Ägyptologie über viele Jahrzehnte geleistet hat, ist die Erarbeitung von Elementen einer Theologie, deren in hohem Maß abstrakter Charakter sich nicht zuletzt darin enthüllt, daß sie fast ausschließlich auf die Auswertung von Textquellen gegründet ist. Texte sind nicht nur in Altägypten Zeugnisse der kleinen literaten Oberschicht; die illiterate Masse der Bevölkerung äußert sich – wenn überhaupt – authentischer im Bild. Die Rolle des Bildes in der modernen Kommunikation belegt diese Feststellung ohne weiteren Erklärungsbedarf.

Solange Religion von der Wissenschaft als die Summe theologischer Systeme verstanden wird, negiert diese Wissenschaft die Präsenz der Religion im Leben des Menschen. Solange die Ägyptologie den Versuch der Rekonstruktion altägyptischer Religion darauf konzentriert, Tempelinschriften, Ritualtexte und Kulthymnen zu interpretieren, geht sie an der Glaubenswirklichkeit Altägyptens vorbei.

Das sich ergänzende und bedingende Begriffspaar Theologie – Religion kann zumindest für Altägypten in eine direkte Analogie gesetzt werden zu Text und Bild als aufeinander angewiesenen Äußerungsformen religiösen Bewußtseins. Die Bildquellen zur ägyptischen Religion sind bislang meist zur Illustration von Textaussagen herangezogen worden. Daß ihre Bedeutung als eigenständige Informationsquellen unterschätzt und oft übersehen wird, zeigt sich in einem der Standardwerke der modernen Ägyptologie, dem »Lexikon der Ägyptologie«, das zwar in erschöpfender Vollständigkeit die vielnamige Götterwelt Altägyptens vorführt, aber den Aspekt der bildlichen Darstellung der Götter nur am Rande streift und nicht selten überhaupt unberücksichtigt läßt.

Hier setzt das Konzept der Sonderausstellung »Gott und Götter im alten Ägypten« und der die Ausstellung begleitenden Publikation an. Es wählt nicht aus der Fülle der bildlichen Darstellungen altägyptischer Gottheiten aus, was sich in vorgegebene Strukturen einpassen läßt, sondern geht von der Fülle des Vorhandenen aus. Viel verwirrender ist diese Fülle, als es die Schemata vermuten lassen, die in populären Darstellungen Altägyptens jeder Gottheit eine bestimmte Erscheinungsform zuweisen. Gliederungen sind aus dem Material selbst abzuleiten, und das Ergebnis solcher Ordnungsversuche wirkt nun seinerseits auf die traditionellen Vorstellungen von altägyptischer Religion.

Im Vordergrund der Ausstellung und ihrer Begleitpublikation steht folglich die Präsentation der formalen Vielfalt ägyptischer Götterbilder. Es ist unvermeidlich, daß dadurch zunächst eher Verwirrung als Klärung erreicht wird. Die Überlagerung unterschiedlicher Strukturen bringt es mit sich, daß sich dieselbe Gottheit in verschiedenen Gliederungsebenen wiederfindet, und es ist unvermeidlich, daß die Zuordnung bestimmter Erscheinungsformen zu dieser oder jener Gottheit bisweilen über den Stellenwert eines Vorschlags nicht hinauskommt.

Auch dieser Versuch einer Annäherung an die Wirklichkeit altägyptischer Religion bleibt tendenziös, da ihm ein ganz besonderes Kriterium der Quellenauswahl zugrunde liegt. Die hier versammelten Götterbilder schließen sich trotz ihrer ikonographischen Vielschichtigkeit unter einem Aspekt zur Einheit: in ihrer künstlerischen Qualität. Sie haben sich in dieser Publikation und der hinter ihr stehenden Ausstellung nicht unter religionswissenschaftlichen Gesichtspunkten zusammengefunden, sondern sind nach ganz anderen Gesichtspunkten ausgewählt worden, nach ihrem Rang als Kunstwerke.

Gerade aber in dieser inhaltlich unsystematischen Zusammenstellung bilden sie einen objektiven, repräsentativen Querschnitt, stellen eine Realität dar, die nicht der Ägyptologe erfunden, sondern das Originalmaterial vorgegeben hat.

Zudem mag die Aufwertung der Bildinformation zu einer der Textinformation gleichrangigen Quelle über den Bereich der Religionswissenschaft hinaus allgemeine Relevanz für die Beschäftigung mit Altägypten haben. Jede Art historischer Forschung sieht sich in hohem Maße dem Problem der Übersetzbarkeit der Primärquellen konfrontiert. Der Informationsverlust ist dort am geringsten, der Wirklichkeitsgehalt dort am größten, wo eine Übersetzung des Textes oder des Bildes in unsere Begrifflichkeit und Sprache nicht nötig ist, da die Quelle in ihrer eigenen Sprache verständlich zu uns spricht.

Zweifellos ist hier das Bild dem Text überlegen. Es ist über Sprach- und Epochengrenzen hinweg zumindest in seinen äußeren Schichten unmittelbar zugänglich. Während zu fremdsprachigem Textmaterial nur der Sprachkundige Zugriff hat, ist das Bild sprachunabhängig kommunikativ. Für Altägypten heißt das, daß sich dem Nichtägyptologen nur im außersprachlichen Bereich eine direkte Begegnung eröffnet. Sie wird zwar ohne die Präzisierung durch Textinformation nicht voll befriedigen können, aber sie setzt sich auch nicht der Gefahr der Verfälschung durch das subjektive Urteil eines modernen Interpreten aus.

Eine Religion, deren Textzeugnisse in hohem Maße in bildhafter Sprache formuliert und in einer bildträchtigen Schrift aufgezeichnet sind und auf Grab- und Tempelwänden, auf Särgen und Papyri fast ausnahmslos in enger Symbiose mit dem Medium des Bildes niedergelegt sind, ist prädestiniert, auch heute in diesen Bildern begriffen zu werden.

Geheim an Verwandlungen
funkelnd an Erscheinungsformen
wundertätiger Gott, reich an Gestalten

Ein Name – viele Gestalten

Von der ironisierenden Beschreibung ägyptischer Götter bei Thomas Mann über Goethes
»hundsköpfige Götter« bis zurück zu den Kirchenvätern und zu den antiken Autoren läßt sich
als ein Leitmotiv der nicht-wissenschaftlichen Auseinandersetzung mit der Religion der alten
Ägypter die Vielgestaltigkeit des Gottesbegriffes verfolgen. In der Ägyptologie hat dieser so
signifikante und evidente Aspekt der altägyptischen Religion wenig Beachtung gefunden. Der
einzige Versuch einer umfassenden Sammlung ikonographischer Varianten der Darstellung
ägyptischer Götter, der »Dizionario di mitologia egizia« von Ridolfo Vittorio Lanzone, ist vor
mehr als hundert Jahren erschienen (Torino 1881–1885); Hans Bonnets Beitrag »Die ägyptische
Religion« zum Bilderatlas zur Religionsgeschichte wurde 1924 veröffentlicht und stellte sich
ein viel weiter gestecktes, allgemeineres Ziel. Die ägyptologischen Lieferungen der noch nicht
abgeschlossenen »Iconography of religions« haben sich einem Redaktionskonzept zu fügen, das
trotz des Titels der Publikationsreihe nicht primär ikonographischen, sondern historischen
Kriterien folgt und infolgedessen eine Ikonographie ägyptischer Götter nicht liefern will und
kann.

Philologie und Archäologie, die beiden Grundpfeiler der Ägyptologie, sind als Quellenlieferan-
ten zur altägyptischen Religion besonders eng miteinander verwoben und aufeinander angewiesen. Die Textträger – Tempel- und Grabwände, Stelen, Statuen und Papyri – sind meistens
auch Bildträger. Eine sprachliche Aussage zur Religion ist häufig mit einer Bildaussage verbunden, aber nicht immer ist beider Zusammengehörigkeit an der Text- oder Bildaussage unmittelbar erkennbar. Nur ihr Nebeneinanderstehen läßt vermuten, daß sie sich gemeinsam zu einer
komplexen Information verbinden. Im Falle solcher Korrespondenz von Bild und Text erläutert das Bild den Text, identifiziert der Text das Bild.

Die Textebene allein erlaubt jedoch nicht einen eindeutigen Rückschluß auf eine entsprechende Bildebene. Der Name einer Gottheit ruft nicht unmittelbar ein für diese Gottheit typisches Bild hervor. Typisch ist die Mehrzahl, oft Vielzahl von Bildvarianten. Sie zeigt die Offen-
heit des Gottesbegriffes, der nie endgültig fixiert ist, sondern sich in stetiger Veränderung, Differenzierung und Erweiterung befindet. Eine letztendliche Definition des Göttlichen kennt die
ägyptische Religion nicht. An die Stelle dogmatischer Festlegung setzt sie die unaufhaltsame
Suche, die sich in den Bilddokumenten über mehr als drei Jahrtausende verfolgen läßt.

Die Variationsbreite der Vorstellungen und der aus ihnen entspringenden Darstellungen ist
schon in den Bildern der vorgeschichtlichen Zeit angelegt. Ein theoretisch vorstellbares Evolu-
tionsmodell, das im Lauf der historischen Entwicklung das Erscheinungsbild des Göttlichen im

Wandel vom Naturphänomen über den gegenständlichen Fetisch und die Tiergestalt zum anthropomorphen, zum menschengestaltigen Gott sieht, wird von den Originalbefunden widerlegt. Schon in der Ikonographie der Felsbilder, der Vasenmalereien, der figürlichen Arbeiten aus Ton, Bein und Stein, der Wand- und Textilbilder und der reliefierten Paletten des späten vierten Jahrtausends konkretisieren sich göttliche Mächte gleichermaßen im Bild kosmischer Erscheinungen, in Menschengestalt, als Tiere, als Pflanzen, als heilige Gegenstände.

Damit sind die Elemente der Götterikonographie vorgeprägt, mit denen die ägyptische Kunst mehr als drei Jahrtausende lang arbeiten wird. Kaum ein Bereich der sinnlich erfahrbaren Welt ist aus dem Repertoire der Darstellungsformen des Göttlichen ausgespart. Sterne, Mond und Sonne werden als Bilder Gottes vom Himmel geholt. Die gesamte Tierwelt kann zur sichtbaren Äußerung göttlichen Wirkens werden, Löwe, Nilpferd und Krokodil als die mächtigsten Wesen der Fauna des antiken Niltals ebenso wie der Mistkäfer oder der Tausendfuß; Fische und Vögel, Reptilien, Säugetiere und Insekten sind gleichwertige Möglichkeiten der bildlichen Konkretisierung Gottes. Gott zeigt sich als Baum und als Blume und wird sichtbar (und hörbar) im Kultgerät.

Wenn die ägyptische Sprache die Gotteserfahrung mit Namen belegt, so scheint damit eine überaus komplexe Vorstellung in personhafte Träger aufgegliedert zu sein. Ihre Summe ergäbe ein Pantheon, eine umfassende Göttergemeinschaft. Die sichtbare Manifestation dieser Götterpersönlichkeiten läßt jedoch Zweifel aufkommen an ihrer Personhaftigkeit. Eine Gleichsetzung von Namen und Gestalt in einer festen, ausschließlichen Bindung existiert nicht. Die vielen wechselnden Gestalten, die einem einzigen Gottesnamen zugeordnet werden können, sind nicht aus einer historisch bedingten Veränderung zu erklären, treten sie doch nicht nur gleichzeitig, sondern sogar unmittelbar nebeneinander auf (Kat. 1).

Die vielen Gestalten, die einem einzigen Gottesnamen zugeordnet sein können, sind Ausdruck der Vielschichtigkeit der Gotterfahrung, die in einer einzigen Erscheinungsform völlig unzureichend gefaßt wäre. Das Bild als Umschreibung, nicht als Beschreibung – das mag als Verständnishilfe dienen und gleichzeitig eine der möglichen Antworten auf die oft gestellte Frage geben, ob der alte Ägypter eine Katze, einen Ibis oder einen Pavian als Gott gesehen habe.

Eine spezifisch ägyptische Darstellungsform Gottes muß hier erläutert und gewürdigt werden, die Mischgestalt. Wenn auch aus den Elementen der sinnlich erfahrbaren Welt zusammengesetzt, ist sie doch als solche außerhalb irdischer Realität angesiedelt. Da die Mischgestalt sehr häufig als Verbindung eines menschlichen Körpers mit einem Tierkopf oder mit einem pflanzlichen Element als Kopf auftritt, könnte sie als Anthropomorphisierung von Tier oder Pflanze erklärt werden. Ein solches Deutungsmuster scheitert jedoch daran, daß nicht nur die Umkehrung dieser Kombination belegt ist, also der Tierkörper mit Menschenkopf – Sphinx und Seelenvogel – oder der Baum mit menschlichem Oberkörper – die Baumgöttin – , sondern auch Körperteile verschiedener Tiere sich zu einem neuen Wesen verbinden können – Thoeris (Kat. 70–73) in ihrer Kombination von Nilpferd, Löwe und Krokodil mag als Beispiel stehen.

Die Mischgestalt ist der bildliche Ausdruck der Unmöglichkeit, Gott im Bild zu fassen. Sie ist das Bild des nicht Abbildbaren, indem sie Formen schafft, die außerhalb des sinnlich Wahrnehmbaren liegen; sie macht das Unsichtbare sichtbar, sie konkretisiert religiöses Erleben und theologische Spekulation in nie geschauten Formen. Gott wird sichtbar in diesen erdachten Gestalten, die materialistisch betrachtet unsichtbar bleiben. Kaum irgendwo sonst fassen wir die Wirklichkeit stiftende Qualität der ägyptischen Kunst so intensiv wie in diesem Bereich der religiösen Ikonographie.

Eine differenzierte Analyse ägyptischer Götterdarstellungen zeigt, daß die Verbindung einer Auswahl kosmischer, menschlicher, tierischer, pflanzlicher oder gegenständlicher Elemente in einem einzigen Götterbild geradezu die Regel ist; in den Attributen der Götterfiguren, insbesondere in ihren Kronen, sind diese Elemente in niemals endgültig festgelegter Kombination versammelt. Sonnenscheibe und Uräusschlangen, Falken- und Straußenfedern, Widderhörner und Stierschweif sind so häufige Versatzstücke der Götterikonographie, daß sie kaum noch als Elemente der Mischgestalt wahrgenommen werden. So ist der menschengestaltige Amun keineswegs rein menschengestaltig, trägt er doch seine Krone aus Federpaar und Sonnenscheibe. Er, dessen Name »der Verborgene« bedeutet, gibt seine Unsichtbarkeit dadurch zu erkennen, daß er in besonders großer Gestaltenvielfalt auftritt. In Tiergestalt erscheint er als Widder (Kat. 14,15) und als Gans, die Menschengestalt zeigt ihn als Mann (Kat. 11,12,18) oder mumienförmig eingehüllt mit erigiertem Glied (Kat. 12,13), in der Mischgestalt trägt er neben dem Widderkopf (Kat. 16) auch den Kopf eines Krokodils (Kat. 17).

»Du bist es, der seinen Leib formte mit seinen eigenen Armen, in jeglicher Gestalt, die er wünschte«, heißt es in einem Amun-Hymnus, der im Hibis-Tempel in der Oase el-Charga aufgezeichnet ist. Die Reliefs im Sanktuar dieses Tempels, während der persischen Fremdherrschaft um 500 v. Chr. angefertigt, liefern eine in ihrer Ausführlichkeit außergewöhnliche bildliche Vorlage zu dieser Formulierung (vgl. Vorsatzmotiv des Katalogs). In kleinformatigen Bildstreifen sind zahlreiche Gottheiten in jeweils mehreren unterschiedlichen Gestalten nebeneinander dargestellt, so daß eine Enzyklopädie der Götterikonographie entsteht. Der historische Hintergrund dieser einzigartigen Darstellungen ist die Bedrohung der altägyptischen Tradition durch die Fremdherrscher; fernab vom Niltal in der abgeschiedenen Oase wird ein Kompendium der ägyptischen Götterwelt aufgezeichnet, eine Bestandsaufnahme, die in Stein gehauen die Zerstörung Ägyptens durch die Perser überdauern soll, ein »Dizionario di mitologia egizia«, von den Ägyptern selbst zusammengestellt.

Im Verhältnis des einen Namens eines Gottes zu seinen vielen Gestalten formuliert sich das grundsätzliche Strukturproblem der altägyptischen Religion: Gott und Götter. Erik Hornung hat es in seiner bahnbrechenden Arbeit »Der Eine und die Vielen« in all seinen Verzweigungen dargestellt und die Tür zu einem neuen Verständnis des altägyptischen Gottesbegriffes aufgestoßen. »Gott oder Götter?« hätte noch vor wenigen Jahrzehnten über einer Arbeit zu diesem Themenkreis gestanden, zu einer Zeit, als die Überschrift über einen Osirishymnus des Neuen Reiches auf einer Stele im Louvre in ihrer scheinbaren Widersprüchlichkeit nur Unverständnis hervorgerufen hätte: »Sei gegrüßt, Osiris, Herr der Zeit, König der Götter mit vielen Namen, mit heiligen Verkörperungen und geheimen Erscheinungsformen in den Tempeln!« Heilige Verkörperungen und geheime Erscheinungsformen, Sichtbares und Unsichtbares, Offenkundiges und Verborgenes sind einem heutigen Betrachter kaum vereinbare Widersprüche. Dem alten Ägypter sind die vielen Gestalten, in denen sich ein Göttername sichtbar macht, nur ein Ausschnitt aus der unbegrenzten Vielzahl von Manifestationen eines Gottes. Jede dieser Gestalten ist an ihrem funktionalen Ort, in ihrer historischen Situation, in ihrem jeweiligen sozialen Umfeld die richtige, die einzige Erscheinungsform der Gottheit. Mit der Veränderung dieser Komponenten verändert sich auch die äußere Form, nicht aber das Wesen der Gottheit, wie es sich in ihrem Namen niederschlägt.

Viele Gestalten verweisen zurück auf einen Namen, und hinter vielen Namen steht letztlich ein komplexer Gottesbegriff. Die alttestamentliche Theologie weiß sehr wohl um die Akzeptanz, um die Attraktivität einer Religion, die sich nicht dogmatisch festlegt, sondern nach vielen Seiten offenbleibt, und sie warnt vor dem Abfall von dem einen Gott mit einer Charakterisierung der Ungläubigen, die – ohne sich expressis verbis dazu zu bekennen – zweifellos nur auf Ägypten Bezug nehmen kann: »So hütet euch nun wohl, ..., daß ihr euch nicht versündigt und euch irgendein Bildnis macht, das gleich sei einem Mann oder Weib, einem Tier auf dem Land oder Vogel unter dem Himmel, dem Gewürm auf der Erde oder einem Fisch im Wasser unter der Erde. Hebe auch nicht deine Augen auf gen Himmel, daß du die Sonne sehest und den Mond und die Sterne, das ganze Heer des Himmels, und fallest ab und betest sie an und dienest ihnen.« (5. Mose 4, 15–19) Diese Auflistung der typischen Merkmale der Ikonographie ägyptischer Götter findet sich als Inbegriff des Heidentums noch einmal im Neuen Testament, im Römerbrief (1,22–23), wo es von den Heiden heißt: »Da sie sich für weise hielten, sind sie zu Narren geworden und haben verwandelt die Herrlichkeit des unvergänglichen Gottes in ein Bild gleich dem eines vergänglichen Menschen und der Vögel und der vierfüßigen und der kriechenden Tiere.«

Das Bild der Einheit Gottes in der Vielheit seiner Erscheinungsformen wird aus jüdisch-christlicher Sicht ins Gegenteil pervertiert, in die Aufsplitterung unzusammenhängender Götter. Mit dem Sieg des Christentums und der Verfemung eines vielgestaltigen Gottesbegriffs hat die altägyptische Kunst ihren vornehmsten Auftrag verloren, Gott zu gestalten, und findet, sinn- und zwecklos geworden, ein baldiges Ende.

1 Fragment eines Menits

Steatit
H. 4,8 cm; B. 4,1 cm; D. 0,7 cm
Neues Reich, Ramessidenzeit, 1300–1100 v. Chr.
Bibliographie: unpubliziert.

Das Fragment zeigt beidseitig in Flachrelief als Hauptmotiv eine stehende, nach rechts blickende Göttin, die von der Hüfte aufwärts erhalten ist. Sie trägt Halskragen, Ober- und Unterarmreifen, ihr Körper ist oberhalb der Taille von einem Flügelpaar umhüllt. Ihr Kopfputz besteht aus Kuhgehörn mit Sonnenscheibe, über der dreigeteilten Strähnenperücke liegt der Geierbalg. Die vorgestreckte linke Hand hält ein Papyruszepter. Hinter der Göttin steht auf einer Seite (Photo links) ein Ensemble aus Papyruspflanze, Frauengesicht mit Kuhohren und Strähnenperücke sowie als Kopfputz einem stilisierten Gehörn: ein überdimensionales Sistrum, das aufgrund des Verlaufs der Bruchkante ein zweites Mal vor der Göttin zu rekonstruieren ist. Die senkrechten Inschriftenzeilen vor dem Gesicht bezeichnen die Göttin als Hathor Nebet-hetepet[1].

Die Einrahmung der Szene besteht oben aus einer Hohlkehle und außen (Photo rechts) einem Streifenornament. Das Fragment ist wegen seiner sich nach unten leicht verjüngenden, trapezförmigen Umrißlinie als oberer Teil des Gegengewichts eines Menits zu ergänzen, wozu die breite, quer durchbohrte Öse auf der Oberkante paßt; der Ansatz einer zweiten Öse ist im Bruch erkennbar: Hier wurde die Kette eingehängt, die den anderen Teil des Menits bildet.

Ein Menit ist sowohl ein Schmuckstück als auch ein Rasselinstrument im Kult weiblicher Gottheiten[2]. Darüber hinaus ist das Menit Kultsymbol der Göttin Hathor, die direkt mit dem Gegenstand identifiziert wird: »Großes Menit, das im Menit-Haus wohnt.«[3]

Damit ist die Göttin Hathor in diesem Fragment in dreifacher Erscheinungsform dargestellt: als Frau mit Kuhgehörn und Sonnenscheibe, als überdimensionales Sistrum oder Hathor-Pfeiler sowie als Menit selbst.

[1] Direkte Parallele: Hans Kayser, Ägyptisches Kunsthandwerk, Braunschweig 1969, 230.
[2] Vgl. Kat. 43.
[3] Mariette, Dendera II, 76; III, 78.

2 Sitzende Katze

Bronze; Hohlguß
H. 13,2 cm; B. 5,0 cm; T. 9,0 cm
Spätzeit, 700–400 v. Chr.
Bibliographie: unpubliziert.

Die gespannt aufrecht sitzende Katze entspricht in ihrer Haltung dem gängigsten Typ rundplastischer Katzendarstellungen in Ägypten[1]: Das Tier sitzt auf den Hinterpfoten, die Vorderpfoten stehen eng nebeneinander und sind dicht an den Körper gezogen. Der Schwanz ist um die rechte Seite gelegt[2] und endet vor der rechten Pfote. Der Kopf ist leicht angehoben, die Ohren sind steil aufgestellt.

Die Augen waren ursprünglich eingelegt, die Schnurrhaare sind ziseliert; das rechte Ohr schmückt ein starrer, mitgegossener Ohrring. Auf der Brust liegt eine plastisch gestaltete Aegis, die an einem ungegliederten Band um den Hals getragen wird. Diese läuft auf dem Rücken in einer großen Öse zusammen, die dadurch den Charakter eines Gegengewichts erhält. Ein Zapfen unter dem Hinterleib weist darauf hin, daß das Tier ursprünglich auf einer Basis saß[3].

Die Form des Anhängers auf der Brust ist nicht mehr klar zu erkennen, da die Oberfläche gerade an dieser Stelle stark abgerieben ist. Zwei Typen von Anhängern überwiegen: das Udjat-Auge[4] und die Aegis, eine Götterdarstellung in Gestalt eines halbrunden Halskragens mit aufgesetztem Götterkopf. Häufig zeigt die von Katzen getragene Aegis ebenfalls einen Katzenkopf[5], so daß die in Katzengestalt wiedergegebene Gottheit, die Göttin Bastet, in zwei Erscheinungsformen dargestellt ist: einmal in reiner Tiergestalt, das andere Mal in Form eines Kultsymbols, der Aegis. Die Aegis mit Löwenkopf[6] spielt darauf an, daß Bastet ursprünglich eine löwengestaltige Gottheit war, die sich allmählich zur »friedfertigen« Katze wandelte[7].

Die Öse im Nacken ist bei Katzen dieser Größe ungewöhnlich[8], Ösen finden sich bei Katzen-Amuletten aus Fayence und selten bei sehr kleinen Bronze-Katzen. Auch der mitgegossene Ohrring entspricht nicht der Regel, meist sind nur die Löcher in den Ohren Hinweis auf separat gearbeitete Ohrringe, die nur selten erhalten blieben[9].

Die Haltung des Tieres ist ganz gespannte Aufmerksamkeit, von den durchgedrückten Vorderläufen bis zu den aufgestellten Ohren. Der Eindruck wird bestimmt von der Eleganz der Linienführung, nicht von der Exaktheit anatomischer Details, auf die kein allzu großer Wert gelegt wurde; so ist etwa der Körper sehr massig im Vergleich zu den ganz kurzen Hinterläufen.

Der schmale, lange Kopf fällt am Hinterkopf sehr flach ab und geht in einen schlanken, langen Hals über. Der bei ägyptischen Katzendarstellungen so charakteristische scharfe Übergang vom Hals zur konvexen Linie des Katzenbuckels ist hier durch die Öse in der Profillinie weitgehend verdeckt. Doch gerade die Sparsamkeit der plastischen Mittel, die fast bis zur Abstraktion zurückgenommene Ausführung der anatomischen Details verleihen dem Tier eine Spannung und latente Aggressivität, die das Raubtier, das Katzenhafte seines Wesens, herausarbeiten und betonen.

[1] Weitere rundplastische Typen sind die geduckt am Boden kauernde Katze sowie das auf der Seite liegende und mehrere Junge säugende Tier.

[2] Ganz selten liegt der Schwanz auf der linken Seite: Neville Langton, The Cat in Ancient Egypt, Cambridge 1940, pl. 11, Nr. 322.

[3] In seltenen Fällen waren Tier und Sockel aus einem Stück gegossen (Roeder, Bronzefiguren, § 451). Die separat gearbeiteten Sockel waren entweder aus Holz (Roeder, Bronzefiguren § 447) oder aus Bronze; ihre Form folgt meist der Umrißlinie der Sitzfläche des Tieres: hinten gekrümmt, an den Seiten konkav eingezogen, vorne gerade, so daß sich in der Draufsicht die Form der sa-Hieroglyphe, der Schreibung für »Schutz«, ergibt (z. B. Katalog Kairo 1986, Nr. 255).

[4] Dies meist eingraviert, vgl. Kat. 105.

[5] Aegis mit Katzenkopf z. B. Auktionskatalog Ars Antiqua 4, Luzern 1962, Nr. 8; Katalog Hildesheim 1973, 88, Nr. 82. Auch die mischgestaltige Bastet – Frauenkörper mit Katzenkopf – kann eine Aegis in der Hand halten, vgl. Kat. 4 und die dort zitierten Parallelen.

[6] Katze mit Löwenkopf-Aegis: Auktionskatalog Sotheby's London, 13./14. 7. 1981, Nr. 132; Katalog Tanis – L'or des pharaons, Paris 1987, 95.

[7] LÄ I, Sp. 628 f., s. v. »Bastet«.

[8] Roeder, Bronzefiguren, § 452.

[9] Vgl. Kat. 3; Auktionskatalog Sotheby's, London, 11. 7. 1988, Nr. 37; Auktionskatalog Christie's, London, 2. 12. 1991, Nr. 91; Katalog Baltimore, pl. 97, Nr. 654.

3 Katzenkopf

Bronze, Gold; Hohlguß
H. 13,5 cm; B. 8,5 cm; T. 12,5 cm
Spätzeit – Ptolemäerzeit, 2. Hälfte 1. Jtsd. v. Chr.
Bibliographie: Auktionskatalog Münzen und Medaillen AG Basel, Auktion 49, 27. 6. 1974, Nr. 76; Katalog Entdeckungen, 113 f., Nr. 94.

Der leicht überlebensgroße Katzenkopf wurde gesondert gearbeitet; er war entweder als pars pro toto auf einen kastenförmigen Sarg montiert oder auf einen Katzenkörper aus Holz aufgesetzt, der gleichfalls als Sarg diente[1]. Derartige »Aufsatzköpfe« sind häufig belegt, die meisten erreichen jedoch nur eine Größe von bis zu 10 Zentimetern; dieser Kopf zählt zu den größten Exemplaren.
Um den kräftigen Hals ist ein breites, ungegliedertes Band eingeritzt, möglicherweise war es ursprünglich durch eine Vergoldung betont[2]. Beide Ohren sind durchbohrt, wenn auch die heute darin befestigten Ringe wohl nicht die originalen sind[3]. Auf der Stirn zwischen den Ohren ist ein Skarabäus eingeritzt, wie er sich auch bei vollständigen Katzenfiguren häufig findet[4].

Die plastische Modellierung der Schädelstruktur sowie die Angabe zahlreicher Details lassen den Kopf sehr lebendig wirken: Die Behaarung der großen Ohrmuscheln ist durch Querstreifung angegeben, die Pupillen in den weit geöffneten Augen sind farblich abgesetzt, vermutlich durch Niello, eine Schwefelverbindung. Die Schnurrhaare oberhalb des leicht aus der Mittelachse versetzten Mundes sind ebenfalls durch Ritzung angegeben. Die Asymmetrie wird aufgegriffen durch einen Knick in der Nase, auch die Augen sind nicht identisch geformt.
All diese bewußt gesetzten Asymmetrien tragen zur Lebendigkeit des Kopfes bei und verstärken den Ausdruck dieses Tierporträts.

1 Roeder, Bronzefiguren, § 445; Maspero, in: La Nature 35, 1890, 273; Edouard Naville, Bubastis (1887–89), EEF 8, 1891, 53; Günther Roeder, Hermopolis 1929–39, Hildesheim 1959, Kap. I, § 10; auf Kasten montiert z. B. Brooklyn 37.1343.
2 Selten ist ein Halsschmuck plastisch angegeben: Katalog Baltimore, pl. 98, Nr. 652.
3 Auktionskatalog Christie's, London, 8. 6. 1988, Nr. 134; Auktionskatalog Sotheby's, London, 13./14. 12. 1990, Nr. 31; Berlin 8192: Roeder, Bronzefiguren, § 445 k.
4 Auktionskatalog Münzen und Medaillen AG Basel, Auktion 59, 16. 6. 1981, Nr. 74; Auktionskatalog Sotheby's, London, 11. 7. 1988, Nr. 37.

4 Bastet

Bronze; Vollguß
H. 14,0 cm; B. 4,2 cm; T. 3,5 cm
Spätzeit, 600–400 v. Chr.
Bibliographie: unpubliziert.

Die Figur einer stehenden Frau mit Katzenkopf
erhebt sich über einem nahezu quadratischen,
nach hinten leicht trapezförmig zusammenlau-
fenden Sockel. Die linke Hand hält eine Aegis
vor dem Bauch, über dem nach außen gestellten
Unterarm hängt ein Korb. Der rechte Unterarm
ist parallel zum Körper nach oben genommen,
die rechte Hand hält ein Sistrum.
Seit der 3. Zwischenzeit ist die Katze eine Erscheinungsform der vorher löwenköpfigen Göttin Bastet, die dann auch als Frau mit Katzenkopf dargestellt werden kann. Allerdings weist
ihre Ikonographie eine Besonderheit auf: Während bei mischgestaltigen Gottheiten meist eine
Strähnenperücke den anatomisch komplizier-
ten Übergang von Menschenleib zu Tierkopf
kaschiert, fehlt diese Perücke bei Bastet. Statt
dessen werden die Ohren, wie auch bei dieser
Figur, besonders betont und überdimensional
groß ausgeführt[1]. Die ursprünglichen Augen-
einlagen fehlen heute.
Das eng anliegende, knöchellange Gewand hat
vorn und hinten einen kleinen V-förmigen Ausschnitt, die kurzen Ärmel sind weit angeschnit-
ten. Das kleinteilige Muster zeigt Längsstreifen
mit diagonal dazu gesetztem Kreuzmotiv. Sowohl Schnitt als auch Muster des Kleides, das
bei Bastet-Darstellungen nur leicht variiert, er-
innern an syrische Kleidung, was möglicherweise mit der Lage des Hauptkultortes im Ostdelta zusammenhängt[2]. Ein gemustertes Kleid
gehört bereits im Mittleren Reich zur Ikonographie der damals noch löwenköpfigen Bastet[3];
eine rein ägyptische Gewandung ist selten[4].
Schmuckbänder am Handgelenk und oberhalb
der Knöchel vervollständigen die Bekleidung.
Die Aegis zeigt einen Katzenkopf mit ebenfalls
sehr langen Ohren, greift also das Erscheinungsbild der Göttin ein zweites Mal auf. Wie
bei qualitätvollen Stücken üblich, sind Korb

und Sistrum separat gearbeitet und frei beweglich über den Arm gehängt und in die Hand gesteckt. Der Henkel des Korbes ist wiederum extra gearbeitet, die tiefe Form des Korbes erinnert an eine Situla, bei anderen Beispielen ist es ein flacher Flechtkorb[5]. Bei dem Sistrum handelt es sich um ein Bügelsistrum mit dem nur im Umriß angegebenen Hathorkopf mit Kuhohren[6].

Die Füße sind breitbeinig nebeneinandergestellt, doch ist auch die Schrittstellung belegt[7]. In seltenen Fällen ist der Anteil der Tiergestalt noch verstärkt durch Katzenfüße oder sogar einen langen Schwanz[8].

Wie bei Figuren weiblicher Gottheiten üblich, ist das Gewand so eng anliegend wiedergegeben, daß sich nicht nur das Gesäß, sondern auch Kniekehlen und Waden deutlich abzeichnen. Außergewöhnlich ist die plastische Modellierung des Kopfes: Er ist nicht nur sehr langgezogen, sondern seitlich und am Hinterkopf kugelförmig ausgewölbt[9]. Im Verhältnis zum Oberkörper fällt er auch überproportional groß aus, so daß der Gesamteindruck der Figur stark von der Größe und ungewöhnlichen Form des Kopfes bestimmt wird.

[1] Vgl. Katalog Nofret – Die Schöne. Die Frau im Alten Ägypten, Mainz 1984, 178.
[2] Roeder, Bronzefiguren, § 329.
[3] William M. Flinders Petrie, Koptos, London 1896, pl. 10.
[4] Langton, in: JEA 24, 1938, 54, pl. 3 (1).
[5] S. Anm. 2, aber auch Katalog Ancient Art in the Virginia Museum, Richmond/Virginia 1973, 49, Nr. 53; Roeder, Bronzefiguren, § 330, Tf. 40.
[6] Vgl. Katalog Antiquities from the Collection of Christos G. Bastis, New York 1987, 85 f., Nr. 33.
[7] Katalog Des pharaons aux premiers chrétiens, Dijon 1985/86, Nr. 22; Auktionskatalog Sotheby's, New York, 1./2. 3. 1984, Nr. 138.
[8] Daressy, Statues, pl. 50, CG 38995 (mit kurzem Kleid); Auktionskatalog Sotheby's, New York, 24./25. 11. 1987, Nr. 35.
[9] Ähnlich: Auktionskatalog Christie's, London, 27. 2. 1980, Nr. 167.

5   Mann mit Ibiskopf

Fayence
H. 9,2 cm; B. 2,2 cm; T. 3,0 cm
Spätzeit – Ptolemäerzeit, 2. Hälfte 1. Jtsd. v. Chr.
Bibliographie: unpubliziert.

Die gängigste Erscheinungsform des Thoth
zeigt den Gott in Mischgestalt als Mann mit
Ibiskopf: Auf einer rechteckigen Basis steht die
Figur in Schrittstellung; das zurückgesetzte
rechte Bein greift weit in den flachen Rückenpfeiler ein, der im Rücken unterhalb der Perücke
endet. In Höhe der Taille ist eine quer durchbohrte, geriefelte Öse in den Rückenpfeiler integriert. Die langen Arme hängen locker am Körper herab, der linke Arm folgt dem vorgestellten Bein. Die Hände sind zur Faust geballt und
enden in gleicher Höhe wie der Schurz.
Der zierliche Vogelkopf ist vor eine dreigeteilte
Perücke gesetzt, die Hautfalten des Halses sind
durch kurze horizontale Kerben wiedergegeben[1]. Die Fläche zwischen den schmalen Strähnen der Perücke ist von einem mehrreihigen
Halskragen bedeckt. Der kurze, plissierte Schurz
wird von einem tiefsitzenden Gürtel gehalten,
der vorn in leichtem Halbkreis durchhängt und
den Bauchnabel frei läßt.
Der kurze Schurz entspricht der üblichen Götterikonographie, daneben kann Thoth auch
nackt dargestellt werden[2]; ungewöhnlich ist
seine Darstellung mit langem Schurz, der Amts-
tracht des Wesirs[3].
Die Details der Körperformen und der Tracht
sind bei dieser Statuette sehr fein gearbeitet,
wie die plastische Wiedergabe der Augen, der
Spalte zwischen den Schnabelhälften und die
Muskulatur der Beine. Die Arme sind in durch-
brochener Arbeit vom Körper getrennt, der
stark gekrümmte Schnabel wird durch einen
Steg gestützt. Bestimmend sind die schlanken
Proportionen der überlängten Gliedmaßen.

[1] Sehr deutlich bei dem ebenfalls mischgestaltigen Thoth im
Katalog Entdeckungen, 122, Nr. 105.
[2] Vgl. Kat. 116 und die dort genannten Parallelen.
[3] Lowle, in: John Ruffle/G. A. Gaballa/Kenneth A. Kitchen (Hg.),
Glimpses of Ancient Egypt, Studies in Honour of H. W. Fair-
man, Warminster 1979, 54, pl. 1.

6   Ibis-Amulett

Fayence
H. 3,0 cm; B. 1,5 cm; T. 3,9 cm
Spätzeit – Ptolemäerzeit, 2. Hälfte 1. Jtsd. v. Chr.
Bibliographie: unpubliziert.

Auf einer schmalen, sich nach hinten verjüngenden und dort abgerundeten Basisplatte hockt ein Ibis, der seine Schnabelspitze auf einen kleinen Obelisken stützt. Im Nacken sitzt eine große, quer durchbohrte Öse.
Trotz ihrer Kleinheit ist die Vogelfigur sehr differenziert gegliedert: Die Flügel sind wie die Schwanzfedern durch eine vertiefte Linie vom Leib abgesetzt, ebenso sind die obere und untere Schnabelhälfte durch eine Einkerbung abgetrennt, auch die Augen sind plastisch markiert. Die Krallen sind einzeln ausgeführt, die Hornhaut der Beine ist durch ein Kreuzmuster in ihrer Innenzeichnung wiedergegeben. Kopf, Schwanzfedern und Öse sind zudem durch eine blaue Färbung der Fayence gegenüber einem helleren Türkisblau an Leib, Füßen und Basisplatte abgesetzt.
Der Ibis ist eine der Erscheinungsformen des Gottes Thoth in Tiergestalt[1]. Ungewöhnlich ist der Obelisk, auf den der Vogel hier seinen Schnabel stützt. Bei größeren Bronzen hockt an dieser Stelle eine Figur der Maat mit der Feder auf dem Kopf[2] oder auch ein Pavian[3], bei kleineren Statuetten oder Amuletten kann hier statt dessen eine Feder als pars pro toto stehen[4]. Der Obelisk in Verbindung mit dem Ibis des Thoth ist entweder ein Wortspiel – das altägyptische »techen« bedeutet sowohl Obelisk als auch Ibis[5] – oder eine Anspielung auf die Funktion des Thoth als Heilgott, der das verletzte Auge des Horus heilt[6]: Das Wort »techen« steht in medizinischen Texten auch für eine Verletzung des Auges[7]. So wird in diesem Amulett in mehrfacher Weise auf Erscheinung und Funktion des Gottes Thoth angespielt.

[1] Vgl. auch Kat. 5, 7, 79, 109 und 116.
[2] Hannover 1957.83: Katalog Osiris, Kreuz, Halbmond, 34, 36, Nr. 20.
[3] Roeder, Bronzewerke, Tf. 37a.
[4] Op. cit., Tf. 37c.
[5] Wb V, 326, entweder mit dem Obelisken oder dem Ibis determiniert.
[6] LÄ III, Sp. 48 ff., s.v. »Horusauge«.
[7] Wb V, 327.

7 Hockender Pavian

Steatit
H. 12,0 cm; B. 8,5 cm; T. 7,4 cm
Neues Reich, ramessidisch, 1200–1100 v. Chr.
ehemals Sammlung Dattari, Kairo;
Brummer Collection
Bibliographie: Auktionskatalog Collections Jean P.
Lembros, Athènes, & Giovanni Dattari, Le Caire,
Hotel Drouot, Paris, 17.–19. 6. 1912, Nr. 304, pl. 30;
Auktionskatalog H. Sevadgian Collection, Hotel
Drouot, Paris, 13.–14. 4. 1932; Katalog Entdeckun-
gen, 80, 82, Nr. 61.

Neben dem Ibis ist der Pavian[1] die zweite mög-
liche Erscheinungsform des Gottes Thoth in
Tiergestalt. Typisch ist die Haltung wie in dieser
Figur: Auf einer hinten halbrund geformten
Basis (deren Vorderkante samt dem vorderen
Teil der Hinterpfoten abgebrochen ist) hockt
der Affe mit gespreizten Beinen, seine Vorder-
pfoten auf die Knie legend. Der mit erhobenen
Pfoten stehende Pavian ist dagegen in Verbin-
dung mit dem Sonnengott zu sehen[2].

Zwischen den Beinen werden die männlichen
Geschlechtsteile sichtbar, der erigierte Penis
liegt auf der Basisplatte auf. Die Schultermähne
bedeckt wie ein Umhang den gesamten Oberkörper und läßt lediglich die untere Hälfte der
auf die Oberschenkel gelegten Unterarme
sowie die Vorderpfoten frei. Der Fellmantel ist
in drei Reihen schuppenähnlich angeordneter
Fellbüschel gegliedert, die von einem unregel-
mäßig eingeritzten Gittermuster bedeckt sind.
Die Vorderseite der vom Kopf weit abstehenden Mähne ist durch strahlenförmig angeord-
nete Wellenlinien gegliedert. Der Schwanz ist,
dem Umriß der Basis folgend, um die rechte
Körperseite gelegt.
Über der Schultermähne bedeckt ein vierreihiger Halskragen die Brust; darüber hängt wiederum ein Pektoral, von einem doppelten Band
gehalten. Es zeigt das Motiv einer Barke mit
Mondsichel und -scheibe und verweist so auf
die Funktion des Thoth als Mondgott. Es liegt
daher nahe, den heute fehlenden, ursprünglich
in einer Vertiefung auf dem Scheitel eingezapf-
ten Kopfputz ebenfalls in Form dieses Emblems
zu ergänzen. Als Schutzgott der Schreiber kann
Thoth ebenfalls in Gestalt eines Pavians auftreten[3]. Daß die beiden Tiergestalten des Thoth,
Ibis und Pavian, weitgehend austauschbar waren,
zeigen nicht nur Tiergruppen, in denen beide
nebeneinander vorkommen[4], sondern auch das
Beispiel einer als Pavian gestalteten Mumie[5],
die Ibisknochen enthält[6]. Im Gegensatz zum
gängigen Erscheinungsbild des Thoth als Mann
mit Ibiskopf ist die Mischgestalt mit Pavians-
kopf nur selten belegt[7].

---

1 *Papio hamadryas*, der Mantelpavian, s. LÄ IV, Sp. 915 ff., s. v.
   »Pavian«.
2 Etwa die Reihe von vier Pavianen am Sockel des Obelisken
   von Luxor: Labib Habachi, The Obelisks of Egypt, New York
   1977, 96 f., pls. 22, 24.
3 Louvre E. 11.15.4: Katalog Mémoires d'Egypte, Strasbourg
   1990, 109.
4 S. Kat. 79; Müller, in: ZÄS 94, 1967, 125–128.
5 Tübingen 1578: Katalog Die Ägyptische Sammlung der Universität Tübingen, Mainz 1981, 253.
6 Joachim Boessneck, Die Tierwelt des Alten Ägypten, München 1988, 142.
7 Derchain, in: Zeitschrift des Museums zu Hildesheim, Neue
   Folge, Heft 13, 1961, Tf. 10.

8 Stier

Bronze; Vollguß
H. 5,0 cm; B. 1,8 cm; T. 4,2 cm
Spätzeit – Römerzeit, 4. Jh. v. Chr. – 2. Jh. n. Chr.
Bibliographie: unpubliziert.

Stierkulte hat es zu allen Zeiten der ägyptischen Geschichte an vielen Orten des Landes gegeben[1], der wichtigste war der des Apis. Seine Verehrung läßt sich bereits in der 1. Dynastie belegen[2], der späteste Hinweis stammt aus dem Jahr 362 n. Chr. – mehr als drei Jahrtausende lang wurden im Apis-Stier die männliche Zeugungskraft und Fruchtbarkeit verehrt[3].

Obwohl er zu den kleinsten Exemplaren gehört, weist dieser Stier alle Merkmale der Apis-Bronzen auf, die stets denselben formalen Aufbau zeigen, über eine geringe Variationsbreite der Ikonographie verfügen[4] und sich lediglich in Größe und stilistischer Qualität unterscheiden. Über einer flachen rechteckigen Basisplatte, die durch einen Mittelzapfen auf eine größere Basis aufgesteckt war, steht der Stier, wobei die beiden linken Beine vor-, die beiden rechten Beine zurückgesetzt sind[5]. Der lange Schwanz liegt stets am rechten Hinterbein an, die männlichen Geschlechtsteile sind deutlich ausgebildet. Zwischen den halbkreisförmig gebogenen Hörnern sitzt eine Sonnenscheibe mit Uräusschlange, die großen Ohren stehen weit vom Kopf ab. Wichtig ist die Musterung des Fells, die zu den Auswahlkriterien des Apis-Stieres gehörte: Auf der Stirn ist ein Dreieck zu erkennen; die übliche Gestaltung des Rückens[6] ist hier vereinfacht worden und besteht lediglich aus zwei Flügelpaaren über Schultern und Lenden.

Trotz seines kleinen Formats sind bei diesem Stück die charakteristischen Körperformen des Stiers sowie seine typische gespannte Haltung mit angezogenem Kopf sicher wiedergegeben.

[1] Eberhard Otto, Beiträge zur Geschichte der Stierkulte, UGAÄ 13, 1938.
[2] Simpson, in: Or 26, 1957, 139–142, figs. 1, 2.
[3] S. auch Kat. 65.
[4] Roeder, Bronzewerke, §§ 175–182.
[5] Wie allgemein bei Vierbeinern, ob Kreuz- oder Paßgänger, in ägyptischen Darstellungen üblich.
[6] Meist geflügelter Skarabäus – Schabracke – Geier, s. Zeichnung zu Kat. 65.

9   Mann mit Stierkopf

Bronze; Vollguß
H. 12,0 cm (ohne Zapfen); B. 3,0 cm; T. 5,4 cm
Spätzeit – Ptolemäerzeit, 2. Hälfte 1. Jtsd. v. Chr.
Bibliographie: unpubliziert.

Neben der reinen Tiergestalt des Apis als Stier[1] existiert die mischgestaltige Erscheinungsform als Mann mit Stierkopf. Diese ist allerdings im Flachbild – auf Stelen[2] oder Tempelreliefs[3] – wesentlich häufiger anzutreffen als bei rund-plastischen Bronzefiguren[4], wo die reine Stier-gestalt überwiegt.

Die männliche Figur mit Stierkopf steht in deut-licher Schrittstellung über einer längsrechtecki-gen Basisplatte. Der rechte Arm ist mit zur Faust geballter Hand am Körper ausgestreckt; der Arm ist frei gearbeitet, lediglich die Faust liegt am Oberschenkel an. Der linke Arm ist parallel zur Schrittstellung nach vorn genommen, die ge-schlossene Faust ist zur Aufnahme eines heute verlorenen Szepters durchbohrt.

Der Stierkopf wird von einer dreigeteilten Strähnenperücke umrahmt, die auf der Brust in gleicher Höhe endet wie auf dem Rücken. Die Einlagen der großen Augen fehlen, die Ohren ragen seitlich über die Perücke hinaus. Das Hörnerpaar umschließt von unten die Son-nenscheibe, vor die eine Uräusschlange gesetzt ist. Die Kleidung besteht aus einem dreiteiligen, plissierten Schurz mit breitem Gürtel.

Die graphische Innenzeichnung von Schurz, Perücke und Uräusschlange ist nur flüchtig ausgeführt, deutlich qualitätvoller ist die plasti-sche Durcharbeitung der Muskulatur von Brust, Armen und Waden. Auch der Stierkopf mit Stirnwulst, Falten über dem Maul und gesenkter Haltung ist charakteristisch wiedergegeben.

[1] Vgl. Kat. 8 und 65.
[2] Z. B. Michel Malinine/Georges Posener/Jean Vercoutter, Catalogue des stèles du Sérapéum de Memphis, Paris 1968, pl. 8; Jean Vercoutter, Textes biographiques du Sérapéum de Memphis, Paris 1962, pl. 19. Ähnlich auch bei Moursi, in: SAK 14, 1987, Tf. 8.
[3] Katalog Kleopatra, Ägypten um die Zeitenwende, Mainz 1989, 99 f., Nr. 9.
[4] Z. B. Daressy, Statues, pl. 32, CG 38.589; Auktionskatalog Sotheby Parke Bernet, New York, 21. 5. 1977, Nr. 320.

10   Uschebti mit Stierkopf

Fayence
H. 15,6 cm; B. 4,6 cm; T. 3,2 cm
Neues Reich, 19./20. Dynastie, 1250–1100 v. Chr.
Bibliographie: unpubliziert.

Schon die Pyramidentexte des Alten Reiches
nennen den Namen einer Nekropole der Apis-
Stiere in Memphis, die allerdings erst seit dem
Neuen Reich archäologisch belegt und seit hellenistischer Zeit unter dem Namen »Serapeum«
bekannt ist[1]. Zu den Beigaben der Apis-Bestat-
tungen gehören neben den Eingeweidekrügen[2]
vor allem die Uschebtis, Stellvertreter des Verstorbenen im Jenseits[3]. Sie greifen die Mumiengestalt menschlicher Uschebtis auf, die in
der Ramessidenzeit (19./20. Dynastie) mit einem
Stierkopf verbunden wird[4].
Zu dieser Gruppe gehört das Apis-Uschebti, dessen Details teils plastisch geformt, teils in dun-
kelbrauner Farbe auf die Fayence gemalt sind:
Die Oberarme bis zum Ellbogen sind im Körperumriß klar abgesetzt, die vor der Brust über-
einandergelegten Unterarme sind samt Reifen
an den Handgelenken nur aufgemalt; ebenso
die Hände, die die üblichen Werkzeuge der
Uschebtis, Hacken zur Feldbearbeitung, halten.
Der Stierkopf wird von einer flachen, dreigeteilten Perücke gerahmt, vor die die Tierohren gelegt sind; die Hörner liegen am Oberkopf an,
ihre schwache Modellierung wird durch eine
aufgemalte Umrißlinie verstärkt. Zwischen den
Hörnern Reste eines aufgemalten Dreiecks, das
zur charakteristischen Fellmusterung des Apis-
Stiers gehört. Der Unterkörper war von einem
heute verblaßten Inschriftenband bedeckt.

[1] LÄ I, Sp. 338 ff., s.v. »Apis« (Bestattung). Auguste Mariette,
Le Sérapéum de Memphis, Paris 1857.
[2] Charles Boreux, Antiqités égyptiennes. Guide-catalogue
sommaire, Paris 1932, 170; Mariette, op. cit. III, pls. 1, 2, 4, 5.
[3] Hans D. Schneider, Shabtis. An Introduction to the History
of Ancient Egyptian Funerary Statuettes I, Leiden 1977,
288 f.
[4] Mariette, op. cit., pls. 7.9, 10; 11; 19.1–3; 22.1, 2, 8–11; Katalog Collection égyptienne, Ville de Beaune, Dijon 1985, 38,
Nr. 49, 50.

11 Statuenkopf

Brauner Quarzit (silifizierter Sandstein)
H. 28,5 cm; B. 23,4 cm; T. 37,4 cm
Neues Reich, späte 18. Dynastie, um 1325 v. Chr.
Bibliographie: Katalog Ägyptische und moderne Skulptur, München/Leverkusen 1986, 126, 130, 167, Nr. 56; Maria Pfaffinger, Die Amunstatuen der Nachamarnazeit, Magisterarbeit (unpubl.), München 1987, Kat. Nr. 16.

Nur der Kopf der lebensgroßen Statue ist erhalten, dicht unter dem Kinn vom Hals gebrochen, wobei der linke Teil des Kinns bis hinauf zum Wangenansatz zerstört wurde. Dennoch ist die Benennung des Dargestellten aufgrund der Ikonographie von Krone und Kopfputz eindeutig. Die Krone ist eine tief in die Stirn gezogene Kappe, die sich nach oben wie ein auf den Kopf gestellter Kegelstumpf erweitert und in einer leicht konvex gewölbten Oberseite abschließt. Die Außenseite der Kappe ist ringsum konkav eingezogen, so daß der obere Kappenrand zu einer prägnanten Kante ausschwingt. Die niedere Stirn ist gegen den unteren Kappenrand durch einen plastischen Rücksprung abgesetzt. Vor den von der Krone frei gelassenen Ohren läuft die Kappe in waagerecht abgeschnittene kotelettenähnliche Lappen aus; hinter den Ohren setzt sich der Kappenrand leicht abfallend zum Nacken hin fort. Quer über die Mitte der Kappe verlaufend erhebt sich aus ihr der untere Ansatz einer Federkrone. Der Kronenansatz ist beidseitig abgebrochen, an seinen Bruchflächen ist jedoch erkennbar, daß die Federkrone seitlich über den Kappenrand frei herausragte. Die Vorderseite des unteren Kronenteils zeigt in feinem Flachrelief die für Falkenfedern typische Innenzeichnung, aus der sich erschließen läßt, daß zwei Federn nebeneinander direkt aus der Oberseite der Kappe aufragten. Dieses ursprünglich wohl die zweifache Kopfhöhe erreichende Federpaar wurde in der Mitte seiner Rückseite von einem schmalen steinernen Steg gestützt, der sich über die Scheitelhöhe des Kopfes bis an den oberen Rand des Federpaares fortsetzte. Sein Ansatz ist auf der Oberseite der Kappe erhalten und läuft schräg abfallend in einen weit nach hinten ausgreifenden Pfeilerrest aus, dessen untere Bruchfläche vom Kinn über den Nacken schräg nach oben ansteigt. Dieser Steg verband Kopf und Federpaar mit einem Rückenpfeiler, der breiter als der Steg gewesen sein dürfte.

Während das Federpaar ikonographisch mehrdeutig ist und bei verschiedenen Gottheiten – so bei Month, Sopdu, Haroeris[1], Onuris – belegt ist, ist die Kappe ein eindeutiges Indiz für den Gott Amun. Er trägt sie, wenn er rein menschengestaltig erscheint[2], aber auch in seiner Darstellungsform als ithyphallischer Gott[3]. Bereits die frühesten bildlichen Darstellungen des Amun zeigen ihn menschengestaltig mit diesem Kopfputz in den Reliefbildern der »Chapelle Blanche«[4], einer von Sesostris I. in Karnak erbauten Kapelle, und von nun an, seit dem beginnenden 2. Jahrtausend v. Chr., bleibt diese Darstellungsform des »Götterkönigs« Amun bis in die Bildzyklen der ägyptischen Tempel der römischen Kaiserzeit seine häufigste Erscheinung.

Für die Deutung dieser charakteristischen Kopfbedeckung mag es von Interesse sein, daß sie unmittelbar vor ihrer engen Bindung an Amun zunächst eine kurze Zeit für Darstellungen von Königen der 11. Dynastie verwendet wird. Zwischen 2050 und 2000 v. Chr. werden Mentuhotep II.[5] und Mentuhotep III.[6] mehrfach mit der Kappe und Doppelfeder dargestellt, stets jedoch im Kontext von Szenen, in denen ihnen von Göttern übermenschliche, göttliche Qualitäten verliehen werden.

Wenn dem König durch diese zunächst nur in der königlichen Ikonographie belegte Krone göttliche Qualitäten zufließen, so liegt es nicht fern zu vermuten, daß Amun mit dieser Krone als ein dem Königtum besonders eng verbundener Gott gilt. Sollte man gar daran denken, daß eine der Amunkappe ähnliche Kronenform, die von Königinnen des Neuen Reiches – von Teje[7], von Nofretete (in ihrer Berliner Büste!), von Mutnedjmet[8] – getragen wird, ihren Trägerinnen göttliche Qualitäten verleiht?

Nicht nur die Ikonographie des Kopfes stellt

Verbindungen zwischen Amun und dem König her. Es ist vor allem die Stilistik des Gesichtes, die die Grenzen zwischen der Darstellung eines Gottes und dem Porträt eines Königs auflöst, der Gottheit die Züge des irdischen Herrschers verleiht und den regierenden Pharao mit den Insignien des Königs der Götter versieht.

Das Gesicht – in seiner Wirkung durch die starke Beschädigung der Nase kaum beeinträchtigt – ist geprägt durch die kleinen, schräg nach innen geneigten, weit auseinanderliegenden Augen und den schmalen Mund mit vollen Lippen. Die starke Unterhöhlung der Augen verleiht dem Blick einen ernsten, in sich gekehrten Ausdruck. Diese Strenge der Gesamtwirkung wird unterstützt und gesteigert durch die von den Mundwinkeln nach unten ziehenden Falten. Mit Ausnahme der scharfen Zeichnung der Lippenränder und des Unterlids sind alle Einzelformen des Gesichts mit rein plastischen Mitteln gestaltet, die bogenförmig geschwunge-

nen Brauen, die weit heruntergezogenen Oberlider, die hoch angesetzten Jochbeine. Signifikant sind die Asymmetrien: Das rechte Auge ist größer als das linke und ist stärker schräg gestellt; der Mund ist zur linken Wange hin verschoben. Die linke Gesichtshälfte ist fülliger und wirkt idealisierter als die rechte, die sich durch die starke Schrägstellung des Auges individueller und expressiver zeigt.

Zwischen der samtig glatten Oberfläche des braunroten Steins und der nach außen drängenden Struktur des Schädels besteht eine starke Spannung. Sie erzeugt einen Ausdruck, der zugleich jugendlich und gereift wirkt. Die Bildniszüge sind unmittelbar vergleichbar mit Amunstatuen im Luxor-Tempel[9], die von Haremhab usurpiert wurden, aber ebenso wie die Reliefs der Luxor-Kolonnade aus der Zeit des Tutanchamun stammen. Die vollen Lippen mit ihren nach unten gezogenen Mundwinkeln finden enge stilistische Parallelen in den Holz-

uschebtis des Tutanchamun und ebenso in seiner Goldmaske, die jedoch insgesamt in weit höherem Maße eine idealisierende Stilrichtung verfolgt. Das künstlerische Erbe der Amarnazeit tut in diesem Kopf einen deutlichen Schritt zurück zur stilistischen Tradition der Zeit Amenophis' III., verleugnet aber nicht die unter Echnaton gewonnenen neuen Freiheiten des künstlerischen Ausdrucks.

Der Quarzitkopf gehört zu den Amun-Statuen der unmittelbaren Nachamarnazeit, die in ihrer auffallend großen Zahl[10] die Rückkehr der ägyptischen Religion zur Tradition, die Abkehr von Echnatons Aton-Theologie markieren, gleichzeitig aber durch die Beschränkung auf die Menschengestalt des Götterkönigs mit seiner Kappe und Federkrone die enge Bindung zwischen König und Gott unterstreichen, wie sie in der Amarnazeit stärker als je zuvor in Erscheinung getreten war. Nicht nur ikonographisch ist damit dieser Amunkopf ein typisches

Bildwerk der Nachamarnazeit, das traditionelle Bildmuster wieder aufnimmt und mit neuem Gedankengut verbindet, sondern er ist auch zeitspezifisch in seiner Verbindung von klassischem Aufbau und expressivem Stil – ein Grenzgänger zwischen den Zwängen der Restauration und den Freiheiten künstlerischer Innovation.

[1] Vgl. Kat. 27.
[2] Vgl. Kat. 12, 98.
[3] Vgl. Kat. 12, 13.
[4] Pierre Lacau/Henri Chevrier, Une chapelle de Sésostris Ier à Karnak, Planches, Le Caire 1969, passim.
[5] Habachi, in: MDAIK 19, 1963, 24, fig. 7; 26, fig. 8; 42–44, fig. 19–21.
[6] Fernand Bisson de la Roque, Tod (1934 à 1936), Le Caire 1937, FIFAO 17, 79, fig. 32.
[7] Im Tempel von Sedeinga: LD III, 82i.
[8] Auf der Haremhab-Gruppe in Turin: Robert Hari, Horemheb et la reine Moutnedjemet, Genève 1964, fig. 62.
[9] PM II, 314 (73, 74); R. A. Schwaller de Lubicz, Le temple de l'homme II, Paris 1957, frontispiz, pl. 46 B.
[10] Pfaffinger, op. cit.

12   Situla

Bronze
H. 11,9 cm (ohne Henkel); H. Henkel 5,2 cm;
Dm. 5,7 cm
3. Zwischenzeit, 1075–664 v.Chr.
ehemals Sammlung Föhr, Kairo–Bonn
Bibliographie: unpubliziert.

Das beutelförmige Gefäß weist mit dem Wechsel von konvexer Rundung im unteren Teil und konkavem Einzug des Körpers oben eine sehr elegante Form auf. Auf der wulstartig verdickten Lippe sind gegenständig zwei runde Ösen aufgesetzt, durch die ein hufeisenförmiger Henkel mit aufgebogenen, weit hochgezogenen Enden geführt ist. Die Wandung ist teilweise extrem dünn getrieben, was an einer Stelle zum Durchbruch geführt hat. Der Bildstreifen setzt in Höhe des größten Gefäßdurchmessers an und wird unten von einer waagerechten Inschriftenzeile abgeschlossen. Eingerahmt wird er von zwei floralen Motiven: Oben umzieht ein stilisierter Blattfries das Gefäß, unten wird die Rundung des Bodens von einer Lotosblüte bedeckt, deren 32 Blütenblätter abwechselnd glatt und gepunktet sind. Der Bildfries zeigt drei Beter vor vier stehenden Gottheiten. Beide Figurengruppen sind durch eine senkrechte Inschriftenzeile voneinander getrennt, weitere Inschriften stehen jeweils über den Köpfen der Männer und vor den Kronen der Götter.

Der erste Gott ist als *»Amun-Re, Herr der Throne der beiden Länder«*, also von Karnak, benannt. Er steht in Schrittstellung, hält in der rechten Hand ein Lebenszeichen, in der vorgestreckten linken ein Was-Szepter. Bekleidet ist er mit dem plissierten Götterschurz und einem Leibchen mit Schuppenmuster, darüber liegt ein Halskragen. Außerdem trägt Amun seine typische Krone, die Doppelfeder über der niedrigen Kappe.

Ihm folgt, auf einem niedrigen Podest stehend, in ithyphallischer Gestalt der Gott *Amun-Ipet*, Amun von Luxor. Über seinem erhobenen rechten Arm liegt der Wedel, er trägt ebenfalls die Doppelfederkrone und einen Götterbart, unter seinem Halskragen kommt ein Kreuz-

band hervor. Vor ihm steht ein schlanker Opfer-
ständer mit einer Schnabelkanne, über die eine
langstielige Lotosblüte gelegt ist. Eine Papyrusdolde wächst aus einem schlanken Torturm
empor, der als »Heiligtum des Min« direkt hinter dem Gott auf dem Sockel steht[1].

Die nächste Gottheit ist weiblich, die Beischrift
nennt sie »Mut, Herrin . . .«. Die Gemahlin des
Amun steht in enger Schrittstellung und hält
ein Papyrusszepter in der linken Hand. Ihr Unterkörper sowie die Beine sind von einem Flügelpaar umgeben, über der Perücke liegt die
Geierhaube, darüber sitzt die Doppelkrone.

Die vierte Gottheit steht mumiengestaltig auf
einem kleinen Sockel, die Beischrift lautet
»Chons in Theben, Nefer-hotep«. In den aus der Um-
hüllung ragenden Händen hält er ein Kom-
positszepter aus Was- und Anchzeichen sowie
Krummstab und Wedel. Unter dem breiten
Halskragen ragt ein Kreuzband hervor, im
Nacken hängt das Gegengewicht eines Menits[2].
Er trägt einen Kinderzopf und den Götterbart
sowie Mondscheibe und -sichel als Kopfputz.

Damit repräsentiert die Gruppe die thebanische Götterfamilie[3]: Chons, der Kindgott, Mut,
die Muttergöttin, und Amun, die Vatergottheit:
Er ist doppelt vertreten, als ithyphallischer
Fruchtbarkeitsgott[4] und in seiner normalen Erscheinungsform als Herr von Karnak.

Den Göttern stehen drei Männerfiguren gegenüber. Sie sind alle in feinplissierte Gewänder
gekleidet und tragen einen wadenlangen Schurz
mit Vorbau sowie ein Obergewand mit weiten
Ärmeln. Darüber liegt jeweils ein Halskragen,
ihre Köpfe sind kahl. Die ersten beiden halten
den rechten Arm gesenkt vor den Körper, die
linke Hand ist im Gebetsgestus vor das Gesicht
erhoben. Der dritte Mann hält ein zylindrisches
Gefäß mit Henkel in der erhobenen Rechten.
Die Männer gehören, wie aus den Beischriften hervorgeht, drei Generationen an. In der
waagerechten Inschriftenzeile versichert der
Stifter, daß er seinem Herrn, dem Amun von
Luxor, niemals Böses getan habe.

Die Situla ist ein Gefäß, das sowohl im Toten-
wie im Tempelkult Verwendung fand und vom
Neuen Reich bis in die Römerzeit belegt ist[5].
Die elegante Form sowie die Feinheit der Bild-
gravur sind bei diesem Stück von außergewöhn-
licher Qualität; aufgrund der Namensformen
und der Gewänder der Beterfiguren, die dem
Neuen Reich nahestehen, ist die Situla in die
Dritte Zwischenzeit zu datieren[6].

[1] Irmtraut Munro, Das Zelt-Heiligtum des Min, MÄS 41, 1983.
[2] Vgl. Kat. 1 und 43.
[3] Vgl. Kat. 98, 100, 101.
[4] Vgl. Kat. 13.
[5] Ali Radwan, Die Kupfer- und Bronzegefäße Ägyptens, München 1983, 147 ff.; Lichtheim, in: JNES 6, 1947, 169 ff.
[6] Situlae sind vor der Spätzeit in Relief und Malerei häufig,
   im Original selten belegt: Radwan, op. cit., 148 mit Anm. 1.

13   Ithyphallische Figur

Bronze, Gold; Vollguß
H. 24,3 cm; B. 6,6 cm; T. 4,3 cm
Spätzeit, 25.–26. Dynastie, 700–600 v. Chr.
Bibliographie: Katalog Entdeckungen, 129 f., Nr. 112.

Bereits im Mittleren Reich hat Amun von Min die ithyphallische Gestalt übernommen[1], in der dieser seit der Frühzeit als Fruchtbarkeitsgott verehrt wurde[2].

Die stehende, männliche Figur ohne Rückenpfeiler hat den rechten Arm seitwärts erhoben; über die ausgestreckte rechte Hand ist ein Wedel gelegt, dessen Griff auf der Schulter aufsteht. Die linke Hand ist zum eregierten Penis geführt, der weit nach vorn ragt. Der Körper einschließlich linkem Arm und linker Hand ist vollständig von einem eng anliegenden, glatten Gewand eingehüllt. Um die Schultern liegt ein dreireihiger Halskragen, unter dem auf Brust und Rücken zwei schräg nach außen führende Bänder hervortreten. Zwischen diesen Bändern hängt auf der Brust ein kleines naosförmiges Pektoral; im Nacken entspringt ein breites Band, das über den Halskragen bis zu den Fersen läuft. An Pektoral und Halskragen haben sich Reste einer Goldeinlage erhalten.

Der von einem eingeritzten Band gehaltene Götterbart zeigt ein kräftig modelliertes Flechtmuster. Die flache Kappe trägt auf der leicht gewölbten Oberseite zwei Federn, die auf der Vorderseite durch ein ziseliertes Federmuster gegliedert sind; vor ihnen sitzt eine Sonnenscheibe[3].

Der schlanke Körper ist gut gegliedert; das gedrungene Gesicht zeigt eine breite Nase, volle Lippen und kräftige Brauenwülste, die hoch angesetzten Ohren sind auffallend klein. Diese Merkmale sprechen für eine Datierung in die ausgehende 25./beginnende 26. Dynastie.

[1] Jean Lauffray, Karnak d'Egypte, Paris 1979, 44, Abb. 27.
[2] Kolossalstatuen aus Koptos: Jean Capart, Les débuts de l'art en Egypte, Bruxelles 1904, 217, fig. 150.
[3] Parallelen: Katalog Nofret I, Nr. 42; Auktionskatalog Sotheby's, London, 12./13. 12. 1983, Nr. 161.

14 Widder

Bronze; Vollguß
H. 5,3 cm; B. 2,1 cm; L. 6,3 cm
Spätzeit, 700–300 v. Chr.
Bibliographie: unpubliziert.

Amun, im Mittleren Reich rein menschengestaltig dargestellt[1], hat zu Beginn des Neuen Reiches aus Nubien seine Tiergestalt als Widder übernommen[2]. Der Amun-Widder zeigt dabei die um die Ohren gelegten Hörner der Rasse *Ovis platyura aegyptiaca*, alle anderen Widdergottheiten tragen die korkenzieherförmig gedrehten, zur Seite abstehenden Hörner der Rasse *Ovis longipes paleaoaegyptiaca*[3].
Der Widder steht in Schrittstellung auf einer rechteckigen Platte, die durch einen Mittelzapfen mit einem Sockel verbunden war. Der Körper ist vollständig von einem voluminösen Wollfell bedeckt, das unten gerade abschließt und Schultern, Brust, Rücken und Kruppe wie ein Umhang bedeckt. Der untere Teil der Beine wirkt zierlich gegenüber diesem üppigen Vlies, aus dem auch der Phallus herausragt.
Der Widderkopf ist von der dreiteiligen Strähnenperücke bedeckt, die am Widerrist aufliegt.

Eine einfache Ritzlinie deutet über Schultern und Brust einen Halskragen an. Die um die abstehenden Ohren gelegten Hörner laufen s-förmig gebogen bis zum Maul; in der Seitansicht wird der konvexe Verlauf der typischen Rammsnase des Widders deutlich.
Obwohl die Figur wenig Innenzeichnung zeigt[4], sind die charakteristischen Merkmale des Tieres erfaßt und in gute plastische Modellierung umgesetzt worden. Während Bronzefiguren widderköpfiger Götter zahlreich vorkommen, sind reine Widder selten belegt[5], häufiger sind Widderköpfe als Stabaufsatz oder Protome[6].

[1] Vgl. zur Menschengestalt mit Doppelfederkrone: Kat. 98; ithyphallisch: Kat. 13.
[2] Vgl. Kat. 15 mit Anm. 1.
[3] LÄ V, Sp. 522 ff., s. v. »Schaf«; Kat. 16, 19.
[4] Überaus detaillierte Angabe von Fell und Halskragen bei dem Widder Katalog Sethos – ein Pharaonengrab, Basel 1991, 38, Farbabb. 8.
[5] Roeder, Bronzewerke, § 187; id., Bronzefiguren, 336 f., § 428 f., Tf. 49; Auktionskatalog Sotheby's, London, 11. 7. 1988, Nr. 48; Auktionskatalog Parke-Bernet Galleries, New York, 15./16. 10. 1947, Nr. 98.
[6] Roeder, Bronzewerke, § 188, Tf. 28 h, i; id., Bronzefiguren, 337, § 430; Katalog Baltimore, pl. 88, Nr. 586.

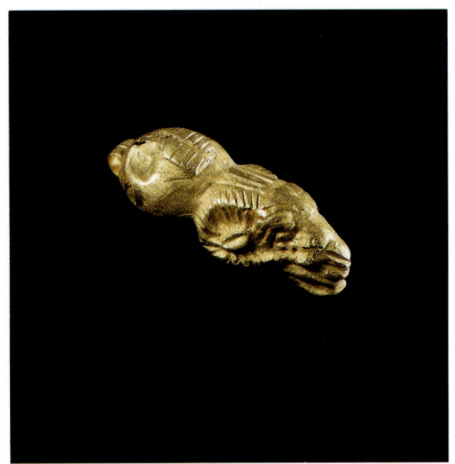

15 Widderkopf-Ohrring

Gold, Holz
L. 2,7 cm; B. 1,1 cm; D. 0,9 cm
Spätzeit, 25. Dynastie, 775–653 v. Chr.
Bibliographie: unpubliziert.

Das kleine Schmuckstück ist aus dünnem Goldblech über einem Holzkern getrieben und zeigt einen Widderkopf mit Sonnenscheibe. Ein schmaler Steg läuft vom Unterkiefer unterhalb des Kopfes bis zum oberen Rand der Sonnenscheibe und endet in einer Öse. Querstreifen markieren die Drehung der Widderhörner, die halbkreisförmig die Ohren umziehen und bis zum Maul spitz auslaufen. Am Kinn sitzt ein kurzer Bart; auf der halbkugelig ausgebildeten Sonnenscheibe ist ein Doppeluräus eingeritzt.

Der Widder als Erscheinungsform des Gottes Amun war in Nubien besonders beliebt, da sie dort ihren Ursprung hatte[1]. Seit der 25. Dynastie gehören daher verschiedene Schmuckstücke in Form eines Widderkopfes zum Ornat der nubischen Herrscher. Zunächst kann ein goldener Widderkopf an einem Band oder Reif direkt um den Hals getragen werden[2], zusätzlich kann das Band im Nacken geknotet, die Enden wieder auf die Schultern oder Brust gelegt und dort abermals mit zwei Widderköpfen versehen wer-

den[3]. Der Doppeluräus des Widders, der auch vom König getragen wird, spielt auf die Doppelherrschaft der Könige der 25. Dynastie über Ägypten und Nubien an. Widderköpfe aus Fayence sind wohl als Einlagen in Reliefs an entsprechender Stelle verwendet worden[4]. Weiter haben Widderköpfe in wertvollen Materialien als Amulette, Kleiderbesatz oder Anhänger gedient[5].

Goldene Ohrringe in Form des Widderkopfes mit Sonnenscheibe und Doppeluräus gehörten ebenfalls zum königlichen Ornat[6]; aufgrund des Formats und der plastischen Ausarbeitung dürfte es sich bei diesem Schmuckstück um einen derartigen Ohrring handeln.

---

1 Dietrich Wildung, Sesostris und Amenemhet, München 1984, 181, Abb. 158.
2 Katalog Africa in Antiquity II, New York 1978, 47, fig. 21; Schäfer, in: ZÄS 33, 1985, 114 ff., Tf. 6.
3 Edna R. Russmann, The Representation of the King in the XXVth Dynasty, Bruxelles/Brooklyn 1974, fig. 1, 17; Katalog Von Troja bis Amarna, Mainz 1978, Nr. 252.
4 Africa in Antiquity II, 184, Nr. 100; Katalog Memminger, 62, Nr. 35. In Bronze: Africa in Antiquity, 257, Nr. 99.
5 Africa in Antiquity, 182, fig. 97; 184, Nr. 99; Carol Andrews, Ancient Egyptian Jewellery, London 1990, 198, fig. 184.
6 Africa in Antiquity, 47, fig. 21; 182f., Nr. 98; Heinrich Schäfer, Ägyptische Goldschmiedearbeiten, Berlin 1910, 55, Abb. 38; Katalog Berlin 1991, 255.

16 Mann mit Widderkopf

Bronze; Vollguß (Füße ergänzt)
H. 16,1 cm (mit Ergänzung 17,4 cm); B. 4,7 cm;
T. 3,2 cm
Spätzeit – Römerzeit, 2. Hälfte 1. Jtsd. v. Chr.
ehemals Heckett Collection, Sammlung H. Phelps
Clawson, Sammlung Ralph M. Chait
Bibliographie: Auktionskatalog Sotheby Parke Bernet, New York, 21. 5. 1977, Nr. 324.

Neben der reinen Tiergestalt[1] ist für Amun
auch die Mischgestalt eines Mannes mit Widderkopf belegt[2], die er bevorzugt in Nubien und
im Sudan annimmt[3].
Die Bronzefigur zeigt einen Mann in Schrittstellung, die Füße sind bis zu den Knöcheln ergänzt. Der rechte Arm ist mit zur Faust geballter
Hand am Körper ausgestreckt, der linke Arm ist
parallel zur Schrittstellung nach vorn abgewinkelt. Die linke Hand ist ebenfalls zur Faust geballt; die ursprünglich in den Händen gehaltenen Embleme fehlen heute.
Amun trägt den dreigeteilten Schurz mit glattem Gürtel sowie die Strähnenperücke. Sie
rahmt den Widderkopf mit weit abstehenden
Ohren ein, um die die Widderhörner gelegt
sind. Die Krone setzt direkt ohne Unterbau auf
dem Scheitel auf, es ist eine modifizierte Atefkrone: Auf dem quergestellten Hörnerpaar sitzt
außen neben den Federn jeweils eine aufgerichtete Uräusschlange mit Sonnenscheibe, ein weiterer kleiner Uräus sitzt direkt über dem Scheitel der Perücke. Eine große Sonnenscheibe bildet über dem Mittelteil den oberen Abschluß
des Kronenensembles. Dieser Kronentypus
wird in den Reliefs mit Beischriften am häufigsten mit Amun verbunden, so daß inschriftlose
Bronzefiguren entsprechend benannt werden
können; doch tragen auch andere widderköpfige Gottheiten wie Herischef und Chnum gelegentlich die Atefkrone[4].

[1] Vgl. Kat. 14.
[2] Z. B. Hibis III, pls. 7, 10.
[3] M. F. Laming Macadam, The Temples of Kawa II, Plates, London 1955, pls. XVI, XVII, XXIII.
[4] Herischef: z. B. Lanzone, Dizionario, Tav. CCXII. Chnum: z. B. Esna VI, 21.

17 Krokodilsköpfiger Gott mit Beterfigur

Bronze; Vollguß, Sockel hohl
H. 16,3 cm; B. 3,7 cm; T. 9,4 cm
Spätzeit, 650–450 v. Chr.
ehemals Sammlung Föhr, Kairo–Bonn
Bibliographie: Katalog Entdeckungen, 129, 131,
Nr. 113.

Gott und Adorant sind auf einem gemeinsamen Sockel zu einer Figurengruppe zusammengestellt: Auf einem zweiten, kleineren Sockel steht ein krokodilsköpfiger Gott in weiter Schrittstellung mit am Körper angelegten Armen[1], ihm zugewandt kniet eine maßstäblich deutlich kleinere Männerfigur auf dem unteren Sockel. Dieser trägt auch eine waagerechte Inschriftzeile, die vorn links beginnt: Ein Text läuft entlang der linken Seite bis zur Mitte der Rückseite, der zweite Text bedeckt Vorderseite und rechte Längsseite der Basis und endet ebenfalls in der Mitte der Rückseite; die dort stehende Hieroglyphengruppe, Bestandteil eines Namens, bildet das gemeinsame Ende beider Inschriften (vgl. Zeichnung).

Der Gott trägt einen dreigeteilten plissierten Schurz sowie einen Halskragen. Sein Krokodilskopf wird von einer Strähnenperücke gerahmt, vor der die kleinen, nur in Umrissen eingeritzten Tierohren liegen. Auf dem Scheitel sitzt eine Doppelfederkrone mit Sonnenscheibe über einem waagerecht zur Seite stehenden Hörnerpaar[2].

Die Kniefigur des Beters ist in einen knielangen, plissierten Schurz gekleidet, eine Kurzhaarfrisur bedeckt kappenartig den Kopf. Die Unterarme sind mit ausgestreckten Händen im Betgestus neben die Oberschenkel gelegt. Andere Haltungen zeigen den Beter mit erhobenen Armen und dem Gott zugewandten Handflächen oder mit Opfergefäßen in den Händen[3].

Statuetten von Göttern und Adoranten wurden zu oft vielfigurigen Ensembles zusammengestellt[4] und sind auch im königlichen Bereich belegt[5]; meist wurden nur die Einzelfiguren – Götter, Beter, Opferträger – überliefert[6].

Normalerweise ist das Krokodil die Erscheinungsform des Sobek, des in der Oase Fayum beheimateten Fruchtbarkeitsgottes[7]. Die Sockelinschrift nennt hier jedoch »Amun-Re, König der Götter, vollkommener Gott, Herr des Himmels«. Schon im Mittleren Reich konnte Sobek seinerseits mit Re, dem Sonnengott, verschmelzen, später wird er als Schöpfergott auch mit Amun verbunden: So kann einerseits Amun als Krokodil[8], andererseits Sobek als Widder erscheinen[9].

Die Figur des Gottes wirkt in den Proportionen plump, die Ausführung der Details wie das Plissee des Schurzes oder die Innenzeichnung der Perücke erscheint flüchtig; eine Gliederung der Federkrone fehlt. Auch der Krokodilskopf ist wenig differenziert, die Reihe der Zähne ist

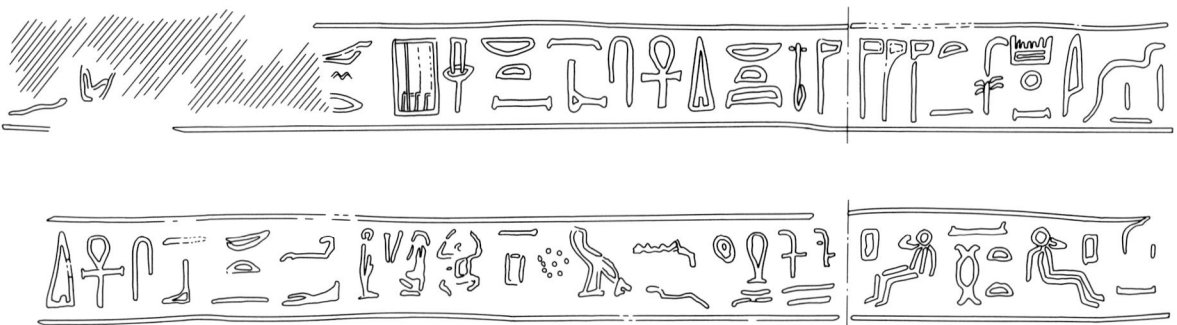

lediglich durch eine schematische Zickzack-
linie wiedergegeben. Das Interessante an dieser
Gruppe ist daher weniger ihre Qualität als vielmehr die Vollständigkeit des Figurenensembles
sowie die Benennung eines krokodilköpfigen
Gottes als Amun. In der Inschrift ist der Name
des Vaters des Stifters, Pa-scheri-Neith, erhalten.
Dies läßt an eine Entstehung der Figur im Umfeld der 26. Dynastie denken.

² Häufigste Kronenform, vgl. zur Ikonographie Claudia Dol-
zani, Il Dio Sobk, Atti della Accademia Nazionale dei Lincei,
Roma 1961.

³ Vgl. Kat. 80, 131–133; andere Handhaltungen bei Beterfiguren: Roeder, Bronzefiguren, Tf. 47 e–h.

⁴ Katalog Baltimore, pl. 87, Nr. 551; 90, Nr. 588; Daressy,
Statues, pl. 63, CG 39379; Roeder, Bronzefiguren, Tf. 87,
§ 582 f.; Katalog Oxford, 54, Nr. 40; Langton, in:
JEA 24, 1938, pl. 3(2).

⁴ Jean Leclant, Ägypten, 3. Band, Spätzeit und Hellenismus,
München 1981, 237, Abb. 224 (Taharqa).

⁵ Beterfiguren vgl. Anm. 3; Beterfiguren vor Götterthron:
op. cit., Tf. 86 a; König: Katalog München 1976, 185 (Abb.).

⁶ LÄ V, Sp. 995 ff., s. v. »Sobek«; LÄ III, Sp. 801–811, s. v. »Kro-
kodilskulte«.

⁷ In Abu Simbel: Lanzone, Dizionario, Tav. 21; Tôd: Champollion, Monuments de l'Egypte et de la Nubie, Notices
descriptives I, 292.

⁸ Assmann, ÄHG 203 A, 27; 203 B, 76.

¹ Mit erhobenem linken Arm z. B. Katalog Bilder für die Ewigkeit, Konstanz 1983, Nr. 95; Auktionskatalog Münzen und
Medaillen AG Basel, Auktion 59, 16. 6. 1981, Nr. 67.

18 Mann mit Lanze

Bronze; Vollguß
H. 24,8 cm; B. 8,3 cm; T. 13,4 cm
3. Zwischenzeit, 1100–1000 v. Chr.
ehemals Brummer Collection
Bibliographie: Auktionskatalog Christie's (Leopold Hirsch Collection), London, 8. 5. 1954, Nr. 170; Katalog Entdeckungen, 128 ff., Nr. 111.

Auf einem kastenförmigen Sockel, der seinerseits auf eine zweite, größere Basis gesetzt ist, steht in Schrittstellung eine männliche Figur. Die zur Faust geballte linke Hand ist vor den Bauch gelegt. Der rechte Arm ist seitwärts erhoben, der Unterarm weist senkrecht nach oben. Ein Teil dieses Unterarms und die Hand fehlen heute, ebenso der obere Teil des Kopfputzes. Die Kleidung besteht aus einem knöchellangen Schurz mit einfachem Gürtel[1]. Die kugelige Löckchenperücke zeigt eine dachziegelähnlich getreppte Struktur, auf dem Scheitel sitzt ein runder Kronenuntersatz. Der lange Bart ist von einem engen Flechtmuster gegliedert und unten nur leicht aufgebogen; ein Bartband ist nicht zu erkennen. Die Brustwarzen sind plastisch angegeben.

Die Bronzefiguren desselben Typs tragen selten Inschriften[2]; eine Identifizierung dieser Stücke erfolgt daher aufgrund von Parallelen in Reliefbildern, wo ein Gott mit entsprechender Ikonographie stets als Onuris benannt ist[3]. Der Kopfputz ist als Federkrone zu ergänzen: Während in zweidimensionalen Bildern vier Federn nebeneinander gesetzt sind, begnügen sich die rundplastischen Ausführungen meist mit einem Federpaar, vor das noch eine Sonnenscheibe gesetzt werden kann[4]. Eine weitere Variante stellt die vier Federn im Kreis zu einem zylindrischen Kopfputz zusammen[5].

Auch die Haltung ist typisch für Onuris, den kämpferischen Gott »mit starkem Arm«[6]: Reliefs zeigen ihn mit einer Fangleine in der linken und einer Harpune in der erhobenen rechten Hand, mit der er den Götterfeind in Gestalt eines Nilpferds, Krokodils oder einer Antilope ersticht[7]. Reste der Leine sind bei dieser Bronzefigur erhalten und schauen oben aus der Faust heraus[8]. Für das Tier wäre auf dem unteren Sockel genügend Platz, es sind jedoch keine Spuren einer Einlassung für eine weitere Bronzefigur zu erkennen[9].

Nach Haltung und Ikonographie also eindeutig

Inschrift oberer Sockel

Inschrift unterer Sockel

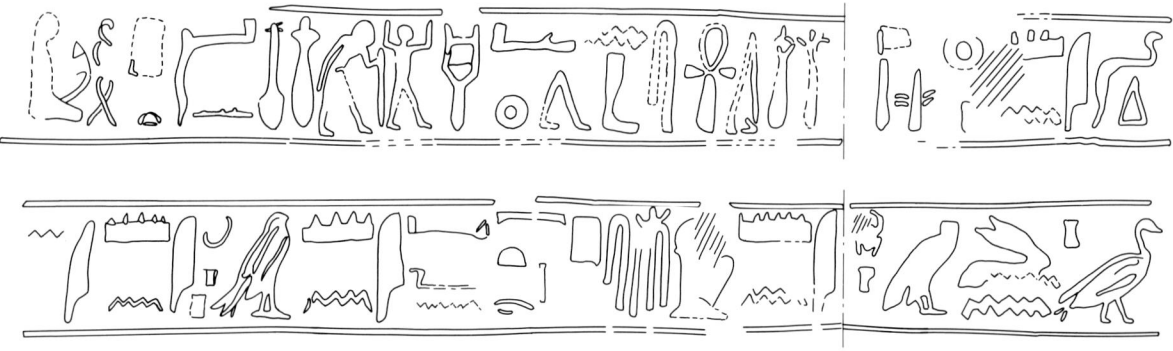

als Onuris zu benennen, ist diese Statue jedoch mit dem Gott Amun verbunden worden: Auf beiden Sockeln findet sich, jeweils vorn links beginnend, eine um alle vier Seiten laufende Inschriftenzeile, die Amun nennt: »*Spruch des Amun-Re, König der Götter von Ober- und Unterägypten, er gebe Leben, Gesundheit, lange Lebenszeit, ein hohes, schönes Alter dem Nes-Ptah, Sohn des Wen-em-a-Amun, geboren von (…).*« Der Stifter der Figur wendet sich also ausdrücklich an Amun mit seinen Bitten. Diese Bronzefigur ist der bislang einzige Beleg für Amun in der Gestalt des Onuris, wohingegen der König in der Spätzeit häufiger dessen Attribute übernehmen kann[10].

Die Körperformen zeichnen sich deutlich unter dem engen Schurz ab, auch der Oberkörper ist kräftig modelliert in der Wiedergabe der Brust- und Rückenmuskulatur. Insgesamt sind die Pro-

portionen schlank und wohlausgewogen. Die sorgfältigen Details von Perücke und Bart sind heute teilweise von der auffällig grünen Patina verdeckt.

[1] Schurz oft gemustert und in Kombination mit Leibchen getragen: Katalog Baltimore, pl. 83, Nr. 529, 530; Maria Mogensen, La Glyptothèque Ny Carlsberg, Copenhague 1930, pl. 23.

[2] Roeder, Bronzewerke, § 7.

[3] Z.B. Hibis III, pl. 57.

[4] So die beiden Stücke in Baltimore, s. Anm. 1. Vier Federn hat MMA 10. 130. 1361: Hornemann, Types II, 329.

[5] CG 38023: Daressy, Statues, pl. 2; Auktionskatalog Sotheby's, New York, 29. 11. 1988, Nr. 139; Auktionskatalog Münzen und Medaillen AG Basel, Auktion 59, 16. 6. 1981, Nr. 66; Roeder, Bronzefiguren, Tf. 2 a, b.

[6] Hermann Junker, Die Onurislegende, Wien 1917.

[7] Edfou X, pl. 154 (mittleres Register), Text: Edfou VI, 297.

[8] Erhaltene Leine bei CG 38025: Daressy, op. cit., pl. 3.

[9] Falkenköpfiger Gott: Hornemann, Types V, 1314; stierköpfiger Gott: Hornemann, Types II, 331, jeweils mit Nilpferd.

[10] Junker, op. cit., 2 f.

Göttlicher Gott, groß an Machterweisen.
Mit vielen Namen in Städten und Gauen,
heilig an Verköperungen, dessen Namen
man nicht kennt.

Eine Gestalt – viele Namen

Dem verständlichen Bedürfnis, Klarheit in die Vielfalt der Erscheinungsformen ägyptischer Gottheiten zu bringen, entsprechen viele Populärpublikationen durch eine Auflistung vignettenhafter Zeichnungen von Götterfiguren, denen die namentliche Identifizierung mit bestimmten Göttinnen oder Göttern beigegeben ist. Eine solche Trivialikonographie ist nicht nur in Details unrichtig, sondern im Ansatz falsch. Wie die Vielzahl der Gestalten einer der Wege ist, die Komplexität des Gottesbegriffes verständlicher zu machen, so sind die zahlreichen Namen, mit denen das Göttliche in Ägypten bezeichnet werden kann, gewissermaßen Bildlegenden zu den sichtbaren Formen der Götter.

Eine exakte namentliche Benennung einer Götterdarstellung ist zwar in manchen Fällen durchaus möglich. Eine ibisgestaltige oder ibisköpfige Gottheit (Kat. 5,6,79,80,109,116) wird man ohne Zögern und Zweifeln als Thoth identifizieren, eine Frau mit Gazellengehörn an der oberägyptischen Krone als Satet, eine mumiengestaltige männliche Figur mit eng anliegender Kappe als Ptah – ungeachtet der Tatsache, daß diese Gottheiten auch unter völlig anderen Formen in Erscheinung treten können.

Wie aber verhält es sich mit einer Frauenfigur mit der unterägyptischen Krone (Kat. 99,103)? Ist sie Neith oder Amaunet? Ist eine widderköpfige Männerfigur (Kat. 19) eine Darstellung des Amun, des Chnum oder des Herischef? Werden Anubis oder Upuaut als Schakal (Kat. 20,21) gezeigt? Welche Götternamen verbergen sich hinter den zahlreichen Falkenfiguren (Kat. 22–27)?

Eine elementare Frage an die Äußerungsformen der ägyptischen Religion und Theologie ist hier angesprochen, die Priorität von Bild oder Text. Unter historischen Gesichtspunkten findet sich leicht eine eindeutige Antwort. Lange bevor sich die Schrift entwickelte, also vor dem ausgehenden vierten Jahrtausend v. Chr., formuliert sich religiöses Gedankengut im Bild. Übermenschliche Mächtigkeit wird in den Tieren erlebt, die dem Menschen unzugängliche Bereiche der Welt als Lebensraum haben, die Vögel hoch in den Lüften, die Fische, das Krokodil und das Nilpferd im Wasser. Das Außermenschliche dieser ihrer Lebensumstände verschafft ihnen nicht nur ihre eigene Göttlichkeit, sondern macht sie auch zu Erscheinungsformen und Trägern der als übermenschlich und göttlich empfundenen Erscheinungen des Kosmos, allen voran des Sonnenlaufes. Die Dominanz von Fisch- und Vogelmotiven bei den vorgeschichtlichen Paletten mag hier ihre Erklärung finden.

Die Schriftlosigkeit der vorgeschichtlichen Zeit versperrt jedoch jeglichen Zugriff auf die namentliche Benennung dieser göttlichen Mächte. Noch die Denkmäler der sogenannten

Reichseinigungszeit lassen trotz der allmählichen Verwendung von Schrift die namentliche Identität der dargestellten Gottheiten offen. Ist mit den Kuhköpfen auf der Narmerpalette die Göttin Hathor gemeint? Darf der Falke, der auf demselben Denkmal dem König die Feinde zuführt, als Horus bezeichnet werden? Die Funktion dieser Götterbilder ist aufgrund des ikonographischen Kontexts klar: Die Kuhköpfe, im obersten Bildstreifen der beiden Seiten der Palette angebracht, stehen für den Himmel; der Falke, der den Feind gefesselt hält, ist eine Schutzgottheit über die Fremdländer. Ist aber die Kuhgöttin als Hathor oder Bat oder Nut zu benennen, trägt der Falkengott den Namen Sopdu oder Anti? Oder ist er eine der Formen des Horus?

Eine Antwort auf solche Fragen kann wohl nur gefunden werden, wenn die Fragen nicht nach der monokausalen Logik eines entweder – oder, sondern gut altägyptisch als ein sowohl – als auch formuliert werden, und dann kann diese Antwort nur lauten, daß eine eindeutige namentliche Benennung dieser Götterbilder zutiefst unägyptisch wäre und damit letztlich allein aufgrund der Bildaussage gar nicht möglich ist.

Das Bild trägt eine Mehrwertigkeit in sich; der sprachlich formulierte und schriftlich fixierte Name beschreibt entweder diesen breiten Bedeutungshorizont oder filtert aus ihm einzelne Aspekte aus. So ist der Name des Amun die umfassende Beschreibung aller Erscheinungsformen: »Der Verborgene« birgt in sich alle möglichen Formen, sichtbare und unsichtbare, vergangene, gegenwärtige und zukünftige. Aus der um den Begriff der männlichen Fruchtbarkeit kreisenden Mehrwertigkeit einer widderköpfigen Göttergestalt (Kat. 19) greift der Name Amun den Aspekt des Weltenschöpfers, des Urgottes heraus, der Name Chnum betont die Rolle des Gottes, der an der Töpferscheibe die Menschen formt, und als Herischef ist er eine der Formen des Sonnengottes. Jeder dieser drei Namen des widderköpfigen Gottes ist an bestimmte Kultorte gebunden, Amun an Theben, Chnum an Elephantine und Esna, Herischef an Herakleopolis. Zur funktionalen Differenzierung bringt der Name auch eine lokale Zuordnung.

Das falkengestaltige Gottesbild (Kat. 22–27) grenzt einen Wirkungshorizont Gottes ab, der in der Höhe des Himmels angesiedelt ist. Horus, der häufigste Name des Falkengottes, bedeutet »der oben Befindliche« oder »der Ferne«, ein Name also, der das Bild der Gottheit beschreibt. Breit ist die Palette der Varianten des Horus-Namens: Harsiese – »Horus, Sohn der Isis«; Harendotes – »Horus, Rächer seines Vaters«; Harsomtus – »Horus, Vereiniger der Beiden Länder«; Hor-Behedeti – »Horus von Edfu«; Harachte – »Horus der beiden Horizonte«; Harmachis – »Horus im Horizont«; Harmerti – »Horus mit den beiden Augen«; Haroeris – »der ältere Horus«; Harpokrates – »Horus, das Kind«. Die Wurzeln dieser differenzierenden Namensformen sind leicht erkennbar. Es sind mythologische Bezüge, die den falkengestaltigen Gott in Götterfamilien einbinden, und es sind – wie bei der widderköpfigen Gottheit – kulttopographische Gegebenheiten, die dem Horus einzelne Kultorte zuweisen. Eine Rückkoppelung der verschiedenen Namen auf das Erscheinungsbild des Falkengottes kann sich in Attributen des Kopfschmucks niederschlagen, findet aber in der Regel nicht statt.

Die Vielnamigkeit ein und derselben Göttergestalt erschwert (und verhindert bisweilen) auch die Identifizierung der zahlreichen kindgestaltigen Gottesbilder (Kat. 28–33). Das Erlebnis des Göttlichen im Kind ist ein Archetypus religiöser Erfahrung. Die altägyptische Kunst verleiht ihm eine über die Jahrtausende nur wenig veränderte Grundform; Kinderzopf, Lutschfinger und Nacktheit sind die Bildelemente, an die sich Varianten im Kopfputz anlagern können.

Erklärt und gedeutet wird das Bild des göttlichen Kindes durch recht unterschiedliche Namen. Harpokrates und Harsomtus machen aus ihm einen kindlichen Horus; als Ihi ist es in Dendera das Kind der Hathor, als Nefertem in Memphis der Sohn von Ptah und Sachmet, und in Theben trägt das göttliche Kind des Amun und der Mut den Namen Chons.

Schwer überschaubar ist die Zahl der Namen, die sich mit dem Bild der Gottesmutter (Kat. 35–38) verbinden. Mythologisch, kulttopographisch und historisch bedingt treten neben Isis und Hathor, neben Nut und Mut (»die Mutter«) zahlreiche weitere Namen göttlicher Mütter. Sie alle haben auch spezifische Gestalten – Hathor als Kuh, Nut als heiliger Baum –, ihnen allen ist aber gemeinsam das Bild der stillenden Gottesmutter, das Urbild der stillenden Muttergottes, der madonna lactans der frühchristlichen Kunst.

Die durch ihre Namen unterschiedenen Götter berühren und überlagern sich häufig in ihren Funktionen. Wenn diese funktionalen Gemeinsamkeiten oft auch ihre ikonographische Entsprechung finden, so handelt es sich dabei nicht um eine Analogie, sondern um einen kausalen Zusammenhang: Das gemeinsame Erscheinungsbild ist der unmittelbare Ausdruck einer göttlichen Primärfunktion, die erst sekundär unter verschiedenen Namen differenziert wurde. Im Löwenbild (Kat. 39–45) visualisiert die ägyptische Kunst die Abwehr des Bösen, sei es der Feinde in den Grenzbereichen des Landes, sei es der bedrohlichen Kräfte am Himmel und im Jenseits. Bastet und Sachmet, Pachet und Wadjet, Tefnut und Weret-hekau sind Namen weiblicher Löwengottheiten; Mahes und Schu, Nefertem und auch Horus sind die göttlichen Namen männlicher Löwen.

Die oben gestellte Frage nach der Priorität von Bild oder Text beantwortet sich offensichtlich nicht nur unter historischen Gesichtspunkten, sondern aus einer Gesamtbeurteilung der Quellenlage zugunsten des Bildes. Die Gestalt einer Gottheit ist der direkte Ausdruck der Erfahrung göttlichen Wirkens, ihre Umsetzung in sichtbare Form. Es ist eine der außergewöhnlichsten Qualitäten der altägyptischen Kunst, in einfachen, sprachunabhängigen Bildern das kaum in Worte zu fassende Erlebnis Gott aufzuzeichnen und nachvollziehbar zu machen.

19   Mann mit Widderkopf

Bronze; Vollguß
H. 22,8 cm; B. 6,7 cm; T. 6,1 cm
aus San el-Hagar
Spätzeit, 700–400 v. Chr.
ehemals Sammlung Abemayer, Kairo
Bibliographie: Auktionskatalog Christie's, London,
11. 12. 1987, Nr. 261.

Der Widder als Erscheinungsform des Göttlichen wird dann gewählt, wenn die Fruchtbarkeit und Zeugungsfähigkeit des männlichen
Gottes betont werden soll. Die mächtige Schultermähne des Widders wurde darüber hinaus
zum Symbol und Schriftzeichen für »Würde,
Majestät«, ein weiterer Aspekt des göttlichen
Wesens[1]; der entsprechende altägyptische Ausdruck »schefit« entwickelt sich aus der Bezeichnung für das Tier und hat beim Widdergott
Herischef zu vielen Wortspielen geführt[2].
Die verschiedenen Widdergottheiten unterscheiden sich ikonographisch nur durch die Kronen – neben der Atefkrone[3] findet sich vor
allem die Hemhemkrone und die Sonnenscheibe[4], doch lassen sie sich nicht an den Kronen unterscheiden: Die Hemhemkrone, die der
widderköpfige Gott trägt, ist normalerweise der
Hinweis auf Chnum[5], doch übernehmen auch
Amun[6], Herischef, der Widdergott aus Herakleopolis, oder Re[7] diese Krone in Kombination mit dem Widderkopf.
Die Bronzefigur des in Schrittstellung stehenden Mannes mit Widderkopf ist differenziert
gearbeitet: Nabel und Brustwarzen sind plastisch angegeben, vor allem die Hemhemkrone
weist viele Details auf. Die korkenzieherartig gedrehten Hörner sitzen auf einem runden Untersatz, der vor der Stirn sich aufbäumende Uräus
trägt seinerseits ein Kuhgehörn mit Sonnenscheibe, die Musterung seiner geblähten Brust
ist graphisch angegeben.

[1] LÄ VI, Sp. 1243 ff., s. v. »Widder«.
[2] LÄ II, Sp. 1016 ff., s. v. »Harsaphes«.
[3] Vgl. Kat. 16.
[4] Katalog Baltimore, pl. 89, Nr. 581.
[5] Esna II, 19, 69.
[6] Horst Beinlich, Das Buch vom Fayum, ÄA 51, 1991, Tf. 18.
[7] Esna VI, 117.

20 Liegender Schakal

Bronze; Vollguß
H. 4,3 cm; B. 2,5 cm; T. 7,7 cm
Spätzeit, 700–400 v. Chr.
Bibliographie: Auktionskatalog Sotheby's, London,
4. 12. 1978, Nr. 100.

Der Ägypter hat eine Reihe von Caniden (»Hundeartigen«) wie Schakal, Wolf und Wildhund unter einem Begriff zusammengefaßt und auch in der Darstellung nicht getrennt. Aus der Beobachtung, daß diese Tiere als Bewohner des Wüstenrandes auf ihren Streifzügen die Unversehrtheit der dort bestatteten Toten gefährdeten, folgte die Umkehrung der Verhältnisse: Der Schakal wurde zum Wächter der Nekropole, zum Schutzherrn des Totenreiches.

Auf einer längsrechteckigen Basisplatte liegt ein Schakal: Die Vorderläufe des Tieres sind nebeneinandergelegt, der erhobene Kopf blickt geradeaus; die hohen, spitzen Ohren sind aufmerksam nach vorn gestellt. Der lange Schwanz mit verdicktem Ende ist rechts neben dem Körper auf die Basis gelegt. Schenkel und Schultern heben sich seitlich stark vom Körper ab und sind überaus kantig gebildet.

Es ist vor allem Anubis, zuständig für die Balsamierung des Verstorbenen[1], der als Schakal auf einem Schrein liegend oder rundplastisch direkt auf einen Sarg gesetzt über den Toten wacht[2]. Dagegen ist Upuaut, der kriegerische »Wegeöffner«, meist auf einer Standarte stehend dargestellt und gehört zu den Schutzmächten des Königs[3]. Ebenfalls als liegender Schakal wurde Chontamenti wiedergegeben, in der Frühzeit Schutzgott des Königsfriedhofs von Abydos[4]. Allen Schakalsgöttern gemeinsam ist die schwarze Farbe, die sie als Zeichen der Erwähltheit zeigen[5].

[1] LÄ I, Sp. 327 ff., s. v. »Anubis«; vgl. Kat. 21.
[2] Figuren des liegenden Schakals aus Holz: Katalog Suche nach Unsterblichkeit, Hildesheim 1990, 38, Nr. T 5; Katalog Berlin 1967, 83 f., Nr. 863 (Abb.); aus Bronze: Auktionskatalog Art at Auction, Sotheby Parke Bernet, 1979/80, 404.
[3] LÄ VI, Sp. 862 ff., s. v. »Upuaut«; Katalog Egypte – Eender en anders, Amsterdam, Allard Pierson Museum, 1984, 30, 117, Nr. 31; Roeder, Bronzefiguren, § 619.
[4] LÄ I, Sp. 964 f., s. v. »Chontamenti«.
[5] Hermann Kees, Der Götterglaube im Alten Ägypten, Leipzig 1941, 27; LÄ VI, Sp. 863 mit Anm. 3.

21 Amulett eines Schakalsköpfigen

Fayence
H. 3,6 cm; B. 0,9 cm; T. 1,5 cm
Spätzeit, 700–400 v. Chr.
Bibliographie: unpubliziert.

Neben ihrer reinen Tiergestalt[1] können sowohl Anubis als auch Upuaut als Mensch mit Schakalskopf auftreten[2]; der älteste Beleg für einen schakalsköpfigen Mann findet sich bereits auf der spätvorgeschichtlichen Tierpalette aus Hierakonpolis[3]. Das Amulett zeigt einen Mann mit Schakalskopf in Schrittstellung über einer rechteckigen Basis. Der Rückenpfeiler reicht bis zu Unterkante der Perücke und folgt in der linken Seitenansicht der Kontur des vorgesetzten Beines. In Höhe der Schulterblätter ist er quer durchbohrt. Die Arme sind mit zur Faust geballten Händen am Körper ausge-

streckt, sie enden in einer Linie mit dem kurzen plissierten Schurz. Der wuchtige Schakalskopf mit übergroßen, steil aufgerichteten Ohren ist von einer schmalen Strähnenperücke gerahmt. Bemerkenswert ist die Wiedergabe der Details einzelner Körperteile – Zehen, Nabel, Daumen –, die trotz der Kleinheit des Amuletts angegeben sind, sowie die Plastizität der Körperformen. Der energische Ausdruck des untersetzten Körpers mit schmaler Taille und breiten Schultern wird durch den halslos aufgesetzten, übergroßen Kopf noch gesteigert[4].

1 Vgl. Kat. 20.
2 Lanzone, Dizionario, Tav. 29.
3 Vielleicht ein Priester mit Schakalsmaske, Siegfried Schott, Hieroglyphen, Untersuchungen zum Ursprung der Schrift, Wiesbaden 1950, Taf. 1.
4 Katalog Frankfurt 1990, 276 ff., Nr. 240–246 mit weiteren Beispielen.

22 Falke mit Doppelkrone

Bronze; Hohlguß
H. 29,1 cm; B. 7,4 cm; T. 18,3 cm
Spätzeit, 700–400 v. Chr.
Bibliographie: Auktionskatalog Octagon – Spink &
Son Ltd., London, Winter 1968, 26; Katalog Ent-
deckungen, 134, 136, Nr. 116.

Der Traum des Menschen vom Fliegen hat in
vielen Kulturen in Vogelgöttern oder geflügelten göttlichen Wesen Gestalt angenommen[1]; in
Ägypten ist der Falke seit der Frühzeit die Erscheinungsform des Göttlichen schlechthin, die
Hieroglyphe »Falke auf Standarte« dient allgemein als Determinativ von Götternamen[2]. Im
ganzen Land gab es Kulte falkengestaltiger Götter, von denen Horus, »der Ferne«, als Himmels-
gott der bedeutendste war[3].
Der Falke steht hoch aufgerichtet mit weit nach
hinten abstehenden Schwanzfedern, auf denen
überkreuzt die Flügelspitzen der Schwingen liegen. Das Schwanzgefieder reicht tiefer hinunter
als die Standfläche der Füße, ragte also ur-

sprünglich über die heute fehlende Basis hinaus. Auf dem Falkenkopf erhebt sich die Doppelkrone mit Uräus, wobei der Kopf der
Schlange sowie die Spirale der Krone fehlen;
ein Bruch der Beine ist modern repariert.
Die Fiederung der Flügel ist in feinem Relief
angegeben, ebenso die Hautstruktur der Vogel-
füße; der kräftig modellierte Kopf mit kreisrunden Augen und scharfem Schnabel ist durch die
Innenzeichnung des typischen Falkengesichtes
auch graphisch strukturiert. Der Vogelleib ist
schlank proportioniert und elegant ausbalanciert.
An der Unterseite des Schwanzes, direkt hinter
den Beinen, deutet eine große rechteckige
Öffnung[4], die mit einer Bronzeplatte verschlossen ist, auf die Verwendung der hohl ge-
gossenen Figur als Sarg für eine Falkenmumie.
Kleinere Falkenfiguren wurden häufig auf
einen naosförmigen großen Sockel gestellt, der
ebenfalls als Falkensarg diente[5].
Der Falke mit Doppelkrone[6] spielt auf die
enge Verbindung zwischen Königtum und
Horus an, als dessen lebende Verkörperung auf
Erden der ägyptische König galt. Dies kommt
einerseits in seiner Titulatur zum Ausdruck, wo
der König als »Horus« oder »Goldhorus« bezeichnet wird, andererseits aber auch im
Königsornat, der Elemente der Falkengestalt
aufnehmen kann[7]. Schließlich hat die Rundplastik einen Statuentypus geschaffen, der den
Körper eines Menschen – des Königs – mit
einem Falkenleib verschmilzt[8].

[1] Wolfgang Behringer/Constance Ott-Koptochalijski, Der
Traum vom Fliegen. Zwischen Mythos und Technik, Frankfurt 1991.
[2] LÄ II, Sp. 94 ff., s. v. »Falke«.
[3] LÄ III, Sp. 14 ff., s. v. »Horus«.
[4] Katalog Ägyptische Kunst aus dem Brooklyn Museum, Berlin 1976, Nr. 70.
[5] Auktionskatalog Sotheby's, New York, 24.–25. 11. 1987,
Nr. 33; Münzen und Medaillen AG Basel, Auktion 46, 28. 4.
1972, Nr. 76, 77.
[6] Katalog Baltimore, pl. 101, Nr. 657, 659–662; aus Silber:
Katalog München 1985, 101, Nr. 68.
[7] Etwa in der »Falkenjacke« des Königs: Walter Wreszinski,
Atlas zur altägyptischen Kulturgeschichte, Zweiter Teil,
Leipzig 1934, Tf. 184, 184a.
[8] LÄ II, Sp. 97 f., s. v. »Falkenkleid«, v. a. Anm. 4–7.

23 Falken-Amulett

Gold
H. 1,1 cm; B. 0,7 cm; T. 1,1 cm
Altes Reich, 2500–2200 v. Chr.
Bibliographie: unpubliziert.

*»Spruch, die Gestalt eines goldenen Falken anzuneh-
men«* lautet die Überschrift zu Kapitel 77 des
Totenbuchs[1]. Er zählt zu den sogenannten »Ver-
wandlungssprüchen«, mit deren Hilfe der Verstorbene im Jenseits eine andere, göttliche Gestalt annehmen konnte. Amulette in Falkengestalt finden sich seit der Vorgeschichte unter
den Grabbeigaben[2], in Gold sind sie seit dem
frühen Alten Reich belegt[3].
Die kleine Falkenfigur steht auf einer trapezförmigen, flachen Basis, auf der auch die Schwanzfedern aufsetzen. Die ganze Figur ist stark abstrahiert und zeigt keine Innenzeichnung, lediglich der Ansatz des rechten Flügels ist durch
eine Kerbe markiert. Darin ist dieser Vogel den
geduckten Falken der Vor- und Frühzeit ähnlich, wenn er auch schon aufrecht steht[4]. Er unterscheidet sich in seiner leicht gebückten Haltung jedoch deutlich von späteren Exemplaren,
so daß er wohl noch ins Alte Reich zu datieren
ist[5].

An der linken Körperseite sitzt eine senkrecht
stehende, nicht geschlossene Öse.

[1] Hornung, Totenbuch, 156 f.
[2] Alexander Scharff, Die Altertümer der Vor- und Frühzeit, 2.
    Teil (Staatliche Museen zu Berlin, Mitteilungen aus der
    Ägyptischen Sammlung, Band V), Berlin 1929, 53, Tf. 17,
    Nr. 81, 82.
[3] Carol Andrews, Ancient Egyptian Jewellery, London 1990,
    86, fig. 62.
[4] Stilistisch vergleichbare Vogel-Amulette des Alten Reichs
    z. B. Guy Brunton, Matmar, London 1948, pl. 32, Nr. 60–71;
    id., Mostagedda, London 1937, pl. 57, Nr. 45–47; Katalog
    Berlin 1967, Nr. 256 (goldene Ibis-Figur).
[5] Vgl. Kat. 24–26; zu späteren Falken-Amuletten in Gold
    s. Biri Fay, Ancient Egyptian Jewellery, Berlin 1990, 13 f.;
    Kozloff, in: AJA 80, 1976, 183 f., fig. 4–6.

24 Falken-Amulett

Fayence
H. 1,0 cm; B. 0,4 cm; T. 0,9 cm
3. Zwischenzeit-Spätzeit, 1. Hälfte 1. Jtsd. v. Chr.
Bibliographie: unpubliziert.

Trotz des winzigen Formats kommt die stolze
Haltung des Raubvogels in diesem kleinen
Amulett zur Geltung: Mit erhobenem Kopf
steht der Falke auf einer rechteckigen Basis,

über die die Schwanzfedern hinten hinausrei-
chen. Die Flügel sind plastisch aufgesetzt und
ragen über die Brust hinaus, die Schwungfedern sind an der Oberseite durch eine Kerbe
voneinander getrennt.

Falken-Amulette aus Fayence sind in der Spätzeit häufig belegt, weisen jedoch meist eine Öse
im Nacken auf[1]. Bei diesem sehr fein gearbeiteten Stück findet sich statt dessen eine dünne
Bohrung von der Brust zur Schulter, mit deren
Hilfe es ebenfalls als Kettenglied verwendet
werden konnte.

[1] Katalog Frankfurt 1990, 287 ff., Nr. 269, 270 (mit weiteren
   Parallelen); Auktionskatalog Sotheby's, London, 11. 7. 1988,
   Nr. 18.

25   Falken-Amulett

Lapislazuli
H. 1,4 cm; B. 0,7 cm; T. 1,1 cm
Spätzeit, 700–400 v. Chr.
Bibliographie: unpubliziert.

Die Verwendung kostbarer Halbedelsteine stei-
gert die Wirksamkeit von Amuletten, da dem
wertvollen Material selbst bereits eine schüt-
zende oder heilende Wirkung zugesprochen
wird. In der Verarbeitung des blauen Lapislazuli für ein Falken-Amulett kommt außerdem
die Symbolkraft der Farbe zum Tragen, die stets
Bedeutungsträger, nicht bloßes Abbild ist: In
der Ikonographie steht die Farbe gleichrangig
neben der Form[1]. Blau ist die Farbe des Kosmos, und so ist die Darstellung des Himmelsgot-
tes Horus als blauer Falke, als Falke aus Lapislazuli, eine direkte Anspielung auf den Funktionsbereich und Aufenthaltsort dieses Gottes.
Der kleine Falke über rechteckiger Basis ist
überaus detailliert gearbeitet: Die Flügelspitzen
überkreuzen sich, Deck- und Schwungfedern
sind in feinem Relief angegeben. Auf dem
Rücken sitzt eine große Öse[2].
Nicht nur das Falken-Amulett aus Gold[3], auch
der Falke aus Lapislazuli hatte seinen Wir-
kungsbereich im Totenbuch verankert[4]: »*Zu
sprechen über einem Bild des Horus-Falken, aus
blauem Stein gefertigt und einem Menschen an seinen Hals gelegt. Das bewirkt einen großen Schutz auf
Erden und unterstützt einen Menschen im Toten-
reich. Es bewirkt, ihn bei Menschen und Göttern, bei
Verklärten und Toten beliebt sein zu lassen, ihn zu
retten vor der Gewalttat eines Gottes, einen Menschen
zu befreien von allem Bösen; ein wahres Heilmittel,
Millionen Mal erprobt!*«

[1] Dietrich Wildung, Ägyptisch Blau, in: Katalog Hans Gercke
   (Hg.), Blau: Farbe der Ferne, Heidelberg 1990, 53–56. Allgemein: Hermann Kees, Farbensymbolik in ägyptischen religiösen Texten, in: NAWG 11, 1943, 413–479.
[2] Falken-Amulett aus Lapislazuli: Katalog Frankfurt 1990,
   289, Nr. 271.
[3] Kat. 23.
[4] Totenbuch Kapitel 195, zitiert nach Wildung, loc. cit., 53.

26   Falken-Amulett

Fayence
H. 1,4 cm; B. 0,6 cm; T. 1,3 cm
Spätzeit-Römerzeit, 2. Hälfte 1. Jtsd. v. Chr.
Bibliographie: unpubliziert.

Die Falkenfigur über einer rechteckigen Basisplatte ist charakterisiert durch die sich weit
nach vorn wölbende Brust sowie die plastisch
aufgesetzten Flügel, die wie aufgeplustert wirken. Dadurch erhält der Körper ein stärkeres
Gewicht gegenüber den summarisch gearbeiteten Beinen. Die Federn auf den Flügeln sind
lediglich durch kurze Längsstreifen angedeutet.
Dagegen ist der Kopf des Vogels mit dem charakteristischen Falkenauge stark plastisch modelliert. Die große Öse auf der Schulter greift
in die Umrißlinie des Rückens ein. Neben der
reinen Vogelgestalt[1] können Falken-Amulette
aus Fayence auch die Sonnenscheibe[2] oder die
Doppelkrone tragen[3].

[1] Petrie, Amulets, pl. 41, Nr. 245 aa, af, ag; Reisner, Amulets
   II, pl. 28, CG 13016; Katalog Frankfurt 1990, 287 f., Nr. 269,
   270.
[2] Katalog Frankfurt 1990, 289, Nr. 272; Brunton, Matmar,
   pl. 60, Nr. 5.
[3] Katalog Frankfurt 1990, 190 f., Nr. 273, 274; Brunton,
   op. cit., Nr. 1, 2.

27 Hockender Falke

Holz, stuckiert und bemalt
H. 15,8 cm; B. 5,6 cm; T. 16,7 cm
Spätzeit – Ptolemäerzeit, 2. Hälfte 1. Jtsd. v. Chr.
Bibliographie: unpubliziert.

Neben dem aufrecht stehenden Falken[1] gibt es als zweiten Typus den geduckt hockenden Vogel[2], bei dem Beine und Krallen nicht frei ausgearbeitet sind, der gleichsam mumifiziert erscheint: Die Schwanzfedern gehen direkt in eine schmale Basis mit abgerundeten Kanten über. Auf dem Kopf sitzt eine Doppelfeder mit aufgemalter Sonnenscheibe. Mit Ausnahme der Federnrückseite war das ganze Stück ursprünglich bunt bemalt; heute sind die Farben verblaßt und teilweise abgesplittert. Die Brust ist von den Streifen eines Halskragens bedeckt, den Rücken schmücken breite Querstreifen in Schwarz, Rotbraun und Grün – eine Anspielung auf einen häufigen Beinamen von Falkengöttern, die gern die Bezeichnung »der Buntgefiederte« tragen[3].
Ein Zapfloch in der Mitte der Basisunterseite der Figur verweist auf ihre Zugehörigkeit zu einem größeren Ensemble: Hölzerne Falkenfiguren bildeten die Bekrönung der vier Eckpfosten von Särgen in der Spätzeit oder saßen auf dem Sargdeckel[4]; außerdem finden sie sich auf den naosförmigen Kanopenkästen der Ptolemäerzeit[5]. Dieser funeräre Kontext ermöglicht die Benennung als Sokar, den alten Totengott von Memphis, dessen Name in der Bezeichnung der memphitischen Nekropole Sakkara erhalten ist. Sokar kann in Gestalt des eingewickelten Falken mit der Doppelfederkrone erscheinen, doch gilt dies auch für Sopdu, den »Herrn der Fremdländer« in der Ostwüste[6], und für Haroeris, den »älteren Horus«[7].

[1] Vgl. Kat. 22–26.
[2] Der geduckte Falke ist der ältere Typ: Katalog Berlin 1980, 20 f., Nr. 3.
[3] Statt Streifen ein Perlmuster: Katalog Berlin 1980, 108 f., Nr. 47.
[4] Katalog Bologna, Il senso dell'arte nell'antico Egitto, Milano 1990, 211.
[5] Katalog Mummies and Magic. The Funerary Arts of Ancient Egypt, Boston 1988, 196 f., Nr. 143.
[6] LÄ V, Sp. 1107, s. v. »Sopdu«; LD III, Bl. 271; Howard Carter, Tut-ench-Amun, Dritter Band, Leipzig 1934, Tf. 56 B.
[7] LÄ II, Sp. 1001 ff., s. v. »Haroeris«.

28　Kind mit Doppelkrone

Bronze; Vollguß
H. 16,4 cm; B. 3,9 cm; T. 7,9 cm
2. Hälfte 1. Jtsd. v. Chr.
Bibliographie: unpubliziert.

In der sozialen Gliederung der altägyptischen Götterwelt nimmt die Kleinfamilie eine besondere Stellung ein[1], wobei die Position des Kindes stets männlich besetzt ist[2]: Die Rolle des Götterkindes war zunächst eng mit dem König verbunden[3], dessen göttliche Abstammung nicht nur in der Titulatur (»Sohn des Re«), sondern auch in der »Geburtslegende« formuliert wurde – der göttliche Vater Amun zeugt mit der irdischen Mutter, der Großen Königlichen Gemahlin, den zukünftigen Thronfolger[4]. Als göttliches Kind thront der König in Rundplastik[5] und Relief[6] zwischen seinen göttlichen Eltern. In der Spätzeit löst sich die Funktion des Götterkindes von der Person des Königs und verselbständigt sich mehr und mehr,

was sich auch an der großen Zahl von Bronzefiguren verschiedener Kindgötter bis in die griechisch-römische Zeit hinein beobachten läßt. Unveränderliche Bestandteile der Ikonographie des Kindgottes sind Nacktheit, der Lutschfinger, das heißt die Geste des an die Lippen gelegten Zeigefingers der rechten Hand, sowie der Kinderzopf; variiert wird lediglich der Kopfputz.

Die Figur des nackten männlichen Kindes steht in Schrittstellung auf einer längsrechteckigen Basis. Der linke Arm mit zur Faust geballter Hand hängt am Körper herab und folgt leicht der Vorwärtsbewegung des linken Beines; die rechte Hand ist mit übergroßem, ausgestrecktem Zeigefinger vor den Mund genommen[7]. Auf der Brust liegt ein in Ritzzeichnung ausgeführtes Herz-Amulett, von einem schlichten Band gehalten. Dieses überkreuzt im Nacken zwei Bänder, die vom unteren Rand der Krone ausgehen und bis in Höhe der Schulterblätter reichen. Die Doppelkrone ist im oberen Teil

sehr niedrig ausgeführt; die Spirale der Roten Krone ist zurückgebogen und fest mit dem Knauf der Weißen Krone verbunden. Vor der Stirn bäumt sich die Uräusschlange auf; oberhalb des rechten Ohres setzt der große Zopf an, der in leichter S-Linie zur rechten Schulter ausschwingt. In der Frontalen sehr voluminös geflochten, wirkt er in Seitansicht flach gedrückt. Einziges weiteres Schmuckstück ist ein Armband am linken Handgelenk. Der Ausdruck des Kopfes wird bestimmt durch die übergroßen Ohren und Nase sowie die weit geöffneten Augen, die durch den steilen Schwung der Brauen einen erstaunten Ausdruck erhalten. Die Schläfenpartie ist stark eingezogen, der untere Teil der Doppelkrone im Verhältnis dazu weit ausschwingend.

Unter den Kindgöttern trägt Harpokrates, *»Hor-pa-chered«, »Horus-das-Kind«,* häufig die Doppelkrone[8], doch können auch Chons[9], Ihi[10] oder Harsomtus[11] mit diesem Kopfputz auftreten.

1 Vgl. dazu Kapitel IV: Götterfamilien.
2 Kat. 29–31, 33, 38, 68, 83, 85, 90, 94, 101, 109, 115.
3 Rößler-Köhler, in: Festschrift Westendorf, Göttingen 1984, 929–945.
4 LÄ II, Sp. 475 f., s. v. »Geburtslegende«.
5 Z. B. Kairo CG 42097: Georges Legrain, Statues et statuettes de rois et de particuliers, tome I, Catalogue général des antiquités égyptiennes du Musée du Caire, Nos. 42001–42138, Le Caire 1906, 65 f., pl. 62.
6 Etwa Ramses II. in den nubischen Felstempeln: Labib Habachi, Features of Deification of Ramesses II., Glückstadt 1969, pl. 3, 4a, b (stehend); dazu Wildung, in: OLZ 68, 1973, 549–565.
7 Vorgestreckte rechte Hand: Katalog Baltimore, pl. 75, Nr. 444.
8 Hermann Junker, Der große Pylon des Tempels der Isis in Philä, Wien 1958, 184; Parallelen in Bronze Katalog Baltimore, pl. 75, Nr. 445, 448–450.
9 Katalog Nofret I, Nr. 14.
10 François Daumas, Les mammisis de Dendera, Le Caire 1959, pl. 89.
11 Daumas, op. cit., 213, pl. 72 (unteres Register).

29   Kind mit Atefkrone

Bronze, Vollguß
H. 14,5 cm; B. 4,0 cm; T. 3,2 cm
2. Hälfte 1. Jtsd. v. Chr.
Bibliographie: unpubliziert.

Die Figur des nackten Kindgottes in Schrittstellung ist unterhalb der Waden gebrochen, Füße und Basis fehlen heute. Der formale Aufbau mit dem am Körper angelegten linken Arm und dem an den Mund gelegten Zeigefinger der rechten Hand entspricht der üblichen Haltung, Nacktheit und Kinderzopf der Ikonographie von Kindgöttern.

Ungewöhnlich ist der komplizierte Kronenaufbau: Über einer niedrigen Kappe, die normalerweise mit der Doppelfeder kombiniert wird[1], sitzt auf einem horizontal gedrehten Paar von Widderhörnern eine Atefkrone, bestehend aus dem Mittelstück mit flankierenden Straußenfedern. Über und vor dem Mittelteil sitzt eine Sonnenscheibe, die Federn werden zusätzlich von zwei aufgerichteten Uräen mit Sonnenscheibe flankiert, eine weitere Uräusschlange bäumt sich vor der Stirn auf. Der dicke Zopf, oberhalb des rechten Ohres ansetzend, ist separat gearbeitet und weist ein sehr feines Flechtmuster auf.

Die Atefkrone, der charakteristische Kopfputz des Gottes Osiris[2], kann sowohl von Harpokrates[3] als auch von Harsiese[4], *»Hor-sa-Iset«, »Horus-Sohn-der-Isis«,* getragen werden, ist jedoch bei Bronzefiguren kaum belegt. Hier tragen die Kindgötter häufiger die Blaue Krone[5], die Hemhemkrone[6], oder die einfache Haarkappe mit Jugendzopf[7].

1 S. Kat. 98; bei Kindgöttern ist die Doppelfederkrone nur selten zu finden: Berlin 2391, Roeder, Bronzefiguren, Tf. 20 c.
2 Vgl. Kat. 64, 84, 111.
3 Hermann Junker/Erich Winter, Das Geburtshaus des Tempels der Isis in Philä, Wien 1965, 314.
4 Hermann Junker, Der große Pylon des Tempels der Isis in Philä, Wien 1958, 245.
5 Vgl. Kat. 32; Roeder, op. cit., Tf. 19a.
6 Vgl. Kat. 30, 31; Roeder, op. cit., Tf. 20e, h, g, i.
7 Kat. 95; Roeder, op. cit., Tf. 17d; Katalog Baltimore, pl. 74, Nr. 423.

30 Kind mit Hemhemkrone

Bronze; Vollguß
H. 13,7 cm; B. 3,6 cm; T. 5,6 cm
2. Hälfte 1. Jtsd. v. Chr.
Bibliographie: unpubliziert.

»Harpokrates gebe Leben dem Meri-Re, Sohn des Hor-[...], geboren von der Tent-Hor...« beginnt der einzeilige Text, der auf der Basis dieser Figur eines nackten Kindgottes umläuft. Seine Bennenung als *»Horus-das-Kind«* ist damit gesichert; interessant ist sein Kopfputz, der aus Hemhemkrone über dem Königskopftuch besteht. Diese Krone ist eine von der Spätzeit bis zur griechisch-römischen Epoche beliebte Sonderform der Atef-krone, deren von einer Sonnenscheibe bekröntes Mittelstück verdreifacht wird. Die flankierenden Straußenfedern sowie die gedrehten Widderhörner gehören ebenfalls zur Atef-krone, während das äußere Uräenpaar dort nicht immer anzutreffen ist. Dieses komplizierte Ensemble sitzt – mit dem Zwischenstück des runden Untersatzes, des Kalathos – auf dem Königskopftuch auf, vor dessen rechtem Teil und diesen in der Frontalen verdeckend der Kinderzopf liegt. Eine Uräusschlange, deren Körper in Form einer querliegenden Acht vor der Stirn sitzt, vervollständigt den Kopfputz. Zwischen den Kopftuchlappen wird auf der Brust ein mehrreihiger Halskragen sichtbar.
Dieser Kronenaufbau ist der bei weitem häufigste Kopfputz bei Bronzefiguren von Kindgöttern[1]; in Relief wird er nicht nur von Harpokrates[2], sondern auch von Harsomtus getragen, dem Sohn des Götterpaares Isis und Osiris in Edfu, und von Hathor in Dendera[3].

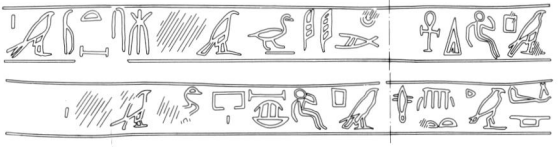

1 Auktionskatalog Sotheby's, London, 5. 7. 1982, Nr. 190 B; Lempertz Köln, Auktion 573, 12.–19. 11. 1979, Nr. 1763.
2 Daressy, Statues, pl. 11, CG 38204.
3 Hermann Junker, Der große Pylon des Tempels der Isis in Philä, Wien 1958, 216; François Daumas, Les mammisis de Dendera, Le Caire 1959, 234, pl. 89; vgl. auch Kat. 31.

31 Kind mit Hemhemkrone

Bronze; Vollguß
H. 18,5 cm; B. 6,6 cm; T. 6,5 cm
2. Hälfte 1. Jtsd. v. Chr.
Bibliographie: unpubliziert.

Neben dem Typus des in Schrittstellung stehenden Kindgottes[1] gibt es vor allem zwei weitere Haltungen, in denen das nackte Götterkind gezeigt wird: Der mit angezogenen Beinen auf einer Lotosblüte hockende Kindgott ist eine Erscheinungsform des jugendlichen Sonnengottes[2]; der sitzende Kindgott thront entweder auf einem aufwendig gestalteten Löwenthron oder sitzt auf dem Schoß seiner Mutter[3].
Charakteristisch ist dabei die Stellung der Oberschenkel, die nicht, wie bei Sitzfiguren üblich, in rechtem Winkel zum Körper stehen, sondern schräg abwärts nach vorn verlaufen. Der linke Arm folgt dabei, leicht abgewinkelt, der jeweiligen Richtung von Körper und Oberschenkeln; der rechte Arm ist stark abgewinkelt, der Zeigefinger zeigt zum Mund.
Beide Handgelenke sind mit Armbändern geschmückt; auf der Brust liegt ein Knotenamulett[4], darüber ein vierreihiger Halskragen. Die Hemhemkrone wächst aus einem Kranz aus stilisierten Uräen empor; sie ist nur auf der Vorderseite mit Innenzeichnung versehen. Unter den Widderhörnern ist ein Ösenpaar befestigt, das zur Aufnahme weiterer Uräusschlangen diente[5]. Das Königskopftuch mit Uräus vor der Stirn und dem Kinderzopf an der rechten Schläfe ist im Nacken nur bis zu den Schultern mit dem Streifenmuster versehen.
Die Hemhemkrone wird oft von Harsomtus getragen, *»Horus-sema-taui«*, *»Horus-der-die-beiden-Länder-vereinigt«*, ein Gott, der erst in griechisch-römischer Zeit die Rolle des Kindgottes übernimmt[6].

1 Vgl. Kat. 28–30.
2 Katalog Baltimore, pl. 73, Nr. 453, 454; Hermann Schlögl, Der Sonnengott auf der Blüte, AH 5, 1977.
3 Kat. 83, 85.
4 Auktionskatalog Münzen und Medaillen AG Basel, Auktion 49, 27. 6. 1974, Nr. 63.
5 Auktionskatalog Sotheby's, New York, 2. 12. 1988, Nr. 314.
6 Vgl. Kat. 30, Anm. 3; LÄ V, Sp. 1080 f., s. v. »Somtus«.

32 Blaue Krone mit Kinderzopf

Bronze; Hohlguß, Zopf massiv
H. 6,0 cm; B. 4,9 cm; T. 5,3 cm
Ptolemäerzeit, 3.–1. Jh. v. Chr.
ehemals Sammlung Hewett, London; Sammlung
Sonnenberg, New York
Bibliographie: Auktionskatalog Sotheby Parke Ber-
net (Benjamin Sonnenberg Collection), New York,
5.–9. 6. 1979, Nr. 1064; Auktionskatalog Sotheby's,
New York, 8./9. 2. 1985, Nr. 34.

Besonders aufwendig gearbeitete Götterfiguren
erhielten separat gefertigte Kronen, die möglicherweise je nach kultischem Anlaß ausge-
wechselt werden konnten. Diese Blaue Krone ist
aufgrund des an der rechten Seite ansetzenden
Zopfes der Statue eines Kindgottes zuzuweisen.
Der untere Rand der niederen, gedrungenen
Krone ist durch eine umlaufende Ritzlinie als
glattes Band abgesetzt; der gesamte Kronenkör-
per ist gleichmäßig von kleinen Kreisen bedeckt. Der Leib der sich vor der Stirn aufbäu-
menden Uräusschlange ist zunächst in eine
querliegende Achter-Schleife gelegt und läuft in

einer leichten Wellenlinie über den Scheitel
zum Hinterkopf.
Auf der Rückseite der Krone erscheint in Ritzzeichnung ein Falke, dessen Schwingen schräg
nach unten gespreizt sind, also den Hinterkopf
schützend umfangen[1]; ein Motiv, das sich vom
Neuen Reich an[2] auch im Nacken von Königsköpfen findet und das letztlich auf den rund-
plastischen Falken des Chephren zurückzuführen ist[3]. Der Körper des Falken ist als schlich-
tes Oval wiedergegeben, der nach rechts
blickende Kopf trägt eine Sonnenscheibe.
Wie bei den anderen Kronentypen beobachtet[4],
gilt auch für die Blaue Krone, daß sie von verschiedenen Kindgöttern getragen wird und zu
einer Identizifierung allein – ohne Inschrift –
nicht ausreicht.

[1] Enge Parallele: Katalog Archäologische Sammlung der Universität Zürich, Stiftung Koradi – Berger, Zürich 1989, 18 f.
[2] Emma Brunner-Traut/Hellmut Brunner, Die Ägyptische
Sammlung der Universität Tübingen, Mainz 1981, 44,
Tf. 142–144; zum Falken-Motiv: Brunner-Traut, in: ZÄS 97,
1971, 18–30.
[3] CG 14: Katalog Kairo 1986, Nr. 31; vgl. auch die Statuette
des Neferefre, JE 98171: op. cit., Nr. 38.
[4] Vgl. Kat. 28–31.

33 Kinderkopf

grüner Porphyr
H. 4,2 cm; B. 4,1 cm; T. 4,2 cm
3. Zwischenzeit, 1100–800 v. Chr.
Bibliographie: Auktionskatalog Sotheby Parke Bernet, New York, 22. 11. 1974, Nr. 71; Auktionskatalog Sotheby's, New York, 14. 12. 1978, Nr. 370; Katalog Entdeckungen, 115, 117, Nr. 97.

Der Kopf ist im Ansatz der Schultern nahezu waagerecht gebrochen; er wird im Nacken von einem oben abgerundeten Rückenpfeiler gestützt, der bis zur halben Höhe des Hinterkopfes reicht. An der rechten Kopfseite setzt ein voluminöser Zopf an, der das Ohr in einem Bogen umschließt und, von einem Verbindungssteg gestützt, auf der Schulter auflag. Den Schädel umschließt eine enganliegende Kappe, auf der über der Stirn die Uräusschlange liegt. Ihr Kopf ist abgebrochen, die Bruchfläche wurde geglättet; der Schlangenleib zeigt zunächst die Form einer liegenden Acht und läuft über den Scheitel bis zum Hinterkopf aus.
Die Haarkappe sowie das Fehlen des an den Mund gelegten Fingers lassen auf Chons schließen, der in der thebanischen Götterfamilie die Position des göttlichen Kindes einnimmt. Das

Wesen des Kindgottes wird in diesem Kopf jedoch nicht nur durch formalen Aufbau und ikonographische Details, sondern auch mit stilistischen Mitteln ausgedrückt: Es ist das Gesicht eines pausbäckigen Kindes mit Schmollmund und Babyspeck. Die Wangen sind füllig und gerundet, das Kinn fleischig, der Ansatz zum Doppelkinn durch eine Kerbe verdeutlicht. Die Stupsnase und das im Verhältnis zum Gesicht übergroße Volumen des Schädels vervollständigen in den Proportionen das »Kindchenschema«, wozu auch die weit geöffneten, erstaunten Augen passen.
Im ursprünglichen Erhaltungszustand wurde der Gesamteindruck durch den massigen Zopf mit seinem detaillierten Flechtmuster bestimmt. Dieser Asymmetrie folgt auch der Rückenpfeiler, der nach der Gesamtheit von Kopf und Zopf ausgerichtet ist. Die ungleiche Stellung der Ohren, die verschieden großen Augen sowie der schiefe Mund führen die Asymmetrie im Gesicht fort. Der Weichheit des Ausdrucks sind die exakten Einzelformen entgegengesetzt wie das Flechtmuster des Zopfes, die Rahmung des Auges durch Ober- und Unterlid sowie die plastisch aufgesetzten Brauen. Die Kleinteiligkeit des Gesichtes steht im Kontrast zu dem

prallen, ungegliederten Volumen des Schädels, so daß ein wohlausgewogener Gesamteindruck entsteht.

34 Kindlicher Zwerg

Fayence
H. 7,8 cm; B. 3,4 cm; T. 2,8 cm
Spätzeit, 500–300 v. Chr.
Bibliographie: unpubliziert.

Dem Schöpfergott Ptah von Memphis war ab der Spätzeit eine besondere jugendliche Erscheinungsform in Gestalt eines kindlichen Zwerges zugeordnet. Nach Herodot[1] werden kindliche Zwerge generell als Patäken bezeichnet, ihrem Wesen nach zählen sie zu den kindlichen Schutzgöttern. Ihre Gestalt und Körperhaltung ist sehr einheitlich: Der rundliche, nackte Körper steht auf einer quadratischen Basis, die kurzen Ärmchen sind leicht angewinkelt, die zur Faust geballten Hände liegen auf den Hüften oberhalb der weit ausladenden Oberschenkel. Der große Nabel ist eingetieft, die Brustwarzen sind plastisch aufgesetzt[2]. Der große Kopf sitzt auf einem kurzen, stämmigen Hals; die Linie zur Abgrenzung der Haarkappe ist nur auf der Stirn ausgeführt. Eine große, quer durchbohrte Öse im Nacken deutet auf die Verwendung als Amulett. Nach Ikonographie, Wesen und Funktion stehen die Patäken zwischen Kindgöttern wie Harpokrates und dem zwergengestaltigen Gott Bes[3]: Wie Harpokrates in den Horus-Stelen[4] stehen sie auf Krokodilen und halten Schlangen in den Händen[5], wie Bes können sie ihre apotropäische Wirkung durch ein grimmiges Gesicht[6] und dessen Vervielfachung[7] verstärken. Die in der Jugendlichkeit bereits ausgedrückte Hoffnung auf Regeneration wird durch einen Skarabäus auf dem Kopf unterstrichen[8].

[1] Herodot (III, 37) berichtet von der Verhöhnung eines Kultbildes des Ptah in Zwergengestalt durch Kambyses; Morenz, in: Festschrift Zucker, Berlin 1954, 280 ff.
[2] Katalog Entdeckungen, 122, Nr. 104.
[3] Kat. 75–78.
[4] Katalog Nofret I, 32, Nr. 11.
[5] Daressy, Statues, pl. 42, CG 38801, 38808; vgl. Kat. 120.
[6] Katalog So lebten die Alten Ägypter, Basel 1976/77, 55, Nr. 33.
[7] Daressy, Statues, pl. 42, CG 38789; vgl. Kat. 77.
[8] Daressy, Statues, pl. 42, CG 38797, 38802.

35 Oberteil einer Frauenfigur

Ophikalzit
H. 6,3 cm; B. 4,1 cm; T. 3,4 cm
Spätzeit, 25./26. Dynastie, 700–600 v. Chr.
Bibliographie: unpubliziert.

Der weibliche Oberkörper ist aufgrund der Haltung des linken, abgewinkelten Unterarmes zu einer sitzenden Frauenfigur zu ergänzen, was durch den Ansatz der Lehne eines Thronsessels bestätigt wird. Ein Bohrloch an der Stirn diente zur Befestigung eines Uräus, ein zweites auf dem abgeflachten Kopf zur Aufnahme eines Kopfputzes – beide wohl aus Metall.
Die eng beisammenliegenden, halbkugeligen Brüste betonen die Kürze des zierlichen Oberkörpers; das Gesicht wird durch die niedere Stirn und die stumpfe Nase bestimmt. In der Kleinplastik der Spätzeit waren gerade für Göttinnen seltene Materialien beliebt[1].

[1] Vgl. Kat. 36, 37; Katalog Baltimore, pl. 40, Nr. 401; Anthea Page, Egyptian Sculpture from the Petrie Collection, Warminster 1976, 101, Nr. 112.

36 Oberteil einer Isis-Figur

Ägyptisch Blau
H. 6,0 cm; B. 4,4 cm; T. 3,4 cm
Spätzeit, 26. Dynastie, 650–550 v. Chr.
Bibliographie: Auktionskatalog Galerie Nefer 4, Zürich 1986, 34.

Ein feiner Grat an der Vorderseite der Bruchkante, die in Höhe der Ellenbogen verläuft, ermöglicht die Ergänzung des weiblichen Oberkörpers zu einer Sitzfigur; eine im Schnitt längsrechteckige Bruchfläche auf dem Scheitel erlaubt die Rekonstruktion des Kopfputzes: Es ist der Thronsessel, die Namenshieroglyphe der Göttin Isis.
Sie trägt ein enganliegendes Gewand, dessen Saum am Halsausschnitt plastisch angegeben ist, sowie die dreiteilige Strähnenperücke. Die Brauen und die bis zu den Schläfen gezogenen Schminkstriche sind scharfgratig ausgeführt, das Kinn ist durch eine deutliche Grube betont. Der Kopf ragt weit über den gedrungenen Oberkörper nach vorn, die rechte Gesichtshälfte ist asymmetrisch nach hinten versetzt.

37 Oberteil einer Isis-Figur

Fayence
H. 5,1 cm; B. 3,3 cm; T. 2,7 cm
Spätzeit – Ptolemäerzeit, 400–300 v. Chr.
ehemals Sammlung Abemayer, Kairo
Bibliographie: Aktionskatalog Sotheby Parke Bernet, New York, 21. 5. 1977, Nr. 285.

Isis ist die Muttergottheit par excellence[1], nicht nur in der Verbindung mit Horus als Mutter und Kind[2], sondern auch als »Gottesmutter« und »Mutter aller Götter«[3]. Da der ägyptische König Horus auf Erden verkörpert, nimmt Isis auch gegenüber dem Königtum eine Mutterrolle ein[4]. In ihrem Bestreben, das Horuskind vor seinen Feinden zu schützen, wird Isis zur »Zauberreichen«, die magische Praktiken einsetzt[5].
Das Oberteil einer Frauenfigur ist zum Bildnis der thronenden Isis, die den Horusknaben stillt, zu ergänzen. Der rechteckige Ansatz eines Kopfputzes ist mit dem Thronsitz, dem Schriftzeichen für den Namen der Göttin, in Verbindung zu bringen; er geht am Hinterkopf direkt in

den Rückenpfeiler über. Die schmale Strähnenperücke fällt auf der Bust länger herab als im Rücken, vor den Ohren reicht eine Haarkotelette bis zu den Schläfen; vor der Stirn sitzt die Uräusschlange. Da kein Gewandsaum, aber die Brustwarzen der üppigen Brüste angegeben sind, wirkt der Körper nackt. Die linke Brust, nach der die rechte Hand greift, ist größer als die rechte bzw. vorgeschoben; diese Asymmetrie ist bei der stillenden Gottesmutter öfters zu beobachten.
Die Umrahmung der Augen ist wie die Streifung der Perücke sehr scharfkantig ausgeführt, was in einem gewissen Gegensatz zur Weichheit des Gesichtes und der Körperformen steht. Diese stilistischen Beobachtungen weisen die Figur dem Umfeld der 30. Dynastie zu.

[1] LÄ IV, 266 ff., s. v. »Muttergottheit«.
[2] Vgl. Kat. 68, 83, 85.
[3] Maria Münster, Untersuchungen zur Göttin Isis, MÄS 11, 1968, 205.
[4] Jan Bergmann, Ich bin Isis, Uppsala 1968, 121 ff.
[5] Adolf Erman, Zaubersprüche für Mutter und Kind, Berlin 1901.

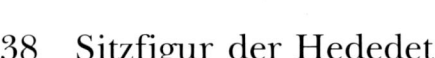

38   Sitzfigur der Hededet

grüner Porphyr
H. 12,4 cm; B. 3,7 cm; T. 6,5 cm
Spätzeit, 25. Dynastie, um 700–650 v. Chr.
Bibliographie: Auktionskatalog Christie's, London,
8. 6. 1988, Nr. 168; Richard A. Fazzini, Egypt – Dyna-
stie XXII–XXV, Iconography of Religions XVI.10,
Leiden 1988, 12, 33, pl. 23.

Vom gängigen Typ der thronenden Gottesmutter[1] unterscheidet sich diese Figur im formalen
Aufbau durch die Haltung der rechten Hand,
die nicht wie üblich die linke, sondern die
rechte Brust umfaßt[2]. Auch ikonographisch
weist sie einige Besonderheiten auf: Zum eng
anliegenden Gewand trägt die Göttin eine
Haartracht mit spiralig eingedrehten Zopf-
enden auf der Brust und im Rücken, wie sie
sonst von der Hathor getragen wird[3].
Außergewöhnlich sind auch die beiden flach
auf dem Kopf liegenden Skorpione. Dieses Tier
ist sowohl mit der Göttin Selket, eine der

Schutzgöttinnen der Kanopen[4], als auch mit
Isis[5] verbunden; die hier vorliegende Verdop-
pelung erinnert an die Göttin Neith mit dem
Krokodilspaar[6].
Eine in Edfu beheimatete Skorpiongöttin namens
Hededet[7] verschmilzt in der Spätzeit mit Isis,
die das Horuskind vor Schlangen und Skorpio-
nen schützt. Schließlich weist auch das nackte
Kind mit der kurzen Löckchenperücke eine
in diesem Kontext ungewöhnliche Haartracht
auf[8].

[1] Vgl. Kat. 68, 83.
[2] Parallelen zu dieser Haltung finden sich bei einigen löwenköpfigen, stillenden Göttinnen: Katalog Baltimore, pl. 82,
Nr. 512, 513; Daressy, Statues, pl. 63, CG 39368; hockende
Frau mit Uräusschlange: Katalog Ancient Egyptian Art in
the Brooklyn Museum, New York 1989, 25 f.
[3] Ebenso von der Königin: Sourouzian, in: MDAIK 37, 1981,
445–455.
[4] LÄ IV, Sp. 987 ff., s. v. »Skorpion«; LÄ V, Sp. 830, s. v. »Sel-
qet«; vgl. auch Kat. 95.
[5] Goyon, in: BIFAO 78, 1978, 439–457.
[6] S. Kat. 102; mit Doppeluräus Kat. 99.
[7] LÄ II, Sp. 1076 ff., s. v. »Hededet«.
[8] Peter Pamminger, Ägyptische Kunst aus der Sammlung
Gustav Memminger, Wiesbaden 1990, 41, Nr. 16.

39 Frau mit Löwenkopf

Bronze
H. 11,5 cm; B. 2,5 cm; T. 3,7 cm
Spätzeit – Ptolemäerzeit, 5.-1. Jh. v. Chr.
Bibliographie: unpubliziert

Gleich dem Falken ist auch der Löwe besonders häufig herangezogen worden, dem Wesen des Göttlichen Gestalt zu verleihen, wobei die Variationsbreite der Götter in Löwengestalt größer ist als die der Falkengottheiten. Es waren die Wildheit und Tapferkeit des Tieres im Kampf, die zu göttlichen Eigenschaften wurden; dabei sind die bedeutendsten Löwengötter weibliche Gottheiten wie Sachmet, Wadjet, Tefnut, Pachet, Mut, um nur die bekanntesten zu nennen[1].

Das hervorstechendste äußere Merkmal des männlichen Tieres, die Mähne, ist in die Ikonographie sämtlicher Löwengottheiten eingegangen, auch der weiblichen. Diese zeigen ein sehr einheitliches Erscheinungsbild, für das diese Bronze als Beispiel stehen kann: Über einer Basisplatte steht eine weibliche Figur in kleiner Schrittstellung, die Arme sind mit zur Faust geballten Händen am Körper ausgestreckt[2]. Die Figur ist in ein eng anliegendes Gewand gekleidet und trägt die dreigeteilte Strähnenperücke. Davor liegt die Löwenmähne, die den Löwenkopf halbkreisförmig umschließt; die Tierohren sitzen weit oben am Kopf. Eine große Sonnenscheibe setzt direkt auf dem Kopf auf, davor bäumt sich die Uräusschlange auf.

Ohne Inschrift ist die Figur einer bestimmten löwengestaltigen Göttin nicht zuzuordnen. An dieser schlichten Statuette, die außer der radialen Streifung der Mähne keine Innenzeichnung aufweist, ist die außergewöhnliche Größe von Sonnenscheibe und Uräus bestimmend.

---

[1] Eine Zusammenstellung sämtlicher löwengestaltiger Gottheiten bei de Wit, Lion; zur Entwicklung der Löwenkulte LÄ III, Sp. 1080 ff., s. v. »Löwe«.

[2] Mit vorgestreckter linker Hand ein Szepter haltend: Roeder, Bronzefiguren, Tf. 40 h; 81 a; normalerweise werden die ausgestreckten Arme mit geschlossener Beinstellung kombiniert, dann allerdings mit gleichfalls ausgestreckten Händen: op. cit., Tf. 40 g, i; 42 d, g; Schrittstellung und ausgestreckte Hände: Tf. 42 f.

40   Frau mit Löwenkopf

Bronze, Elektron, Niello; Vollguß, Sockel hohl
H. 26,8 cm; B. 5,2 cm; T. 3,8 cm
spätes Neues Reich – 3. Zwischenzeit,
1100–900 v. Chr.
ehemals Sammlung Omar Pascha Sultan, Kairo;
Sammlung Pinto
Bibliographie: Katalog Collection de Feu Omar
Pascha Sultan, 1929, pl. 20, Nr. 122; Auktionskatalog
Sotheby Parke Bernet, Art at Auction, Das Jahr
1979/80, 405; Katalog Entdeckungen, 87, 89, Nr. 69.

»Sachmet gebe Leben dem Harsiese, Sohn des Hunefer« lautet die Inschrift auf dem Sockel der
löwenköpfigen Göttin, die damit eindeutig benannt ist.

Sachmet steht mit geschlossenen Beinen auf
einer trapezförmigen Basis, die vorn und rechts
die oben zitierte Inschriftenzeile trägt. Die frei
gearbeiteten Arme sind mit ausgestreckten
Händen am Körper angelegt[1]. Die Göttin ist in
ein glattes, eng anliegendes Gewand gekleidet, ihren Schmuck bilden ein zweireihiger
Halskragen sowie Handgelenk- und Oberarm-
reifen. Die dreiteilige Strähnenperücke geht
vorn in eine Löwenmähne über, unter der die
beiden vorderen Haarsträhnen der Perücke
hervorkommen. Auf dem Kopf sitzt eine Sonnenscheibe mit Uräus, dessen Leib auf der
Rückseite zum Hinterkopf hin ausläuft.

Das Fell der Mähne ist in ein Flammenmuster
gegliedert, die Behaarung der Ohren und die
Schnurrhaare sind sorgfältig angegeben, ebenso die Perlen des Schmuckkragens. Die Augen
sind mit Elektron und Niello eingelegt.

Trotz kräftiger plastischer Strukturen des Körpers sind die Proportionen sehr schlank. Den
Rundungen des Kopfes entspricht die Gestaltung des Löwenkopfes, die ebenfalls auf alle
Kanten verzichtet und sehr weich modelliert ist.

---

[1] Dieselbe Haltung: Katalog Baltimore, pl. 81, Nr. 500, 501;
vgl. Kat. 39, Anm. 2.

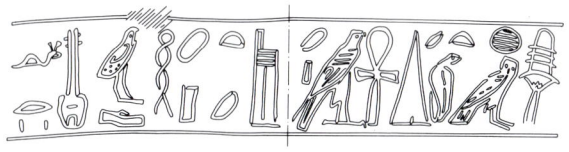

41 Frau mit Löwenkopf

Bronze; Silber
H. 30,5 cm; B. 7,9 cm; T. 14,5 cm
Spätzeit, 700–400 v. Chr.
Bibliographie: Auktionskatalog Christie's, London,
11. 12. 1987, Nr. 128.

Die ursprünglich schlangengestaltige Landesgöttin von Unterägypten, Wadjet (griechisch
Uto) von Buto, kann seit dem Mittleren Reich
Löwengestalt annehmen[1]; sie ist das Gegenstück zur oberägyptischen Landesgöttin Nechbet, die als Geier auftritt[2]. Bronzefiguren der
Spätzeit in Gestalt einer thronenden löwenköpfigen Göttin sind oft mit dem Namen der
Wadjet verbunden[3], wobei der Thron als Sarg
für eine Ichneumon-Mumie dienen kann – ein
Tier, mit dem sie über ihre Beziehung zu Horus
von Letopolis verbunden war[4].
Als Uräusschlange an der Stirn des Königs
wehrt sie dessen Feinde ab; ihr Beiwort »die
Zauberreiche« kann als ebenfalls löwenköpfige

Göttin Werethekau personifiziert werden[5]. In
Gleichsetzung mit Isis fungiert sie seit dem
Neuen Reich als Mutter des Horuskindes, so
daß sie in den löwenköpfigen Bronzefiguren
auch mit dem Götterkind an der Brust dargestellt werden kann[6].
Die Bronzefigur zeigt eine löwenköpfige Göttin auf einem Thron mit niedriger Lehne und
Überschlag sitzend. Die Füße sind auf einem
trapezförmigen, leicht nach vorn geneigten
Sockel nebeneinander gestellt, Thron und
Sockel sind durch einen schmalen Steg miteinander verbunden. Der linke Arm ist mit aufgestellter Faust neben den linken Oberschenkel
gelegt, der Daumen der ausgestreckten rechten
Hand sowie die Innenseite des Handballens berühren den rechten Oberschenkel[7].
Die Göttin trägt ein eng anliegendes Gewand,
Ober- und Unterarmreifen sowie einen dreireihigen Halskragen, der nur auf der Brust zwischen den Strähnen der Perücke sichtbar wird.
Diese geht in Vorderansicht in eine Löwen-

mähne über, die den Löwenkopf hufeisenförmig rahmt. Die großen Tierohren setzen seitlich am Kopf an, zwischen ihnen sitzt eine Sonnenscheibe mit aufgerichtetem Uräus. Dieser ist vor der Sonnenscheibe frei gearbeitet, sein Leib setzt sich hinter der Sonnenscheibe fort und reicht weit bis zum Hinterkopf hinab[8].

Die Innenzeichnung der Löwenmähne ist sehr schwungvoll ausgeführt, ebenso die Behaarung der Ohrmuscheln. Während die Figur in der Frontalen sehr schlanke Proportionen aufweist, werden die kräftigen Körperformen in der Seitansicht von Oberkörper und Gesäß deutlich; auch das Löwengesicht und die Perücke weisen eine große Tiefe auf.

Der Thron ist an den Seiten durch ein Schuppenmuster verziert, das von einem Leiterband gerahmt wird. Die Rückseite zeigt im oberen Teil einen Falken mit gespreizten Flügeln, der in menschlichen Händen zwei Federn hält und eine Sonnenscheibe auf dem Kopf trägt. Darüber spannt sich die Himmelshieroglyphe[9].

Das Motiv spielt auf die Aufzucht des Horuskindes im Papyrusdickicht von Chemmis an, das im Bezirk von Buto lokalisiert war; Wadjet konnte direkt als Amme des Götterkindes bezeichnet werden[10].

[1] LÄ III, Sp. 1083 ff., s. v. »Löwe«.
[2] Kat. 112.
[3] Bothmer, in: JNES 8, 1949, 121 ff.
[4] LÄ VI, Sp. 906 ff., s. v. »Uto«; vgl. auch Kat. 52 (Spitzmaus).
[5] Lanzone, Dizionario, Tav. 56. 1, 3, 4; Pierre Lacau/Henri Chevrier, Une chapelle d'Hatschepsut à Karnak II, Le Caire 1979, z.B. pl. 11 (178, 186); LÄ VI, Sp. 1221 ff., s. v. »Werethekau«.
[6] Katalog Baltimore, pl. 82, Nr. 512, 513; Daressy, Statues, pl. 63, CG 39368.
[7] Dieselbe Handhaltung z.B. Auktionskatalog Sotheby's, New York, 29. 5. 1987, Nr. 40; Christie's, London, 12. 12. 1989, Nr. 171; häufiger sind beide Hände zur Faust geballt: Daressy, Statues, pl. 53, CG 39127; Roeder, Bronzefiguren, Tf. 42 i, k; 43 f, g.
[8] Einen Kopfputz, der nur aus einer aufgerichteten Uräusschlange besteht, hat Berlin 13787: Roeder, Bronzefiguren, Tf. 43 c, d.
[9] Ähnliche Throndekoration: Auktionskatalog Christie's, London, 12. 12. 1989, Nr. 171; Sotheby's, New York, 29. 5. 1987, Nr. 40.
[10] LÄ VI, Sp. 906 mit Anm. 24–26.

42 Löwenköpfige Göttin vor Obelisk

Bronze, Silber; Vollguß, Obelisk und Sockel hohl
H. 41,9 cm; B 10,2 cm; T. 21,0 cm
Spätzeit, 4.–2. Jh. v. Chr.
ehemals Sammlung Horn, Bonn
Bibliographie: Auktionskatalog Christie's, London,
11. 12. 1987, Nr. 262.

Für die Identifikation einer sitzenden Göttin mit Löwenkopf und Sonnenscheibe als unterägyptische Kronengöttin Wadjet gibt es inschriftliche Belege[1], während eine stehende Göttin mit derselben Ikonographie häufiger als Sachmet bezeichnet ist[2]. Eine weitere Gruppe bilden sitzende löwenköpfige Göttinnen mit einem komplexen Kopfputz, einer »Hathorkrone« bestehend aus Kronenuntersatz und Kuhgehörn mit Sonnenscheibe vor einem Federpaar[3], wie sie etwa passim von Hathor in Philae getragen wird[4]. Wenn dieser Kopfputz dann noch auf dem Thron mit dem Motiv des Horusfalken im Papyrusdickicht verbunden wird, ist die Bezeichnung als Wadjet möglich[5]; der Kopfputz löwenköpfiger Göttinnen, von dem nur der Untersatz erhalten ist, wird ebenfalls zur Hathorkrone zu ergänzen sein[6]. Allerdings ist stets auch die Identifizierung mit anderen löwenköpfigen Göttinnen möglich, wie eine Kairener Bronzefigur zeigt, die als Mut bezeichnet ist[7].

Eine kleinere Gruppe von Bronzestatuen verknüpft die Figur der löwenköpfigen Göttin (sowohl mit Sonnenscheibe[8] als auch mit Federkrone) mit einem Obelisken. Diese Gruppe ist mit dem Namen der Wadjet verknüpft[9].
Die Bronzefigur zeigt einen hohen Obelisken, der direkt aus einem längsrechteckigen Sockel aufsteigt und mit diesem an drei Seiten plan abschließt. Direkt davor steht in Schrittstellung eine löwenköpfige Göttin, der der Obelisk als monumentaler Rückenpfeiler dient. Ihr rechter Arm ist am Körper ausgestreckt, die rechte Hand ist zur Aufnahme eines heute fehlenden Emblems zur Faust geballt. Die linke Hand ist vor den Bauch gelegt und hält ein Papyrusszepter mit großer Dolde, es steht zwischen den Füßen auf und reicht bis zu den Brüsten empor. Der Stiel ist durch Dreiergruppen von Querlinien gegliedert, die Blätter der Dolde sind in Ritzzeichnung angegeben.

Die Göttin ist in ein eng anliegendes, knöchellanges Gewand gekleidet, breite Schmuckbänder zieren Oberarme und Handgelenke; zwischen den Strähnen der Perücke wird auf der Brust ein mehrreihiger Halskragen sichtbar. Der Löwenkopf wird von einer Löwenmähne gerahmt, die großen Tierohren stehen weit vom Kopf ab. Auf dem Scheitel sitzt ein Kronenuntersatz aus aufgerichteten Uräusschlangen, über dem sich ein Federpaar erhebt. Davor sitzt das Kuhgehörn mit Sonnenscheibe, wobei die Hörner in einem Dreiviertelkreis dem Rund der Sonnenscheibe folgen. Vor dem Kronenuntersatz bäumt sich eine Uräusschlange auf. Auf der Vorderseite des Obelisken, über dem Kronenaufbau, zieht sich ein Fries von zwölf aufgerichteten Uräusschlangen quer über die gesamte Breite des Obelisken am Übergang zur Pyramidenspitze. Darunter sitzt eine Sonnenscheibe, die von einem Doppeluräus gefaßt wird, der sie wie ein Gehörn umschließt. Uräenfries und Sonnenscheibe wirken an dieser Stelle – obwohl genuin ägyptische Motive – unorganisch und unägyptisch. Sie lassen an eine Beeinflussung aus dem nubisch-meroitischen Raum denken, wo sich derartige Uräenfriese etwa auch um Sonnenscheiben ziehen können und auch entsprechende Schlangenformen zu finden sind[10].

Der Obelisk als Kultsymbol des Sonnengottes unterstreicht die Beziehung der löwenköpfigen Göttin zum Sonnengott Re, mit dem alle Löwengöttinnen über den Mythos des Sonnenauges verbunden sind[11]. Dieser solare Aspekt wird auch bei den anderen Göttern angesprochen, die in Verbindung mit Obelisken rundplastisch dargestellt werden[12], doch ist dieser Statuentyp für keine andere Gottheit so häufig belegt wie für die löwenköpfige Göttin. Vermutlich hat auch der Obelisk als Sarg für eine Tiermumie gedient.

1   Kat. 41 mit Anm. 3.
2   Kat. 40, 104; sitzende Löwenköpfige als Wadjet: Katalog Antiquities from the Collection of Christos G. Bastis, New York 1987, 49 ff., Nr. 17.
3   Auktionskatalog Binoche et Godeau, Paris, 12. 6. 1985, Nr. 35; ohne Sonnenscheibe: Berlin 13137, Roeder, Bronzefiguren, Tf. 42 h.
4   Eleni Vassilika, Ptolemaic Philae, Leuven 1989, 318; Hathor mit Löwenkopf: Lanzone, Dizionario, Tav. 315. 2.
5   Vgl. Kat. 41; Auktionskatalog Sotheby's, New York, 28. 11. 1990, Nr. 54.
6   Z.B. Kairo CG 39127: Daressy, Statues, pl. 53.
7   CG 39128: Katalog Kairo 1986, Nr. 254. Bezeichnung als Renenutet: LD IV, Bl. 57 b (Dendera).
8   Katalog Baltimore, pl. 81, Nr. 503, 504 (stehend und sitzend); Katalog Art from Ancient Egypt from the National Museum of Antiquities Leiden, Japan 1987, 123, Nr. 157; Auktionskatalog Sotheby's, London, 11./12. 7. 1983, Nr. 182.
9   Sitzend: Berlin 13144, Roeder, Bronzefiguren, Tf. 42 c, § 349 h; stehend: Chicago OrInst 94258, Thomas G. Allen, A Handbook of the Egyptian Collection: The Art Institute of Chicago, Chicago 1923, 104.
10 Katalog Africa in Antiquity II, 68, fig. 42; 257, Nr. 193; Stele Khartoum 1853: Dows Dunham, The Barkal Temples, Boston 1970, 34, Nr. 23, pl. 34 (4. Jh. v. Chr.).
11 Vgl. auch Kat. 97, 107, 108; LÄ I, Sp. 562 ff., s. v. »Augensagen«; Roeder, Bronzefiguren, 425, § 583.
12 Katze: Roeder, Bronzefiguren, Tf. 58 l; Katalog Ägyptische Kunst aus der Skulpturensammlung der Staatlichen Kunstsammlungen Dresden, Leipzig 1992, Nr. 46. Falkenköpfige Götter: Daressy, Statues, pl. 34, CG 38600; pl. 35, CG 38622; Roeder, Bronzefiguren, Tf. 13 n, o; Auktionskatalog Sotheby's, London, 13. 12. 1983, Nr. 173; Christie's, London, 30. 4./1. 5. 1974, Nr. 378. Osiris: Gunn Björkman, Smithska samlingen, Linköping 1966, pl. 13 (65). Schakalsköpfiger: Daressy, op. cit., pl. 30, CG 38542. Thoth: Auktionskatalog Christie's, London, 12. 12. 1990, Nr. 195. Atum: Kat. 57.

43 Menit mit Löwenkopf

Fayence
H. 9,4 cm; B. 4,0 cm; D. 0,6 cm (mit Öse 1,2 cm)
Spätzeit, 700–500 v. Chr.
Bibliographie: unpubliziert.

Ein Menit ist zugleich Schmuckstück, Rassel-instrument und Kultsymbol der Göttin Hathor[1]. Es besteht aus zwei Teilen: einem Strang von Perlenketten und einer Art Verschlußstück mit Öse(n), in das die Perlenstränge eingehängt werden. Als Gegengewicht lag dieses Verschluß-stück auf dem Rücken, wenn das Menit als Kette getragen wurde; häufig wird auch das Gegen-gewicht allein als Menit bezeichnet. Vor allem im Kult weiblicher Gottheiten wurde das Menit als Rasselinstrument verwendet und oft zusam-men mit dem Sistrum in der Hand gehalten[2]. Schließlich ist das Menit Kultsymbol der Göttin Hathor und kann ihre Stelle einnehmen[3].

Die schlichteste Form des Gegengewichts be-steht aus einem Trapez mit angesetzter runder Scheibe. Beim vorliegenden Stück ist der obere Teil durch die komplexere Form eines nach rechts blickenden Löwenkopfes mit Sonnen-scheibe und breitem Halskragen ersetzt. Der langgestreckte Löwenkopf ist von einer Sträh-nenperücke bedeckt, die am Übergang zur Wan-genpartie eine leicht gewellte Struktur aufweist – Andeutung der Löwenmähne, die auch bei weiblichen Gottheiten stets zur Charakterisie-rung des Löwen schlechthin eingesetzt wird. Ein Löwenohr ist plastisch auf die Perücke aufge-setzt, am Kinn sitzt ein kurzer Bart.

Der Halskragen ist in drei Reihen verschieden gestalteter Perlen gegliedert, ein Band quadrati-scher Kettenglieder wird von zwei Reihen Röh-renperlen eingefaßt. Ein trapezförmiges Mittel-teil bildet den Übergang zu einer ovalen Scheibe, es ist von zwei nach außen blickenden Schlangen flankiert. Schlangen bilden auch die Dekoration des unteren Menitteiles: Eine geflü-gelte Schlange nimmt die gesamte Breite des Ovals ein, eine nach rechts gewandte Schlange schlängelt sich in vier Windungen diagonal über das Mittelstück.

Löwenköpfe mit Sonnenscheibe sind häufig als oberer Abschluß des Menits zu finden[4], sie können als Hathor oder eine der löwengestal-tigen Göttinnen bezeichnet werden, die mit dem Mythos des Sonnenauges in Verbindung stehen wie Sachmet, Bastet oder Tefnut[5], vor allem, wenn das Sonnenauge als Udjatauge die Scheibe des Menits schmückt[6]. Großformatige Bronze-Menits können als obere Bekrönung zwei rundplastische Götterköpfe tragen, Onuris und den Löwenkopf[7]. Schlangenmotive sind entweder mit dem Gott Nehebkau zu verbin-den, der häufig in Zusammenhang mit löwen-köpfigen Göttinnen erscheint[8] oder mit geflü-gelten Schlangendämonen, die bereits auf den Zauberstäben des Mittleren Reiches zu finden sind[9]. Auch die Bilder der Dekansterne zeigen die Gestalt geflügelter Schlangen[10]; ihnen wird jeweils eine apotropäische Funktion zugeschrie-ben.

Das Menit verkörpert Vorstellungen von Schutz, Regeneration und Fruchtbarkeit, ist daher auch zur Amulett-Form[11] und Grabbeigabe gewor-den; eine solche Verwendung dürfte hier auf-grund von Format und Material vorliegen. Die glatte Rückseite trägt eine Öse am Übergang Hals/Nacken zu Halskragen und zeigt im unte-ren Teil eine undeutliche, unverständliche In-schriftenzeile.

[1] LÄ IV, Sp. 52 f., s. v. »Menit«; s. auch Kat. 1.
[2] S. Kat. 91, 121.
[3] Dendera III, pl. 218ss., Dendera V, pl. 424 ss.
[4] Reisner, Amulets II, pl. 7, CG 12721–23; Katalog Nofret II, 140, Nr. 168; Auktionskatalog Octagon, Spink & Son Ltd., London, Summer 1967, Nr. 22.
[5] Vgl. Kat. 97, 107, 108; LÄ III, Sp. 1080 ff., s. v. »Löwe«.
[6] CG 12721–23, s. Anm. 4.
[7] Chappaz, in: Genava, n. s. 21, 1983, 9–16; Ingrid Gamer-Wallert, Fische und Fischkulte im Alten Ägypten, ÄA 21, 1970, Tf. 10. 1.
[8] Auktionskatalog Sotheby, Wilkinson & Hodge, London, 12.-21. 7. 1911 (Hilton Price Collection), Nr. 596; Kat. 58, 59.
[9] Hartwig Altenmüller, Die Apotropaia und die Götter Mit-telägyptens, München 1965, 115, Abb. 4 a; 119, 13 oben; 120, Abb. 15; Hibis III, pl. 15.
[10] Pierre Montet, Les constructions et le tombeau d'Osorkon II, Paris 1947, pl. 29a; Sockel einer löwenköpfigen Gott-heit: Richard Fazzini, Iconography of Religions XVI. 10, Leiden 1988, pl. 31. 2.
[11] Claudia Müller-Winkler, Die ägyptischen Objekt-Amulette, OBO 5, 1987, 376 ff.

44 Doppellöwe

Fayence
H. 2,1 cm; B. 1,0 cm; L. 3,1 cm
Spätzeit – Ptolemäerzeit, 2. Hälfte 1. Jtsd. v. Chr.
Bibliographie: unpubliziert.

Das Amulett zeigt über einer längsrechteckigen
Basis zwei liegende Löwenvorderteile, die Rük-
ken an Rücken gegeneinandergesetzt sind und
jeweils nach außen blicken. Die Nahtstelle wird
durch ein flaches Verbindungsstück gebildet,
das oben abgerundet und durchbohrt ist, also
eine Öse bildet.
Dieses Amulett wird in Amulett-Listen als »che-
nes«[1] bezeichnet; seine Form ist seit dem Alten
Reich belegt und vor allem in der Spätzeit häufig zu finden[2]. Ähnlich im Aufbau sind Amulette in Gestalt eines Doppelstiers[3] und Dop-
pelsphinx[4]. Wegen ihrer großen Beliebtheit
müssen diese Amulette mit einer Gottheit in
Verbindung gebracht werden, die gegenüber
dem Verstorbenen eine besondere Schutzfunktion ausübt. Es kommen dafür sowohl der alte
Erdgott Aker[5] als auch der Doppellöwe Ruti[6]
in Frage, die in ihrer Ikonographie nicht immer
eindeutig getrennt werden können.

[1] Wb II, 300.5; Capart, in: ZÄS 45, 1908, 19, Tf. 2, col. 56.
[2] Petrie, Amulets, 45, pl. 29, 200 a-c; Reisner, Amulets I,
 pl. 22, CG 12361/2; de Wit, Lion, 106.
[3] Katalog Frankfurt 1990, 306, Nr. 297 (mit weiteren Belegen).
[4] de Wit, Lion, 106.
[4] LÄ I, Sp. 114 f., s. v. »Aker«; Ogdon, in: Varia Aegyptiaca 2,
 1986, 127 ff.
[5] LÄ V, Sp. 321, s. v. »Ruti«.

45 Fliege mit Löwenkopf

Fayence
H. 3,1 cm; B. 1,1 cm; D. 0,7 cm
Spätzeit, 25. Dynastie, 775–653 v. Chr.
Bibliographie: unpubliziert.

Amulette oder Kettenglieder in Form von Fliegen sind in Ägypten seit der Vorzeit belegt[1],
die Sonderform der Fliege mit Löwenkopf
scheint auf den nubischen Raum beschränkt
zu sein[2]. Über zwei schlanken, eng nebenein-
andergelegten Flügeln sitzt direkt – ohne Aus-
bildung eines Körpers – der Löwenkopf mit
Sonnenscheibe. Die Mähne mit radialer Streifung umzieht das Tiergesicht in einem Dreiviertelkreis. Unten werden die Strähnen einer dreigeteilten Perücke sichtbar, die auf dem Hinterkopf in senkrechter Streifung fortgeführt wird.

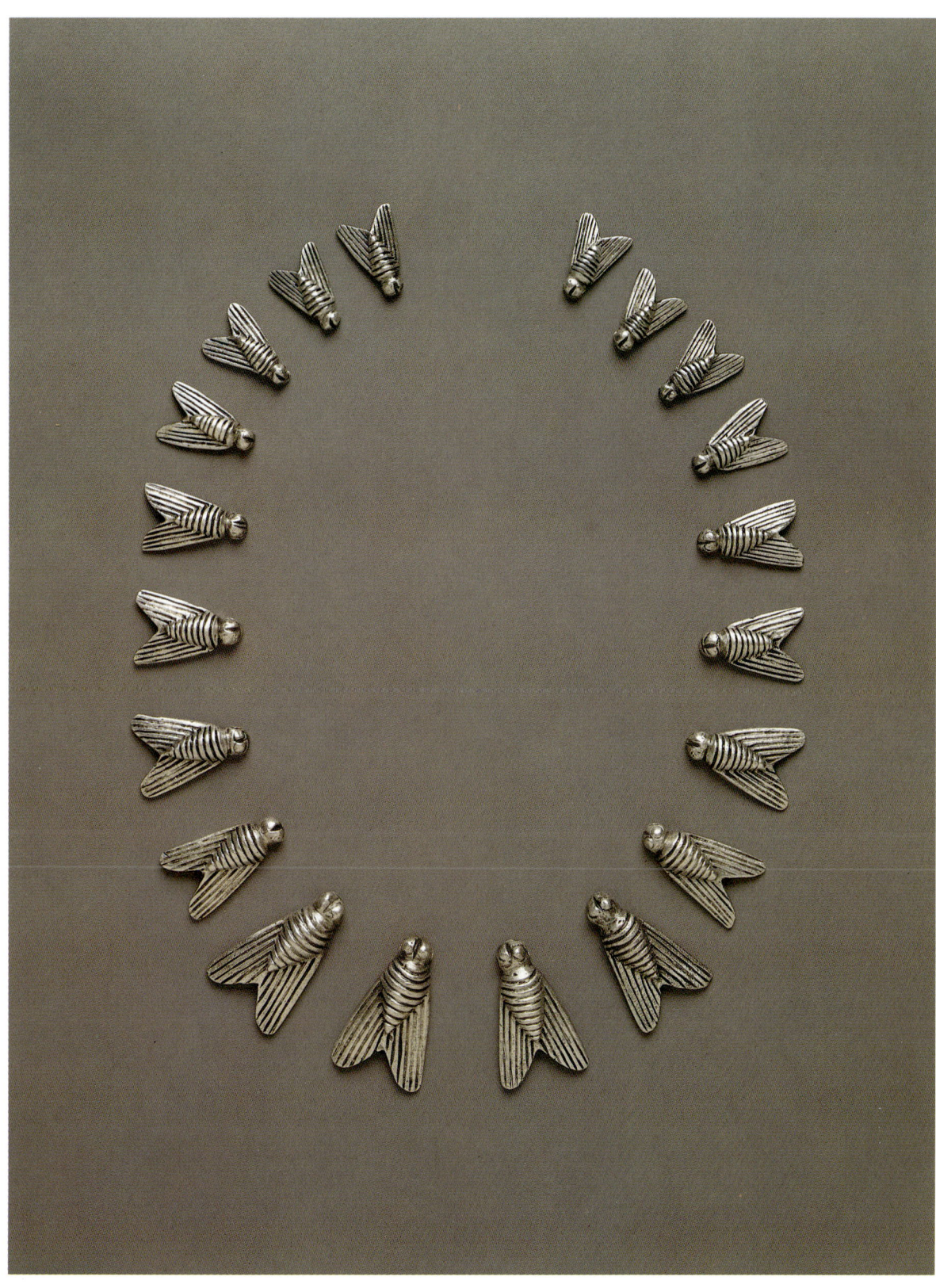

Im Gegensatz zu den Parallelen findet sich kein Uräus vor der Sonnenscheibe, auf ihrer Rückseite sitzt eine längsgeriefelte, quer durchbohrte Öse.

Während die Fliege in Ägypten sowohl als Amulett wie auch als Orden getragen wurde[3], aber sich die reine Fliegengestalt nicht als Erscheinungsform einer Gottheit belegen läßt[4], muß dies für die Fliege mit Löwenkopf vermutet werden. Sie könnte die Sonderform einer löwengestaltigen Gottheit darstellen, wie sie in Nubien besonders beliebt war: Löwenköpfige Göttinnen wie Sachmet, Bastet oder Tefnut treten hier mit Flügeln auf[5], und auch der meroitische Gott Apedemak zeigt bevorzugt Löwengestalt[6].

Eine andere Verbindung ergibt sich durch ein ebenfalls löwenköpfiges Insekt: Die Platte eines Goldringes aus dem Schatz der meroitischen Königin Amanishaheto trägt eine Biene mit Löwenkopf[7]. Da einerseits die Hieroglyphe in Form der Biene eine Schreibung für das Wort »König« darstellt, andererseits der Löwe den König verkörpern kann, ist in diesem Mischwesen zweimal auf den Herrscher angespielt.

1 Ilona Bacher, Die Fliege in Kultur und Religion der alten Ägypter, unpublizierte Magisterarbeit, München 1989, passim; vgl. auch Kat. 46.
2 Dows Dunham, The Royal Cemeteries of Kush V, Boston 1963, 12, fig. 9 b, c; 47, fig. 33 b, d; Griffith, in: AAA 10, 1923, 137, Nr. 21, 22, pl. 57.
3 Vgl. Kat. 46.
4 LÄ II, Sp. 264 f., s. v. »Fliege«.
5 Katalog Africa in Antiquity II, Brooklyn 1978, Nr. 103, 105.
6 Louis V. Zabkar, Apedemak, Lion God of Meroe, Warminster 1975.
7 Africa in Antiquity, op. cit., Nr. 188.

46 Fliegen-Kette

Silber
L. der Fliegen 1,8 – 3,2 cm
aus Tanis (?)
3. Zwischenzeit
ehemals Sammlung Burchard
Bibliographie: Pierre Baltensperger & Cie., Rund um den Schmuck (Hauszeitschrift) Nr. 38, Zürich 1977; Katalog Vom Euphrat zum Nil, Kartause Ittingen 1985, 56 f., Nr. 29.

In Ägypten ist die Fliege zwar nicht die Tiergestalt einer bestimmten Gottheit[1], aber doch wohl mit den Vorstellungen im Umfeld des Sonnengottes zu verbinden: Scheinbar aus dem Nichts taucht sie in großen Mengen auf und ist darin den anderen Tieren wie Skarabäus oder Frosch (Kaulquappe) vergleichbar[2], die als Regenerationssymbole galten, weil sie ohne sichtbare Zeugung aus der Erde oder aus dem Wasser entstanden; die Fliege würde danach als von der Luft geboren gelten.

Daraus erklärt sich die große Zahl von Fliegen-Amuletten, die seit der Vorgeschichte belegt sind[3], sowie Kettengliedern in Form von Fliegen aus dem Mittleren und Neuen Reich[4]. Ihre Verwendung als Orden und Auszeichnung im militärischen Bereich ist demgegenüber sicher sekundär[5] und erst seit dem Neuen Reich zu belegen[6].

Diese zwanzig Fliegen gehören aufgrund ihrer nahezu identischen Form sicher ursprünglich zu einem Kettenensemble, eine Querbohrung am Kopf ermöglichte eine Auffädelung. Bei den größeren Exemplaren sind die Augen durch zwei kleine Buckel plastisch aufgesetzt, während bei den kleineren lediglich eine Kerbe den Kopf in zwei Hälften teilt. Der nach hinten spitz zulaufende Körper ist quer, die Flügel sind durch eingetiefte Rillen längs gestreift. Die Unterseite ist nicht gegliedert.

Der Datierungsvorschlag ergibt sich aus dem angeblichen Fundort Tanis und läßt sich nicht aus der Form ableiten, da sich keine chronologisch begründete Typologie aufstellen läßt[7].

1 Anders als die Fliege mit Löwenkopf, vgl. Kat. 45.
2 Skarabäus: Kat. 47–51, Frosch: Kat. 74; Katalog Basel 1976, 111 f.
3 Belegliste bei Bacher, Fliege (Kat. 45, Anm. 1), sowie Friedrich Wilhelm v. Bissing, Die tapfere Fliege, Praehistorische Zeitschrift 34/35, Berlin 1949/50, 217 ff.
4 Cyril Aldred, Jewels of the Pharaohs, London 1971, pl. 29, 53; Katalog Ägyptens Aufstieg zur Weltmacht, Mainz 1987, 231, Nr. 161.
5 So schon Katalog Basel 1976, 111.
6 Bericht über goldene Fliegen als Belohnung bei Achmose Pennechbet in seinem Grab in el-Kab, Urk. IV, 39.
7 Bacher, op. cit., 40. Entgegen der Materialbezeichnung im Katalog Ittingen (s. Bibliographie) sind die Fliegen aus massivem Silber gearbeitet.

Chepre am Morgen,
Re am Mittag,
Atum am Abend.

Eine Funktion – viele Götter

Wäre auf einem Textfragment das Götterbeiwort »Herr der Fruchtbarkeit« erhalten, so ließe sich damit der angerufene Gott ebensowenig mit Sicherheit benennen oder beschreiben, wie wenn von ihm gesagt wäre »der die Maat begründet« oder »der den Nil aus seiner Höhle bringt«.

So unmöglich es oft ist, einem Gottesnamen eine bestimmte Erscheinungsform zuzuweisen oder eine Göttergestalt eindeutig namentlich zu identifizieren, so schwierig gestaltet es sich, die ganze Bandbreite göttlichen Wirkens auf einzelne Götter aufzuteilen. Der Kern des Problems gleicht der Vielzahl der Namen und Gestalten Gottes. Sie alle sind Konkretisierungen eines komplexen Gottesbegriffs, spalten sich von ihm ab, bleiben aber mit ihm verbunden, kehren in ihn zurück und sind nur in Verbindung mit ihm existent. Ihre Summe ist nicht das Ganze, aber das Ganze ist in ihnen allen präsent.

Viele Bereiche des Kosmos, der Natur und des menschlichen Lebens fallen in die Zuständigkeit bestimmter Gottheiten. Iah (»der Mond«) ist die göttliche Gestalt des Mondes – aber Thoth und Chons können die gleiche Funktion wahrnehmen. Die Göttin Nut verkörpert den Himmel, obwohl Hathor als Himmelsgöttin wohl die längere Tradition aufweist. Chnum garantiert seit alters die Regelmäßigkeit der Nilflut, aber der Nilgott schlechthin ist Hapi. Osiris als Gott der Auferstehung scheint in Konkurrenz zu Anubis zu geraten, der für Mumifizierung und Mundöffnung als Vorbedingungen der Auferstehung zuständig ist. Der Kompetenzenwirrwarr in der ägyptischen Götterwelt ist selbst bei spezialisierten Aufgabenbereichen schwer durchdringbar und wird umso größer, je umfassender die Ressorts sind.

Zeit, Ort und soziales Umfeld beeinflussen die Ausprägung der göttlichen Funktionsträger. So ist die existenzielle Lebenserfahrung des täglichen Sonnenlaufes, der Licht und Wärme und damit Leben spendet, im Verlauf der dreitausendjährigen ägyptischen Geschichte immer wieder neu formuliert worden. Ikonographische Elemente wie die Sonnenscheibe sind zwar Konstanten kontinuierlich wechselnder Gestalten, und der theologische Diskurs kreist beharrlich um die drei Phasen der Verwandlung der Tagsonne vom Morgen zum Abend, um Harachte, Re und Atum, aber im religiösen Leben landauf, landab fächern diese Vorstellungen aus und nehmen örtlich und zeitlich bedingt verschiedene Formen an.

Der Sonnengott als Spitzmaus und Eidechse (Kat. 52–53), als Nilpferd (Kat. 54) und Krokodil, als Nilhecht oder Barbe (Kat. 55–56), in mumiengestaltiger Menschenfigur (Kat. 57) oder als schlangenköpfiger Mensch (Kat. 58–59) – das sind meist an bestimmte Orte gebundene Bilder und Verehrungsformen des Gottwesens Sonne, Verselbständigungen seiner Wirkungsweisen, wie sie in Hymnen beschrieben werden:

> Du bist der Eine, der alles Seiende geschaffen hat,
> der Eine Einsame, der schuf, was ist.
> Der hervorbringt, wovon die Fische im Fluß leben
> und die Vögel, die den Himmel bevölkern.
> Der dem, der im Ei ist, Luft gibt;
> der das Junge der Schlange am Leben erhält,
> der erschafft, wovon die Mücke lebt,
> Würmer und Flöhe gleichermaßen;
> der für die Mäuse in ihren Löchern sorgt
> und die Käfer am Leben erhält in jeglichem Holz.

Die Variationsbreite der Darstellungen der Funktionen des Sonnengottes ließe sich erweitern in den Bereich des Pflanzlichen, die Lotosblüte beispielsweise, oder des Gegenständlichen, in heilige Male wie den Obelisken oder die Pyramide. Diese Aufspaltung göttlicher Funktionen in eine letztlich unbegrenzte Zahl von Gestalten und Namen ist ein dreitausend Jahre anhaltender Prozeß, der nie zu Ende kommt, der aber für eine kurze Zeitspanne unterbrochen wurde durch einen radikal alternativen Versuch, die ganze Spannweite göttlichen Wirkens begreiflich zu machen, durch die Verdichtung der vielen Möglichkeiten zu einem einzigen Bild und einem ausschließlich gültigen Namen Gottes. Der König Amenophis IV. war es, der um 1350 v. Chr. die Sonne am Himmel, altägyptisch Aton, zur alleinigen Manifestation Gottes erhob. Über einige Versuche der anthropomorphen Darstellung des Aton – Menschenleib mit Falkenkopf und Sonnenscheibe oder Menschenleib mit Sonnenscheibe anstelle des Kopfes – gelangt die Ikonographie schnell zum Bildzeichen der Sonne, die aus der Menschenwelt entrückt hoch am Himmel steht. Die immateriellen Gaben des Sonnengottes, Licht und Wärme, die in der traditionellen Ikonographie in der Gestalt ihrer Empfänger, in Pflanzen, Tieren und Menschen sichtbar gemacht werden, sind nun reduziert auf ein in seiner Knappheit und Klarheit einprägsames und eindrucksstarkes Motiv: Strahlen, die von der Sonne ausgehen und als menschliche Hände enden. Treffen diese Hände auf ein menschliches Gegenüber, dann halten sie die Hieroglyphe für »Leben«, das Anch-Zeichen. Die existenzbedingende lebenspendende Funktion Gottes ist zu einem einzigen Bildzeichen verdichtet, und die einzigen direkten Empfänger dieser göttlichen Gabe sind König und Königin (Kat. 60). Sie vermitteln das Gottesgeschenk des der Sonne entströmenden Lebens an die Menschen und werden damit selbst zu Abbildern Gottes. Tut-anch-Aton, »lebendes Abbild des Aton« lautet die Übersetzung des Namens des später in Tut-anch-Amun »lebendes Abbild des Amun« umbenannten Königs. Auf den Anbetungsbildern der Hausaltäre dieser Zeit sind König und Königin die Ansprechpartner des gottsuchenden Menschen, und vielleicht haben die kleinformatigen Figuren des Königs (Kat. 61) als »Heiligenbilder« in Privathäusern gedient.

Dieser Versuch einer radikalen Reduzierung der Namen und Erscheinungsformen Gottes ist eine dem ägyptischen Denken letztlich zutiefst widersprechende Darstellungsweise des komplexen Erlebnisses Gott, und so war diesem Versuch eine nur kurze Lebensdauer beschieden. Mit dem Tod Amenophis' IV.-Echnaton kommt auch diese Vision Gottes zu einem frühen Ende und muß traditionellen Darstellungsmustern weichen, die in ihrer wechselnden, stets erweiterbaren Vielfalt die angemessene Art der Gottesdarstellung sind.

Für den komplexen Funktionsbereich Fruchtbarkeit, der in den Sonnenliedern Echnatons durch Naturschilderungen als unmittelbarer Ausfluß des Wirkens des Aton geschildert worden war, können hinfort wieder viele Götter in vielen Gestalten aktiv werden: Osiris im Djed-Pfeiler, einem stilisierten Garbenbündel (Kat. 62–63), oder in seiner klassischen Mumiengestalt (Kat. 64); Apis, der Heilige Stier (Kat. 65), die schlangengestaltige Renenutet (Kat. 66) oder einfach die Personifizierung eines abstrakten Begriffes für »Nahrung«, des Wortes *ka* (Kat. 67).

Das das Leben eines jeden Menschen unmittelbar betreffende aktive oder passive Erlebnis der Mutterschaft prägt sich in seiner allgemein menschlichen Relevanz sowohl in menschengestaltigen Muttergottheiten (Kat. 68) als auch in Tiergestalten (Kat. 69,74) und Mischwesen (Kat. 70–73, 75–78) aus.

Könnte die starke Bindung dieser Funktionsbereiche an alltägliche Bedürfnisse und Nöte zu der Vermutung anregen, ihre vielgestaltige Darstellungsweise läge in dieser ihrer Volksnähe begründet, dann ist das sicherlich nicht richtig. Auch abstrakte Begriffe und komplexe intellektuelle Sachverhalte finden vielförmige konkrete Gestalt. Gerechtigkeit und Weltordnung sind sowohl bei Thoth – in Ibis- und Affengestalt – (Kat. 79–80) als auch bei der Göttin Maat (Kat. 81–82) angesiedelt.

Eine Funktion – viele Götter: Diese Strukturebene der ägyptischen Religion ist umkehrbar zu einem Gott mit vielen Funktionen, so daß auch unter dem Funktionsaspekt die unbegrenzte Flexibilität und Bereitschaft des ägyptischen Denkens zur Veränderung und Erweiterung klar in Erscheinung tritt und überzeugend die These von der Totenstarre Altägyptens widerlegt.

47 Skarabäus

Fayence
L. 6,6 cm; B. 5,1 cm; D. 2,5 cm
Spätzeit
Bibliographie: unpubliziert.

Das gängigste Symbol des Sonnengottes war der Skarabäus, ein Mistkäfer, der in vielen Arten in Ägypten lebt und dessen Gestalt in unzähligen Siegeln, Amuletten und Schmuckstücken aufgegriffen wurde. Die Gleichsetzung mit dem Sonnengott beruht auf der Beobachtung des Tieres einerseits und einem Mißverständnis andererseits: Der Käfer formt aus Dung eine Kugel, die er mit den Hinterbeinen fortrollt und in einem Erdloch versenkt – diesen Vorgang assoziierte der Ägypter mit dem Lauf der Sonne und ihrem abendlichen Versinken am Horizont. Am Morgen wurde die Sonnen neu geboren – wie der junge Mistkäfer scheinbar ungeschlechtlich gezeugt erdgeboren aus dem Boden krabbelt –, der unterirdische Vorgang von Zeugung, Eiablage und Aufwachsen im Dungnest vollzog sich unsichtbar[1].
Im Wortspiel wurde die Bezeichnung des Skarabäus auf den jugendlichen Sonnengott, Chepre[2], übertragen, wobei das altägyptische *cheper* »werden, entstehen« bedeutet. *»Der von selbst entstand«* ist das häufigste Beiwort des Chepre. Die verschiedenen Erscheinungsformen des Sonnengottes wurden im Eingangsbild der Sonnenlitanei zu einem Motiv zusammengefaßt: In die Sonnenscheibe sind Skarabäus (Morgensonne) und widderköpfiger Gott (Abendsonne) eingesetzt[3].
Die Objektgruppe der Skarabäen bezeichnet üblicherweise Stücke mit einer glatten Unterseite, die meist eine Inschrift oder ein figürliches Motiv zeigt[4]. Demgegenüber sind Amulette in reiner Käfergestalt sehr viel seltener. Dieses Exemplar ist an der Unterseite vollplastisch gearbeitet und auch von seiner Größe her ungewöhnlich[5]. Wegen der Bedeutung des Käfers als Symbol der Regeneration und Auferstehung ist die Verwendung des Stückes als Grabbeigabe wahrscheinlich.

[1] Elisabeth Staehelin, Aegyptens heilige Pillendreher, Basel 1982, 5 ff.
[2] LÄ I, Sp. 934 ff., s. v. »Chepre«.
[3] Im Grab Sethos' II: Staehelin, op. cit, Titelbild.
[4] Katalog Basel 1976, 13; Staehelin, op. cit., 8.
[5] Katalog Basel 1976, 368, Nr. 913, Tf. 103.

48 Skarabäus

Siltstein
L. 5,9 cm; B. 4,0 cm; D. 2,1 cm
spätes Neues Reich, 1200–1100 v. Chr.
Bibliographie: unpubliziert.

Eine besondere Gruppe bilden die Herzskarabäen, die meist aus grünlichem Stein gefertigt und im Vergleich zu normalen Skarabäen überdurchschnittlich groß sind: Auf ihrer Unterseite ist eine mehr oder weniger ausführliche Variante von Spruch 30 B des Totenbuches eingraviert, in dem der Tote sein Herz auffordert, beim Totengericht nicht gegen ihn auszusagen[1]. In der »Gebrauchsanweisung« für diesen Spruch heißt es ausdrücklich: *»Zu sprechen über einem Käfer aus grünem Stein«*, wobei auf die Bedeutung dieser Farbe als Symbol für Frische, Jugend und Auferstehung angespielt wird; Herzskarabäen wurden daher oft aus dunkelgrünen Gesteinen wie Serpentinit oder Siltstein gefertigt. Dieser Herzskarabäus gehörte einem Mann namens Mehi; wie häufig sind die beiden untersten Zeilen der zehnzeiligen Inschrift flüchtig gearbeitet und zeigen eine starke Verkürzung des Totenbuchspruches[2]. Aufgrund der glatten Oberfläche der Rückenpartie mit den dreieckigen Zwickeln am querliegenden Flügelansatz ist eine Datierung in das späte Neue Reich möglich[3], wozu auch die Namensform paßt[4].

[1] Katalog Basel 1976, 184 ff.; Michel Malaise, Les scarabées de cœur dans l'Egypte ancienne, MRE 4, 1978.
[2] Katalog Basel 1976, 372.
[3] Op. cit., Taf. 106, Nr. A 10.
[4] Ranke, Personennamen, 163, 24 und 25.

49 Skarabäus

Amethyst
L. 4,3 cm; B. 3,1 cm; D. 1,9 cm
Mittleres Reich, 2000–1800 v. Chr.
Bibliographie: unpubliziert.

Das häufigste Material für Skarabäen ist Steatit, oft mit Glasur, daneben wurde auch gern Fayence verarbeitet. Sehr selten wurden Skarabäen aus Edelmetall gefertigt, wobei sicher manche Stücke eingeschmolzen und wiederverwendet wurden. Öfters sind dagegen Skarabäen aus Halbedelstein belegt, wobei die Häufigkeit je nach Material schwankt: Lapislazuli, Jaspis und Karneol sind selten, Amethyst war jedoch vor allem im Mittleren Reich sehr beliebt[1].

Die Unterseite von Skarabäen aus Halbedelstein ist meist glatt und undekoriert; möglicherweise war sie ursprünglich mit einer Goldauflage versehen, die die Dekoration aufnahm. Bereits das Material Halbedelstein besaß eine magische Wirkung; damit war die Wirksamkeit des Skarabäus auch ohne Inschrift oder Dekoration gewährleistet.

[1] Katalog Basel 1976, 22–25.

50 Skarabäus

Fayence
L. 2,4 cm; B. 1,6 cm; D. 0.9 cm
Spätzeit, 26. Dynastie, 664–525 v. Chr.
Bibliographie: unpubliziert.

Die Bedeutung des Skarabäus als Symbol der Auferstehung und Überwindung des Todes ist sogar vom frühen Christentum übernommen worden in der Bezeichnung des auferstandenen Christus als *»bonus scarabaeus«*[1]. Dieser Symbolgehalt führte in der Spätzeit zur Verwendung von Skarabäen – überwiegend aus Fayence – als Mumienschmuck, der direkt auf die Leinenbinden aufgenäht oder in das die Mumie bedeckende Perlennetz integriert war[2]. Aus diesem Kontext stammt dieser sorgfältig gearbeitete Skarabäus: Er hat an allen vier Seiten Einkerbungen zur Befestigung einer Fassung sowie eine Öse in der Mitte der Unterseite[3].

[1] St. Ambrosius, Expositio evangelii secundum Lucam X 113 (1528 D); Katalog Basel 1976, 17 mit Anm. 71.
[2] Z. B. Katalog Bologna, Il senso dell'arte nell'antico Egitto, Milano 1990, 214, Nr. 162.
[3] Vgl. Katalog Angers, Musée Pincé, Collections égyptiennes, Paris 1990, 98 f., 105 f., Nr. 98.

51 Skarabäus

Karneol
L. 1,5 cm; B. 1,1 cm; D. 0,8 cm
Neues Reich, frühe 18. Dynastie, um 1500 v. Chr.
Bibliographie: unpubliziert.

Der Skarabäus trägt auf der Unterseite die Zeichengruppe *»Thuthmosis«* als Schreibung des Geburtsnamens von vier Königen der 18. Dynastie. Eine Zuweisung an Thuthmosis I. ist wahrscheinlich, da bei diesem König die Verwendung eben dieses Namens gegenüber dem Thronnamen klar überwiegt[1]. Diese Datierung wird durch das Material unterstützt, Karneol wurde besonders gern im Beginn der 18. Dynastie verwendet[2].

In diesem sorgfältig gearbeiteten Exemplar wird die Wirksamkeit des Skarabäus als Amulett vervielfacht durch die Verwendung von Halbedelstein und die Schreibung des Königsnamens, der ebenfalls apotropäische Wirkung hat[3].

[1] Katalog Basel 1976, 57. Selten ist die Schreibung des Namensbestandteils »Thoth« mit dem ibisköpfigen hockenden Gott, wesentlich häufiger ist dagegen der Ibis auf Standarte. Auch das querliegende »S« ist ungewöhnlich, vgl. op. cit., 58, Abb. 8.
[2] Op. cit., 22 mit Anm. 18.
[3] Op. cit., 41 f.

52 Spitzmaus

Bronze; Vollguß
H. 4,6 cm; B. 2,5 cm; L. 11,9 cm
Spätzeit, 2. Hälfte 1. Jtsd. v. Chr.
Bibliographie: unpubliziert.

Das Zyklische des Sonnenlaufes[1] konnte Gestalt erhalten in unterschiedlichen Gottheiten, die den verschiedenen Phasen zugeordnet wurden, oder in einem einzigen Gott verkörpert sein, der in sich mehrere Aspekte vereinte. Dazu zählt Horus von Letopolis, der in seinem Namen als Chenti-irti (oder Mechenti-irti) sowohl den Aufgang wie den Untergang der Sonne repräsentierte[2]. Er ist der blinde und dann wieder sehende Gott[3], dessen beiden Aspekten zwei Tiere als Erscheinungsformen zugeordnet sind: Spitzmaus und Ichneumon. Die teilweise unter der Erde lebende Spitzmaus steht dabei für den blinden Gott, die Nachtseite der Sonne, während das Ichneumon, ein Tier mit großen Augen, die Tagseite, den sehenden

geflügelte Sonnenscheibe

geflügelter Skarabäus

Falke

Gott, verkörpert[4]. Beide Tiere sind in der Spätzeit in einer großen Zahl von Bronzefiguren, die teilweise auch Särge für Tiermumien waren, dargestellt worden[5].
Das Tier steht auf einem kastenförmigen Sokkel, die Beine jeweils nebeneinander gestellt. Charakteristisch ist der walzenförmige Körper

mit langem Schwanz sowie die rüsselartig verlängerte Schnauze, die an der Oberseite eine
deutliche Mittelfurche zeigt. Die großen, weit
abstehenden Ohren sind durch einen horizontalen Steg in zwei Mulden geteilt. Auf dem
Rücken sind als Musterung des Fells drei Motive
eingeritzt, die als Symbole des Sonnengottes
ganz ähnlich auf der Schabracke des Apis-Stieres zu finden sind[6]: Über der Schulter liegt
eine geflügelte Sonnenscheibe, darauf folgen
ein geflügelter Skarabäus und ein Falke mit aus-
gebreiteten Schwingen (s. Zeichnung)[7].
Die Haltung der Spitzmaus mit dem horizontal
abstehenden Schwanz, dem aufrecht vorgestreckten Kopf und den schräg nach vorn führenden
Beinen entspricht dem plötzlichen Innehalten
nach schneller Bewegung, dem aufmerksamen
Wittern nach vorn und ist damit eine gut beob-
achtete Wiedergabe des Verhaltens des Tieres.

[1] LÄ V, Sp. 1087 ff., s. v. »Sonnengott«.
[2] LÄ III, Sp. 41 ff., s. v. »Horus von Letopolis«; LÄ I, Sp. 926 ff.,
s. v. »Chenti-irti«.
[3] Hermann Junker, Der sehende und der blinde Gott, München 1942.
[4] Emma Brunner-Traut, Spitzmaus und Ichneumon als Tiere
des Sonnengottes, in: NAWG 1965. 7, 123–163.
[5] S. auch Kat. 41.
[6] Kat. 65.
[7] Emma Brunner-Traut/Hellmut Brunner, Die ägyptische
Sammlung der Universität Tübingen, Mainz 1981, Tf. 135.

53 Eidechse

Bronze; Figur Vollguß, Basis hohl
H. 2,1 cm; B. 1,8 cm; L. 5,9 cm
Spätzeit – Römerzeit, 2. Hälfte 1. Jtsd. v. Chr.
Bibliographie: unpubliziert.

Atum, der Sonnengott am Abend[1], ist als
Schöpfergott zweigeschlechtlich; in seinen Tiergestalten verkörpert die Schlange den weiblichen, die Eidechse den maskulinen Aspekt[2].
Beide Tiere können in kleinformatigen Bronzefiguren auf einem gemeinsamen Sockel zu einer
Gruppe zusammengestellt werden[3].
Auf einer kastenförmigen Basis liegt eine lang
ausgestreckte Eidechse, deren Beine deutlich
vom Körper abgespreizt sind. Während der
Schwanz flach am Boden aufliegt, ist der Kopf
aufmerksam erhoben. Die Musterung der Haut
ist an der Oberseite des Tieres durch vertiefte
Punkte wiedergegeben[4]. Die Rückseite der
Basis ist als Platte eingesetzt, was eine Verwendung als Tiersarg wahrscheinlich macht[5].

[1] Vgl. Kat. 57.
[2] Karol Myśliwiec, Studien zum Gott Atum I, Die heiligen
Tiere des Atum, HÄB 5, 1978, 125 ff.
[3] Op. cit., 275 f., Tf. 30, 31 b, 32 a. Zur Schlange als Verkörperung weiblicher Gottheiten vgl. Kat. 66.
[4] Op. cit., Tf. 33; Katalog Antik kunst: dans privateje, Kopenhagen 1974, 14, Nr. 51.
[5] Auktionskatalog Münzen und Medaillen AG Basel, Auktion
49, 27. 6. 1974, Nr. 80; Petrie, Amulets, pl. 13 a–c.

54 Nilpferde

Kalkstein, bemalt
H. 5,6 cm; B. 4,2 cm; L. 14,0 cm
Mittleres Reich, 2000–1800 v. Chr.
Bibliographie: Auktionskatalog Christie's, London,
8. 6. 1988, Nr. 187.

Auf einem massiven Bootskörper stehen hinter-
einander zwei Nilpferde; das vordere, größere
hält seinen Kopf gesenkt, das zweite, kleinere,
legt seinen erhobenen Kopf auf das Hinterteil
des anderen Tieres: Es drängt sich heran, sucht
den Körperkontakt, so daß man in den beiden
Tieren wohl die Nilpferdmutter mit ihrem Jun-
gen erkennen kann.
Wie andere dem Menschen gefährliche Tiere
– etwa Löwe und Krokodil – hat auch das Nilpferd in Ägypten eine ambivalente Bedeutung[1]. Sein negativer Aspekt wurde gleichgesetzt mit dem Gott Seth, dem Götterfeind
schlechthin, seine positive Seite kommt in einer
Reihe weiblicher Schutzgottheiten wie den
Nilpferdgöttinnen Thoeris oder Ipet[2] im Umfeld von Fruchtbarkeit und Mutterschaft zum
Tragen; auch die Himmelsgöttinnen Hathor,
Isis oder Nut können im Nilpferd verkörpert
sein.
Gerade das Mittlere Reich hat in den zahlreichen Nilpferdfiguren aus Fayence[3] auch ein
Symbol der Fruchtbarkeit gesehen. So wurde
das Nilpferd zu einem Garanten der Auferstehung, der Regeneration nach dem Tode.
Diese ungewöhnliche Gruppe eines jugen Nilpferds mit seiner Mutter hat zwei Vergleichsstücke in Gestalt zweier Schiffsmodelle mit
Nilpferd, ebenfalls aus Kalkstein[4]. Aufgrund
der Fundsituation wurden beide Objekte in
das Mittlere Reich datiert, was auch für diese
Gruppe aufgrund stilistischer Übereinstim-
mungen anzusetzen ist; alle drei Stücke weisen
eine glatte Durchbohrung unterhalb des Halses
auf. Auf den ersten Blick ähnliche Tiergruppen
aus Amarna sind dagegen deutlich nachlässiger
gearbeitet[5].

1 LÄ IV, Sp. 501 ff., s. v. »Nilpferd«.
2 Vgl. Kat. 70–73.
3 Katalog München 1976, 67; Almuth Behrmann, Das Nilpferd in der Vorstellungswelt der Alten Ägypter, Teil I, Katalog, Frankfurt 1989, Dok. 142 a–f.
4 Behrmann, op. cit., Dok. 135 a, b; Tony-Révillon, in: ASAE
   50, 1950, 55, fig. 6.
5 Henry Frankfurt/John D. S. Pendlebury, The City of
   Akhenaten, Part II, EEF 40, 1933, pl. 31; Boot mit uniden-
   tifizierbaren Tieren (Frösche/Kälber?): Gun Björkman, A
   Selection of the Objects in the Smith Collection of Egyptian
   Art at the Linköping Museum, Sweden, Stockholm/ Uppsala
   1971, pl. 13. 3.

55 Nilhecht

Bronze; Vollguß
H. 6,8 cm; B. 2,4 cm; L. 12,6 cm
Griechisch-römisch, 3. Jh. v. – 3. Jh. n. Chr.
Bibliographie: Auktionskatalog Hermann Historica
OHG, München, 10./11. 11. 1989, Nr. 493.

Die verschiedensten Fische konnten in Ägypten
bestimmten Gottheiten zugeordnet werden: Der
Aal ist eine Erscheinungsform des Gottes Atum,
die Göttin Hatmehit, »die Erste der Fische«, trägt
eine Schilbe als Kopfputz, als Nilbarsch konnte
die Göttin Neith in Esna erscheinen[1].
Der Oxyrhynchos-Fisch, ein Nilhecht, ist mit
der Himmelsgöttin Hathor verbunden, wie ein
Relief im Hibis-Tempel zeigt: Der Fisch liegt auf
einem Naos, der die Inschrift »Hathor, Herrin
von Esna« trägt[2]. Einen weiteren Hinweis auf
diese Göttin liefert der Kopfschmuck, den die
Bronzefiguren der Oxyrhynchos-Fische stets
tragen: Das Kuhgehörn mit Sonnenscheibe
haben sie direkt von Hathor übernommen.
Ein weitere Gemeinsamkeit der Bronzefische ist
die Form der Basis, die aus einer längsrechteckigen, vorn hochgezogenen Platte besteht, also
Kufengestalt hat[3]. Darauf stützt sich der Fisch
mit Brust- und Afterflosse sowie dem unteren
Teil der gegabelten Schwanzflosse ab. Das charakteristische, rüsselartig verlängerte Maul des
»Spitznasenfisches« sitzt auf dem hochgezogenen vorderen Teil der Basisplatte auf.
Kiemenspalte und -flosse sind nur eingeritzt[4];
die Augen waren ursprünglich eingelegt. An
der höchsten Stelle des gewölbten Rückens sitzt
der Kopfputz, dahinter eine große Öse. Der
lange Saum der Rückenflosse ist wie die anderen Flossen durch Ritzlinien gestreift, lediglich der Schwanz zeigt keine Innenzeichnung.
Bei manchen Exemplaren sind zusätzlich die
Schuppen angegeben[5].

[1] LÄ II, Sp. 228 ff., s. v. »Fische, religiös«; s. auch Kat. 56.
[2] Hibis III, pl. 4.I.
[3] Ob hier möglicherweise eine Anspielung auf den Gott Atum vorliegt, dessen Name mit einem Schlitten (tm) geschrieben wird und der auch Fischgestalt (Aal) annehmen kann?
[4] Plastische Ausarbeitung: Katalog Osiris, Kreuz, Halbmond, 30, Nr. 16; Katalog Galerie Nefer 5, Zürich, 1987, Nr. 53.
[5] Katalog Baltimore, pl. 103, Nr. 697; Petits guides des Musées de Cannes 1: l'Egypte ancienne, 17, Nr. 23.

56 Barbe

Bronze; Vollguß
H. 4,2 cm; B. 1,5 cm; L. 10,5 cm
Spätzeit – Ptolemäerzeit, 2. Hälfte 1. Jtsd. v. Chr.
Bibliographie: Auktionskatalog Sotheby's, London,
4. 12. 1978, Nr. 91.

Die gegabelte Schwanzflosse in Kombination mit der dreieckigen Rückenflosse ist typisch für eine Barbe, *»barbus bynni«*[1]. Die Innenzeichnung dieser Bronzefigur ist sehr sorgfältig gearbeitet: Rücken- und Schwanzflosse sind außen glatt, innen längsgestreift, ebenso die Afterflosse; vier seitliche Flossen sind plastisch aufgesetzt und tragen am Ansatz ein Gitter-, dann ein Streifenmuster. Augen, Kiemenspalte und Maul sind durch vertiefte Linien angegeben, zusätzlich ist der ganze Körper von einem regelmäßigen Schuppenmuster bedeckt[2]. Insgesamt sind die Proportionen sehr ausgewogen, die Linienführung ist überaus elegant.
Der Lepidotos, der »Schuppenfisch«, wie ihn antike Autoren nennen, ist mit der löwenköpfigen Göttin Mehit, der Gefährtin des Onuris in Abydos, verbunden[3]. Dies ergibt sich aus einem Fund zahlreicher Bronzefische im Kontext eines Mehit-Heiligtums in Mescheich (Lepidotopolis/Oberägypten)[4]. Ein Spiegelfragment zeigt den Lepidotos auf einem Naos mit der Beischrift *»Mehit, Herrin von Abydos«*[5]. In der Dekoration des Menits ist die Zusammenstellung Mehit – Onuris (bzw. Tefnut – Schu) mit dem Lepidotos ein fester Topos[6]. Dabei mag zum einen die allgemeine Anspielung auf das Symbol der Regeneration bei Fisch und Löwengöttin als tertium comparationis eine Rolle gespielt haben, zum anderen ein Wortspiel mit dem Namen der Göttin (Mehit) und der Bezeichnung für Fische (mehit) vorliegen.

[1] Joachim Boessneck, Die Tierwelt des Alten Ägypten, München 1988, 126; Douglas J. Brewer/Renée F. Friedman, Fish and Fishing in Ancient Egypt, Warminster 1989, 59.
[2] Möglicherweise eine Anspielung auf die altägyptische Bezeichnung als »Schuppenfisch«: Ingrid Gamer-Wallert, Fische und Fischkulte im alten Ägypten, ÄA 21, 1970, 37 f. Auch sonst wird bei den Bronzefiguren dieses Fisches Wert auf das Schuppenmuster gelegt: Auktionskatalog Christie's, London, 21. 11. 1978, Nr. 382; Münzen und Medaillen AG Basel, Auktion 59, 16. 6. 1981, Nr. 86; Katalog Geschenk des Nils, 95, Nr. 335; vgl. auch Gamer-Wallert, op. cit., 96, Anm. 98.
[3] LÄ IV, Sp. 5 f., s. v. »Mehit«; Gamer-Wallert, op. cit., 97 f.
[4] LÄ IV, Sp. 107, s. v. »Mescheich«.
[5] Munro, in: ZÄS 95, 1969, 96, Abb. 2.
[6] Katalog Osiris, Kreuz, Halbmond, 56, Nr. 41; Gamer-Wallert, op. cit., Tf. 10.1; Chappaz, in: Genava, n s 21, 1983, 11 (Genf 23463). Zu Menit s. Kat. 43, zu Onuris Kat. 18, Schu Kat 96, Tefnut Kat. 97.

57 Atum

Bronze; Hohlguß
H. 17,2 cm; B. 5,4 cm; T. 10,1 cm
Neues Reich, 19. Dynastie, 1280–1200 v. Chr.
Bibliographie: Katalog Entdeckungen, 92 f., Nr. 75.

Der Lauf der Sonne, gedeutet als Zyklus der Natur und damit des Lebens schlechthin, wurde mit einer Reihe von Göttern in Verbindung gebracht, die als »Phasengottheiten« für die verschiedenen Abschnitte des Tages und der Nacht stehen[1]. Dabei repräsentiert Chepre den jugendlichen Sonnengott am Morgen[2] und Atum den alt gewordenen Sonnengott am Abend. Den höchsten Sonnenstand am Mittag verkörpert Re, die Regeneration der Nachtsonne erfolgt gleichfalls als Atum. Den verschiedenen Phasen entsprechen unterschiedliche Erscheinungsformen, wobei besonders Atum sehr wandlungsfähig ist aufgrund seiner zahlreichen Aspekte als Urgott, Jenseitsherrscher, Sonnen- und Königsgott[3].

Die zoomorphen Gestalten des Atum wie Schlange, Aal, Ichneumon oder Eidechse sind vor allem in der großen Zahl von Bronzefiguren der Spätzeit gut belegt[4], rein menschengestaltige Statuen des Atum sind dagegen sehr selten[5]. In dieser Figur liegt eine Kombination ikonographischer Elemente des Atum im Flachbild vor, die bislang wenig Parallelen hat[6]. Eine mumiengestaltige männliche Figur thront über einer kastenförmigen Basis auf einem kubischen Sitz, der direkt in einen hohen Rückenpfeiler übergeht. Sein spitz zulaufender oberer Abschluß erinnert an einen Obelisken.

Die Figur ist vollständig in ein eng anliegendes Gewand gehüllt, unter dem sich die Gliedmaßen deutlich abzeichnen. Über den Handgelenken der abgewinkelten Arme ist das Gewand senkrecht geschlitzt, so daß die zur Faust geballten Hände herausschauen. Die linke Hand hält den Krummstab, die rechte den Wedel. Die dreigeteilte Strähnenperücke rahmt das Gesicht; am Kinn sitzt der geflochtene Götterbart, von einem bis an die Jochbeine reichenden Bartband gehalten. Auf dem Scheitel erhebt

sich die Doppelkrone, deren Spirale abgebrochen ist; ihr Knauf fügt sich oben in den Umriß des Rückenpfeilers ein. Die Uräusschlange setzt vor der Stirn an, ihr Kopf fehlt.

Die gedrungenen Proportionen der Figur werden durch den halslos zwischen den Schultern eingesetzten Kopf verstärkt. Das kräftig modellierte Gesicht mit stark gekrümmter Nase legt eine Datierung in die frühramessidische Zeit nahe.

Gerade in dieser Epoche übernimmt Atum in der Ikonographie Elemente der Darstellung des Osiris als Jenseitsherrscher[7]. In dieser Statue weisen Mumiengestalt, Handhaltung und Insignien auf Osiris[8], während Doppelkrone und Strähnenperücke[9] der Erscheinungsform des Atum als Königs- und Sonnengott entlehnt sind. Die obeliskenähnliche Form des Rückenpfeilers verweist auf Heliopolis als ursprünglichen Hauptkultort des Atum. So verbinden die verschiedenen Elemente dieser Statue die Tag- und die Nachtseite des Atum zu einem Erscheinungsbild und sind wohl auch Beleg für die theologischen Spekulationen über die Rolle des Sonnengottes in der Zeit nach Amarna.

[1] LÄ V, Sp. 1087 ff., s. v. »Sonnengott«.
[2] Vgl. Kat. 47–51 (Skarabäen).
[3] LÄ I, Sp. 550 ff., s. v. »Atum«; Kat. 96, 97.
[4] Karol Myśliwiec, Studien zum Gott Atum I, Die heiligen Tiere des Atum, HÄB 5, 1978; vgl. auch Kat. 52, 53.
[5] Id., Studien zum Gott Atum II, Name – Epitheta – Ikonographie, HÄB 8, 1979, 209 f.
[6] Katalog Lausanne, Antiquités égyptiennes du musée cantonal des beaux-arts, Lausanne 1956, pl. 5, Inv. Eg. 20 (stehende mumiengestaltige Figur mit Perücke und Doppelkrone vor Obelisk, die Beschreibung erwähnt zwei Parallelen in der Sammlung Michaelidis.
[7] Myśliwiec, op. cit., 208 f.; id., in: MDAIK 35, 1979, 195 ff.
[8] Kat. 64, 84, 111.
[9] Allerdings selten in dieser Kombination: Katalog Oxford 1988, 71, Nr. 33.

58 Amulett des Nehebkau

Fayence
H. 4,1 cm; B. 0,9 cm; T. 1,6 cm
Spätzeit – Ptolemäerzeit, 2. Hälfte 1. Jtsd. v. Chr.
Bibliographie: unpubliziert.

Die Schlange zählt ebenfalls zu den Lebewesen,
in deren Gestalt sich der Sonnengott mani-
festieren kann. So wird etwa auf die Regene-
rationsfähigkeit des Tieres durch die Häutung
angespielt, wenn sich der Sonnengott in der
12. Stunde des Unterweltbuchs Amduat im Leib
der Schlange verjüngt[1]. Auch steht er in enger
Beziehung zum schlangengestaltigen Nehebkau[2], »der die Ka-Kräfte verleiht«[3] und als Urgott auch Erzeuger des Sonnengottes ist. Seine
Mutter ist die Schlangengöttin Renenutet[4].
Nehebkau kann in reiner Tiergestalt oder als
Mischwesen auftreten[5]. Das Amulett zeigt ihn
als nackten Mann, an dessen Gesäß ein Schlangenleib wie ein Schwanz angesetzt ist, auf dem
er zu sitzen scheint. Zwischen Schlangenleib
und den eingeknickten Beinen befindet sich ein
sitzähnlicher Steg, darunter eine trapezförmige
Basisplatte. Aus den Schultern wächst ein schräg
aufwärts blickender, überproportional großer
Schlangenkopf, gestützt von den unter das Kinn
gelegten menschlichen Armen. Sie sind in durch-

brochener Arbeit ausgeführt. Im Nacken sitzt
eine dreifach geriefelte, große Öse.
Die Haltung der Arme, die zusammen mit
dem Kopf ein Dreieck bilden, ist typisch für
Nehebkau und findet sich auch, wenn die Glied-
maße an einen Schlangenkörper angesetzt
sind[6]. Charakteristisch ist auch die Haltung des
Unterkörpers, die einen Übergang zwischen
Sitzen und Stehen wiedergibt, hier ist sogar das
linke Bein in einer leichten Schrittstellung vor-
gesetzt. Die Einzelheiten des nackten Körpers
und des Schlangenkopfes sind detailliert und
plastisch modelliert wiedergegeben.

[1] Hornung, Unterweltsbücher, 188.
[2] LÄ IV, Sp. 388f., s. v. »Nehebkau«.
[3] Vgl. Kat. 67.
[4] Vgl. Kat. 66.
[5] Shorter, in: JEA 21, 1935, 41 ff.
[6] Petrie, Amulets, pl. 43, 254 b; s. auch Kat. 59.

59 Frau mit Löwenkopf

Fayence
H. 6,4 cm; B. 1,7 cm; T. 3,7 cm
spätes Neues Reich – 3. Zwischenzeit;
1100–800 v. Chr.
Bibliographie: Auktionskatalog Christie's, London,
11. 12. 1987, Nr. 80.

Ohne Beischrift sind die verschiedenen löwenköpfigen Göttinnen wie Bastet, Pachet, Sachmet, Tefnut oder Uto[1] in ihrer Ikonographie
nicht eindeutig zu unterscheiden, da sie seit
dem Neuen Reich auch in ihrem Wesen ange-
glichen und synkretistisch miteinander verbunden werden konnten. So werden sowohl Bastet
als auch Sachmet in den Kreis der Götter des
Mythos vom fernen Sonnenauge einbezogen
und direkt als »Auge des Sonnengottes« oder »Tochter des Re« bezeichnet[2].

Die löwenköpfige Göttin sitzt auf einem Thron über einer längsrechteckigen Basis. Die niedrige Rückenlehne ist bis zum Ansatz des Gesäßes hochgezogen, die Sitzfläche ist leicht nach vorn geneigt, das über die Lehne gelegte dünne Polster reicht bis zur Hälfte der Rückseite des Thrones herab; darunter ist ein Anch(Lebens)-Zeichen eingeritzt[3]. Die beiden Längsseiten sind durchbrochen gearbeitet, sie zeigen jeweils den Gott Nehebkau[4] sowie einen Bogen.

Die Göttin hat beide Arme abgewinkelt: Die linke, in den Schoß gelegte Hand hält ein vor den Körper gelegtes Papyrusszepter, das unter der Brust ansetzt und, den Konturen des Körpers folgend, bis in die Höhe der Knöchel läuft. Die rechte Hand hält ein großes Naos-Sistrum, das bis knapp unter das Kinn reicht. Die sehr voluminöse Perücke reicht bis auf die Brüste herab, um den Löwenkopf ist wie eine Halskrause eine schmale Löwenmähne gelegt. Zwischen den Löwenohren befindet sich auf dem Scheitel eine runde Vertiefung, in die ein Kopfputz – wohl eine Sonnenscheibe aus anderem Material – eingelassen war. Am Hinterkopf sitzt eine große, längsgerippte Öse.

Der Löwenkopf ist sehr tief und, verglichen mit dem Körper, klein gearbeitet; der Oberkörper ist im Vergleich zum üppigen Unterkörper zierlich. Das Sistrum kann als ikonographischer Hinweis auf die Göttin Bastet[5] verstanden werden.

[1] Vgl. Kat. 2–4, 39–45, 59, 89, 97, 100, 104, 107, 108, 121.
[2] LÄ II, Sp. 1080, s.v. »Löwe«.
[3] Ebenso bei engen Parallelen: Katalog Osiris, Kreuz, Halbmond, 71, Nr. 58; CG 39022, Daressy, Statues, 257, pl. 50. Vgl. auch: Elizabeth Riefstahl, Glass and Glazes from Ancient Egypt, New York, Brooklyn Museum, 1948, Nr. 23; Brunton, Matmar, pl. 59, Nr. 20.
[4] Vgl. Kat. 58.
[5] Vgl. Kat. 4; Katalog Baltimore, 140, pl. 92, Nr. 601.

60 Tempelrelief

Kalkstein, Farbreste
H. 22,8 cm; B. 42,7 cm
Wohl aus Amarna
Neues Reich, 18. Dynastie, um 1340 v. Chr.
Bibliographie: Auktionskatalog Sotheby's, New York,
2. 12. 1988, Nr. 138.

Der Austausch zwischen Mensch und Gott,
zwischen Himmel und Erde vollzieht sich in
den Bildern der Tempel, Gräber und Stelen im
direkten Dialog. Der König oder eine nicht-
königliche Person tritt der Gottheit unmittelbar
gegenüber, steht mit ihr auf einer Ebene. Selbst
der Sonnengott, wie keine andere göttliche
Funktion am Himmel angesiedelt, wandelt auf
Erden, menschengestaltig, mischgestaltig, tier-
gestaltig, und die Sonne kommt gewissermaßen
vom Himmel und läßt sich auf dem Haupt des
Sonnengottes nieder.
Im emblematischen Gebrauch allerdings ist
schon in Darstellungen des Alten Reiches die
Sonne an den Himmel entrückt und schwebt
als geflügelte Scheibe über dem Bildfeld[1]. Die
ausschließliche Betonung des Sonnencharak-
ters Gottes unter Echnaton macht aus dieser
Darstellungsmöglichkeit die einzige Erscheinungsform Gottes, formt sie jedoch in signifi-
kanter Weise um: Die Schwingen des Falken als
tierische Elemente der Darstellung werden eli-
miniert, und da Gott dem Menschen nicht mehr
direkt gegenübertritt, sondern hoch über ihm
am Himmel steht, wird eine neue Form der
Kommunikation gefunden: Von der Sonnenscheibe gehen Strahlen aus, die in menschliche
Hände auslaufen[2]. »Fern bist du, doch deine
Strahlen sind auf Erden«, heißt es dazu im Son-
nengesang des Echnaton. Die Strahlenhände
halten, wenn sie auf das Gesicht des Königs
oder der Königin treffen, Lebenszeichen an
deren Nase – ein einfaches, einprägsames Zeichen der Abhängigkeit allen Lebens von der
Gnade des Sonnengottes Aton. Die Antwort der
Menschen – vertreten durch König und Königin – ist trotz der Entrückung Gottes an den
Himmel, trotz seiner Entpersonalisierung weiterhin das Opfer aus Speisen, Getränken, Blü-

ten und Duftstoffen, das nun aber hinaufgeho-
ben wird gegen den Himmel, einer fernen Gottheit entgegen.
In diesen Kontext gehört das Relieffragment,
das einen Ausschnitt aus einer solchen Opfer-
szene zeigt. Der Kalksteinblock bildete, wie
seine konvex gewölbte Bildfläche zeigt, den
Teil einer Säulentrommel, die ringsum laufend
einen Bildfries trug. Vergleichbare Stücke stammen aus dem Palastbereich in Amarna[3]. Reste
von drei nach links gewendeten Figuren sind erhalten geblieben. Links die großformatige, von
der Brust bis zu den Oberschenkeln erhaltene
Figur des Königs Echnaton in seinen typischen
Körperformen, der extrem schlanken Taille,
dem vorquellenden Bauch mit tief eingesenk-
tem Nabel und dem Ansatz der massigen Schenkel. Ein hoch in den Rücken gezogener Schurz
läuft in feinen Falten zu einem Knoten unter
dem Bauch zusammen. Hinter dem König, im
Maßstab um ein Viertel kleiner, die Gestalt der
Königin Nofretete, von der Gesichtsmitte abwärts bis zu den Hüften erhalten. Sie erhebt
ihre Arme hoch vor ihr Gesicht; die an der
Bruchkante noch sichtbaren, nach oben geöffneten Handflächen trugen Opfergaben. Den
Kopf bedeckt eine Kopfhaube, deren Zopf über
die Schulter herunterhängt. Ein plissiertes Gewand mit weiten, halblangen Ärmeln ist um die
Taille von einem breiten glatten Gürtel zusam-
mengehalten, der im Rücken hoch hinaufreicht.
Der Bauch scheint bloß zu liegen und läßt den
quer eingeschnittenen Nabel erkennen. Das Gesicht ist bis auf Kinn und Mund zerstört. Vor der
Königin steht ihre Titulatur und der Beginn
ihres in die Kartusche geschriebenen Namens:
»Die große königliche Gemahlin [Nefer-nefru-]
Aton [Nofretete]«. Der gegen die Schriftrich-
tung geschriebene Name des Gottes Aton am
Anfang der Kartusche ist ein in vergleichbaren
Texte gerne verwendetes graphisches Detail,
das die Zuwendung des Aton zur Königin ausdrückt. Weitere Inschriften befinden sich – in
hauchdünner Ritzzeichnung kaum lesbar geschrieben – auf den Unterarmen, Oberarmen
und der Brust der Königin sowie auf der Brust
des Königs, insgesamt acht Kartuschenpaare,

die teils leer gelassen sind, teils die Namen des Sonnengottes tragen. Von der dritten Figur ist an der äußersten Ecke rechts unten ein Sistrum erhalten, durch dessen Bügel schlangenförmige Stäbe gesteckt sind; nach Ausweis von Parallelen auf Säulenreliefs aus Amarna[4] kann aus diesem winzigen Detail auf die Figur einer der Töchter des Königspaares geschlossen werden. Der senkrechte Strich am rechten Blockrand gehört zur Rahmung der Namensbeischrift dieser Prinzessin, wahrscheinlich der Meritaton.

lichts die klaren Linien der stark eingetieften Umrisse der Hauptfiguren der Reliefszenen zeigten.

Die Ausrichtung der Figuren nach links widerspricht der Grundrichtung ägyptischer Flachbilddarstellungen und erklärt sich hier aus einer spiegelbildlich dieser Szene nebenangestellten Darstellung gleichen Bildaufbaus.

Obwohl sich in diesem Relieffragment der Sonnengott nur in einem seiner Strahlen zeigt, ist doch das ganze Bild eine indirekte Darstellung

Zwischen dem Rücken des Königs und dem rechten Ellbogen der Königin verläuft nach rechts abfallend diagonal eine breite Linie – einer der Strahlen, die von der Aton-Sonnenscheibe ausgehen, deren Anbringungsort aus der Richtung des Strahls erschlossen werden kann, weit links oben vor dem Gesicht des Königs.

Die Relieftechnik ist durch die extrem tief in die Steinoberfläche eingeschnittenen Umrißlinien der Figuren charakterisiert, innerhalb derer sich die Körper in einem sehr plastisch wirkenden Flachrelief entwickeln. Diese Relieftechnik ist typisch für die Amarnazeit, in der die Innenräume der Tempel und Paläste durch offene Höfe ersetzt wurden, deren Wände und Säulen unter dem direkten Einfall des Sonnen-

des Aton: Eine diagonale Bewegung läuft von rechts unten nach links oben, vom erhobenen Sistrum der Prinzessin über die Arme der Nofretete und die im Bildausschnitt nicht sichtbaren, da im Opfergestus erhobenen Arme des Königs auf einen gemeinsamen Zielpunkt zu, die Sonnenscheibe hoch am Himmel.

[1] LÄ II, Sp. 277 ff., s. v. »Flügelsonne«, frühester sicherer Beleg bei Djoser.
[2] Übergangsformen bereits seit Thuthmosis IV.: Selim Hassan, The Great Sphinx and its Secrets, Cairo 1953, 80, pl. 39.
[3] William M. Flinders Petrie, Tell el Amarna, London 1894, 10, pl. 10. 3. Vgl. Fay, in: Jahrbuch Preußischer Kulturbesitz XXIII, 1987, 364, Abb. 95. Auch für die nach Hermopolis verschleppten Blöcke darf eine solche Herkunft angenommen werden: Günther Roeder, Amarna-Reliefs aus Hermopolis, Hildesheim 1969, 25–27.
[4] Roeder, op. cit, Tf. 3.

61 Königskopf

Roter Quarzit (silifizierter Sandstein)
H. 5,5 cm, B. 4,3 cm, T. 3,8 cm
Neues Reich, 18. Dynastie, um 1335 v. Chr.
ehemals Sammlung R. Holtermann, Stockholm
Bibliographie: Peterson, in: Medelhavsmuseet Bulletin 4, 1964, 26–29, fig. 10–13; Maya Müller, Die Kunst Amenophis' III. und Echnatons, Basel 1988, IV·147; Auktionskatalog Christie's, London, 11. 7. 1990, Nr. 464.

Der Königskopf ist am Hals von einer kleinformatigen Statue gebrochen. Der Hinterkopf und der Schädel oberhalb der Stirn fehlen. Ein modern geklebter Bruch zieht sich von den Augen schräg aufsteigend zum Hinterkopf. Die Nasenspitze ist bestoßen, von den Ohren sind nur die Ohrläppchen erhalten. Das Gesicht selbst ist weitgehend unversehrt geblieben. Es wird an der Stirn vom unteren Rand einer Kopfbedeckung begrenzt, die wohl zum Chat-Kopftuch zu ergänzen ist. Spuren einer Uräusschlange am unteren Kronenrand sind über der Stirnmitte erhalten.
In der Profilansicht zeigt sich der schräg anstei-

gende Hals, der das weit vorgereckte, nach unten gezogene Kinn stark hervortreten läßt. Die vollen Lippen sind in den Mundwinkeln deutlich nach unten gezogen und sind bestimmend für den ernsten Ausdruck des Gesichts. Die Nasenflügel sind sehr schmal, der Nasenrücken geht nahezu ohne Einkerbung in die Stirn über. Die Augen sind unter völligem Verzicht auf graphische Mittel rein plastisch gestaltet. Die Augäpfel wölben sich ohne jede Markierung eines Unterlids aus der breit und hoch angesetzten Wangenpartie, die oberen Lidränder gehen in einer weich modellierten Kante in die Brauenbögen über. Diese als »sfumato eye« bekannte Augenbildung ist ebenso wie die Gestaltung der Mundpartie und der Profillinie des Gesichts mit dem ausgeprägten Kinn ein eindeutiges Kriterium zur Identifizierung des dargestellten Königs. Es ist das Gesicht Echnatons, der um 1350 v. Chr. als Amenhotep (Amenophis) den Thron bestiegen hatte und als programmatisches Zeichen seiner Abkehr von Amun und der Vielzahl der Gestalten und Namen Gottes ein halbes Jahrzehnt später seinen Namen in Echnaton änderte, einen Namen,

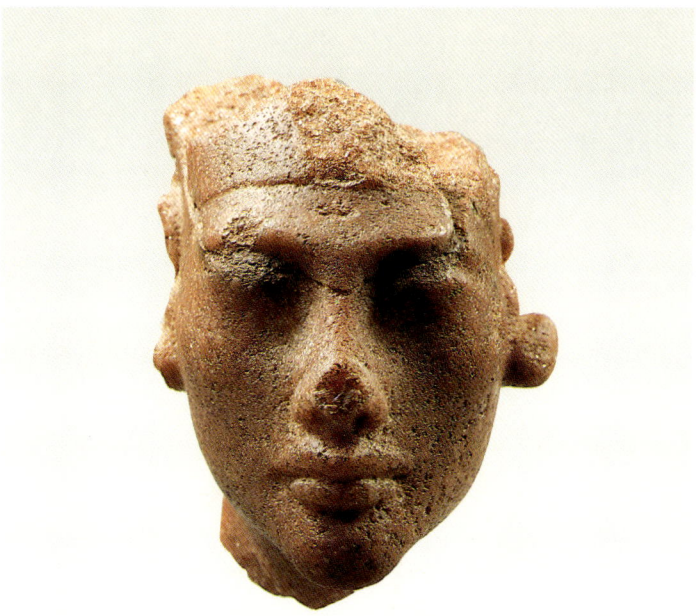

in dem Aton, die Sonnenscheibe, an die Stelle
Amuns trat.

Nicht nur die außergewöhnlichen Texte der
Sonnengesänge, die wohl zu Recht dem König
selbst zugeschrieben werden, sind ein unmittelbares Zeugnis dieses Versuchs einer mono-
theistischen Gottessicht, sondern auch die Aus-
drucksformen, die die Kunst dieser Zeit findet.
Das Bildnis des Königs verdichtet das neue
Weltbild zur künstlerischen Form; die Abhängigkeit der Welt und des Menschen vom Willen
Gottes spiegelt sich in der Hinwendung des
Königs an Aton, wie sie sich in seinem Gesicht
ausdrückt, einem Gesicht, das nicht mehr die
unnahbare Unverbindlichkeit eines idealisierenden Menschenbildes, sondern die Hingabe
an Gott ausdrückt und Emotionalität an die
Stelle von Rationalität setzt.

Zu Beginn seiner Regierungszeit läßt sich
Amenophis IV. in Karnak in Statuen und Reliefs geradezu karikaturhaft überzeichnet darstellen; nach seinem Namenswechsel zu Echnaton mildert sich der extreme Stil seiner frühen
Jahre ab und findet eine impressionistische
Weichheit des Ausdrucks, die in dem kleinen

Quarzitkopf in hoher Qualität gestaltet ist.
Die stilistische Perfektion dieses Kopfes ist ein
gewichtiges Argument gegen die zunächst nahe-
liegende Vermutung, das kleine Format lasse
auf eine Ergänzung des Köpfchens zu einer der
Uschebtifiguren schließen, wie sie für Echnaton
in großer Zahl und in verschiedenen Materialien – auch Quarzit – belegt sind[1], aber ausnahmslos nur mäßige stilistische Qualität aufweisen. Gänzlich ausgeschlossen wird eine solche Vermutung durch das Fehlen eines Bartes,
der bei allen Uschebtis Echnatons belegt ist. So
darf es als sicher gelten, daß das Köpfchen zu
einer kleinen Statue gehörte, die wohl in einem
Privathaus stand, wo sie – den Hausaltären dieser Zeit vergleichbar – als »Heiligenfigur« diente.
Das Gebet an den König spricht ihn in seiner
Rolle als Repräsentant Gottes auf Erden an, und
so ist letztlich das Porträt Echnatons ein Bild
des Mensch gewordenen Sonnengottes.

[1] Geoffrey T. Martin, The Royal Tomb at Tell el-ʿAmarna I,
London 1974, 37–74, pl. 25–48.

62 Djed-Pfeiler

Fayence
H. 8,1 cm; B. 3,0 cm; D. 1,1 cm
Spätzeit – Ptolemäerzeit, 2. Hälfte 1. Jtsd. v. Chr.
Bibliographie: unpubliziert.

In seiner frühesten Form ist der Djed-Pfeiler
ein Pflanzenbündel[1], vielleicht ein Garben-
baum[2] oder ein Schilfbündel[3]. Unbestritten
stellt er eine stilisierte Pflanzenform dar und
wurde so zu einem Garantsymbol für Fruchtbarkeit. In diesem Aspekt trifft er sich mit dem
Vegetationsgott Osiris[4], mit dem er sekundär
verbunden wurde. Schon im Alten Reich zu
einem Amulett stilisiert[5], hat der Djed-Pfeiler
über mehr als zwei Jahrtausende seine Form
behalten[6]: Am oberen Ende des Schaftes sitzt
eine vierfache Querverbindung, darüber sind
vier Platten gesetzt, die hohlkehlenartig miteinander verbunden sind. Den oberen Abschluß
bildet ein quergestreifter, trapezförmiger Aufsatz; die Hohlkehlen zeigen ein senkrechtes
Linienmuster. Der Pfeiler steht auf einer abgesetzten Basis und hat auf der Rückseite einen
Rückenpfeiler. Eine Anbohrung der Unterseite
der Basis ist wohl modern.

[1] Aus Elfenbein in der 1. Dynastie: Zaki Youssef Saad, Royal

Excavations at Saqqara and Helwan (1941–45), SASAE 3,
1947, 27, pl. 14 b.
[2] Helck, in: Or 23, 1954, 408 f.
[3] Aus der Grabkammer des Djoser: Katalog Kairo 1986,
Nr. 17.
[4] Vgl. Kat. 63 und 64.
[5] LÄ I, Sp. 1100 ff., s. v. »Djed-Pfeiler«.
[6] Petrie, Amulets, pl. 3, Nr. 35 e, f.

63 Djed-Pfeiler

Ägyptisch Blau
H. 5,0 cm; B. 1,6 cm; D. 0,4 cm
Spätzeit – Ptolemäerzeit, 2. Hälfte 1. Jtsd. v. Chr.
Bibliographie: unpubliziert.

Seit dem Neuen Reich wurde der Djed-Pfeiler als
Rückgrat des Osiris interpretiert[1] und in verschiedenen Varianten anthropomorphisiert[2]: Er
erhält Kronen, Augen, Arme und Insignien an-
gefügt, er kann teilweise menschliche Gestalt
annehmen[3].
Dieses Amulett mit flacher Rückseite zeigt den
Djed-Pfeiler mit der Anedjti-Federkrone, vor
die eine kleine Sonnenscheibe gesetzt ist[4].

[1] Spruch 155 des Totenbuchs: Hornung, Totenbuch, 334 f.
[2] Amann, in: WdO 14, 1983, 46–62 mit zahlreichen Belegen.
[3] In dieser Form wird der Djed-Pfeiler häufig auf dem inneren Sargboden dargestellt, Amann, op. cit., Abb. 8–10.
[4] Petrie, Amulets, pl. 3, Nr. 35; pl. 4, Nr. 40.

64   Osiris

Bronze; Vollguß, Basis hohl
H. 28,5 cm (mit Zapfen 32,0 cm); B. 7,9 cm; T. 5,5 cm
3. Zwischenzeit, 1000–800 v. Chr.
Bibliographie: Katalog Entdeckungen, 135 f., Nr. 118.

Neben seiner Rolle als Jenseitsherrscher[1] ist
Osiris vor allem Fruchtbarkeits- und Vegetationsgott[2], was auch in der Farbgebung seiner
Haut zum Ausdruck kommt: Sie kann grün, die
Farbe der Jugend und Frische, des Wachstums
und Gedeihens, oder schwarz, die Farbe des
fruchtbaren Nilschlamms, getönt sein. Auch
alte Ernterituale wie das Erdaufhacken[3] oder
Aufrichten des Djed-Pfeilers[4], die mit Osiris
verbunden sind und dann mythisch ausgedeutet wurden, verweisen auf den Funktionsbereich der Fruchtbarkeit.

Die Figur zeigt Osiris über trapezförmiger Basis
mit geschlossenen Beinen stehend. Er ist vollständig von den Füßen bis zu den Schultern in
ein eng anliegendes Gewand gehüllt, aus dem
lediglich die Hände aus zwei senkrechten Schlitzen herausragen; die Unterarme und Ellenbogen zeichnen sich deutlich unter dem Gewand ab. Die beiden Hände liegen übereinander, die rechte hält den Wedel, die linke den
Krummstab. Um die Schultern liegt ein dreireihiger Halskragen, der im Nacken von einem Gegengewicht gehalten wird. Der geflochtene Götterbart sitzt ohne Bartband am Kinn, die Augen
waren ursprünglich eingelegt. Der Gott trägt
die Atefkrone, die oberägyptische Krone flankiert von Straußenfedern, die auf einem waagerechten Hörnerpaar sitzen.

Der kräftig modellierte Körper mit ausgepräg-
tem Gesäß ist ausgewogen proportioniert; das
Gesicht wirkt durch die großen Augen und
leichte Pausbäckigkeit sehr jugendlich[5].

1 Vgl. Kat. 84, 111.
2 LÄ IV, Sp. 628, s. v. »Osiris«.
3 LÄ I, Sp. 1261 ff., s. v. »Erdaufhacken«.
4 LÄ I, Sp. 1101, s. v. »Djed-Pfeiler«; vgl. auch Kat. 62, 63.
5 Auktionskatalog Sotheby's, New York, 29. 5. 1987, Nr. 34;
   Katalog Ägyptische Altertümer aus der Skulpturensammlung Dresden, Dresden 1977, Nr. 93.

65 Stier

Bronze, Silber, Niello; Vollguß, Basis hohl
H. 14,5 cm (mit Zapfen 16,3 cm); B. 5,3 cm; L. 16,5 cm
Spätzeit, 700–400 v. Chr.
Bibliographie: Auktionskatalog Münzen und Medaillen AG Basel, Auktion 46, 28. 4. 1972, Nr. 68; Erich Winter, Der Apiskult im Alten Ägypten, Mainz 1978, Abb. 14; Katalog Entdeckungen, 127 f., Nr. 110.

Die Gestalt des Stieres als Erscheinungsform des Göttlichen wird immer dann gewählt, wenn es gilt, die Fruchtbarkeit eines männlichen Gottes, seine Schöpfungskraft verkörpert in seiner Zeugungsfähigkeit darzustellen. So hat nicht nur der memphitische Schöpfergott Ptah im Apis-Stier seine *lebende Wiederholung* gefunden, auch andere Stiergottheiten repräsentieren den Aspekt der Fruchtbarkeit bestimmter Götter: Der Mnevis-Stier ist dem Sonnengott Re in Heliopolis, der Buchis-Stier dem ursprünglichen Lokalgott von Theben, Month, zugeordnet. Die Steigerung dieser Vorstellung findet sich in der Formulierung des Kamutef, *»Stier seiner Mutter«*[1], eines Beinamens der Götter Amun und Min[2], die in der Verbindung zu einer Göttin die eigene Wiedergeburt sicherstellen.

Der Apis-Stier ist als Garant der Fruchtbarkeit spätestens in der 1. Dynastie in ein Ritual eingebunden worden[3], das ihn gemeinsam mit dem König einen Lauf vollziehen läßt, der als »Umlauf des Apis« die Fruchtbarkeit der Felder und Rinderherden gewährleisten soll[4]. Der König ist später durch den Beinamen *starker Stier* weiterhin mit dem im Tier verkörperten Aspekt der Fruchtbarkeit verbunden.

Nach den Inschriften stellen die Stier-Bronzen der Spätzeit überwiegend den Apis-Stier dar.

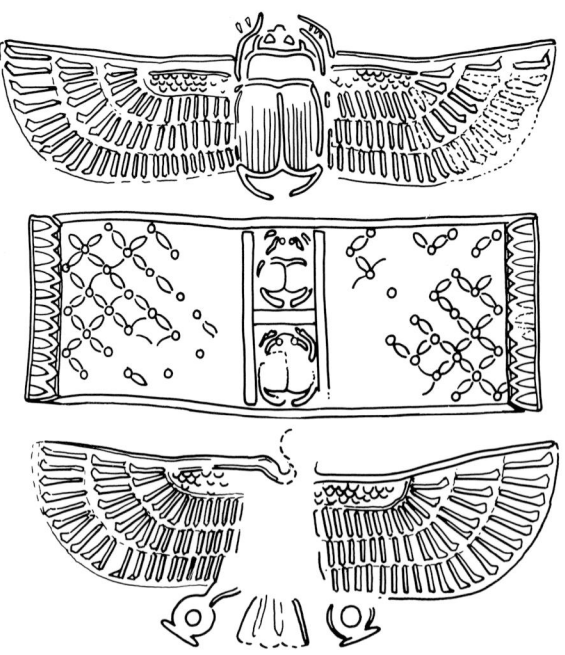

Sie zeigen stets denselben Typus: Das Tier setzt schreitend die beiden linken Beine vor und trägt eine Sonnenscheibe zwischen den Hörnern[5]. Die anderen Stiergottheiten zeigen entweder eine abweichende – stehende – Haltung oder tragen einen anderen Kopfputz[6].

Diese Stierfigur zählt zu den größten ihrer Art, die Details der Anatomie und Musterung des Fells sind sehr sorgfältig wiedergegeben, die stilistische Qualität ist ebenfalls außergewöhnlich. Der Stier steht in weiter Schrittstellung über einer längsrechteckigen Basis, mit der er durch zwei Zapfen unter dem linken Vorder- und rechten Hinterhuf verbunden ist. Die Spaltung der Hufe ist deutlich markiert, die am rechten Bein anliegende verdickte Quaste des Schwanzes ist durch vertikale Linien als Wiedergabe der Haarstruktur gegliedert. Phallus und Hoden sind groß und detailliert geformt. Die Sonnenscheibe zwischen den Hörnern ist nicht kreisrund, sondern leicht oval, der zum Teil frei davor gesetzte Leib der Uräusschlange weist eine Innenzeichnung auf; er setzt sich auf der Rückseite der Sonnenscheibe im Nacken des Stieres fort.

Die Augen sind in Silber und Niello eingelegt, über ihnen werden Hautfalten sichtbar. Die geblähten Nüstern sind vertieft, an der Innenseite der Ohren ist deren Behaarung wiedergegeben.

Für die Auswahl eines Apis-Stieres, die durch eine Priesterkommission erfolgte, gab es eine Liste von 29 Kriterien, zu denen auch die Musterung des Fells gehörte. Es hatte schwarz zu sein mit weißen Flecken in bestimmten Formen: Über der Stirn eine Blesse in Gestalt eines auf die Spitze gestellten Dreiecks, das bei dieser Figur in Silber eingelegt ist.

Den Hals umzieht ein fünfreihiger Halskragen, auf dem Rücken liegt eine Schabracke mit rautenförmigem Perlenmuster und zwei Skarabäen in der Mitte. Davor findet sich auf dem Widerrist ein geflügelter Skarabäus, dessen Flügel die Schultern des Stiers bedecken; über die Kruppe spannt ein Geier seine Schwingen aus[7] (vgl. Zeichnung).

Die Inschrift auf Vorder- und rechter Längsseite der Basis nennt den Stifter der Figur, Amen-nu-anet, Sohn des Djed-Hor, geboren von Neith-irdis, der sich von Apis eine lange Lebenszeit und ein schönes Alter wünscht.

1 LÄ III, Sp. 308 f., s.v. »Kamutef«.
2 Vgl. Kat. 11–18, 98.
3 Auf einem Rollsiegel der 1. Dynastie: Peter Kaplony, Die Inschriften der ägyptischen Frühzeit III, ÄA 8, 1963, Tf. 59, Nr. 211.
4 Eberhard Otto, Beiträge zur Geschichte der Stierkulte, UGAÄ 13, 1938, 11–14.
5 Vgl. Kat. 8.
6 Roeder, Bronzewerke, § 181. Eine der wenigen Ausnahmen: Lanzone, Dizionario, Tav. 55. Auf den Serapeums-Stelen erscheint sowohl der stehende wie auch der liegende Stier, Michel Malinine/Georges Posener/Jean Vercoutter, Catalogue des stèles du Sérapéum de Memphis, Paris 1968, pl. 24.
7 Roeder, Bronzewerke, 42; Katalog Die Ägyptische Sammlung der Universität Tübingen, Mainz 1981, 62 f.; Katalog Ägyptische Kunst im Liebieghaus, Frankfurt 1981, Nr. 41; Katalog So lebten die Alten Ägypter, Basel 1976/77, 45, Nr. 21.

Renenutet, die »Nährschlange«, ist der Inbegriff der Naturalversorgung. Als Fruchtbarkeitsgöttin hatte sie vor allem im Volksglauben große Bedeutung und wurde bei Erntezeremonien mit Opfern bedacht[1].
Schon in den Pyramidentexten als Uräus an der Stirn des Königs bezeichnet, erscheint sie überwiegend in Gestalt der Kobra wie in dieser kleinen Bronzefigur: Der Schlangenkörper ist auf einem Sockel in einer Achter-Schleife gelegt, über der das Schwanzende nach hinten läuft. Darüber bäumt sich der leicht zurückgeneigte Vorderleib und bläht sich zum typischen Erscheinungsbild der Kobra auf. Nur die Augen sind am Kopf plastisch angegeben[2].
Unter dem Vorderleib findet sich ein Stützsteg zur Basis, ebenso im Winkel zwischen Vorderleib und Körper. Die Rückenplatte des hohlen Sockels, der als Tiersarg verwendet wurde, fehlt[3].

66   Schlange

Bronze; Figur Vollguß, Basis hohl
H. 6,7 cm; B. 3,3 cm; L. 6,1 cm
Ptolemäer- bis Römerzeit, 3. Jh. v. – 2. Jh. n. Chr.
Bibliographie: unpubliziert.

1 LÄ V, Sp. 232 ff., s. v. »Renenutet«.
2 Vgl. Katalog Hildesheim 1973, 91, Nr. 353, Abb. 70; Roeder, Bronzefiguren, 388, § 519 e, 527 a, Abb. 564 f.
3 Zur Schlange als Erscheinungsform des Gottes Atum s. Kat. 53, 57.

67 Ka mit Opferplatte

Bronze; Vollguß
H. 11,5 cm; B. 14,4 cm; T. 8,8 cm
Spätzeit – Ptolemäerzeit, 2. Hälfte 1. Jtsd. v. Chr.
Bibliographie: unpubliziert.

Der Ka ist eine Lebenskraft, die der Mensch – auch der König – bei seiner Geburt erhält, mit der der Verstorbene auch über den Tod hinaus im Jenseits vereinigt sein will[1]. Weitergegeben wird der Ka durch die Götter, vor allem durch den Schöpfergott, was im Gott Nehebkau, *»der die Kas* (Plural) *verleiht«*, Gestalt angenommen hat[2].
Die Übertragung und Weitergabe der Ka-Kräfte wird vielleicht schon im Schriftzeichen des Ka, den nach oben geöffneten Armen, die auch eine Umarmung darstellen können, ausgedrückt. Ka ist gleichzeitig – wenn auch anders geschrieben – das altägyptische Wort für Stier, der seinerseits ebenfalls die Lebenskraft, verkörpert in männlicher Fruchtbarkeit, darstellt[3]. Konkreter kann der Ka für Nahrung und Opferspeisen stehen[4] und in dieser Eigenschaft an die Stelle der Speisen auf dem Opfertisch treten[5] oder die Funktion eines Opfertisches

übernehmen[6]. In dieser Bedeutung erscheint der Ka in einer bronzenen Gruppe, die bislang singulär ist: Auf einer flachen Basisplatte, die die Form der »hetep«-Hieroglyphe (⌐A⌐), also des Schriftzeichens für »Opfer; opfern« aufweist, sind zwei Gefäße, ein Opfertisch sowie die Personifikation des Ka in Menschengestalt zu einem Ensemble zusammengestellt. Die beiden Gefäße stehen außen auf dem Balken der etwa T-förmigen Platte und flankieren den Opfertisch, auf den der Ka zugeht. Dieser steht in Schrittstellung auf einer eigenen, längsrechteckigen Platte mit abgerundeten Ecken, die in eine entsprechende Vertiefung des kurzen Endes der großen Basis geschoben wurde.
Die Arme der männlichen Figur sind am Körper ausgestreckt, die linke Hand ist zur Faust geballt, die rechte liegt flach am Oberschenkel an. Der dreigeteilte plissierte Schurz wird von einem Gürtel gehalten; die dreiteilige Strähnenperücke endet auf dem Rücken in gleicher Höhe wie auf der Brust. Über der Stirn sitzt die Uräusschlange, am Kinn ein Bart, der als Götterbart zu benennen ist, auch wenn er nicht aufgerollt ist – die Querstreifung und die nach unten schmäler werdende Form sind eindeutig. Auf dem Kopf schließlich findet sich die Ka-

Hieroglyphe, die beiden parallel zueinander nach oben ausgestreckten Arme.

Die beiden außen stehenden Gefäße zeigen dieselbe Form, einen kugeligen Körper mit langem, nach oben ausschwingendem Hals und scheibenförmiger Lippe. Sie sind, ebenso wie der Opfertisch, massiv gegossen. Letzterer ist rund und ruht auf einem ebensolchen niedrigen Untersatz; auf ihm befinden sich vier Opfergaben, jeweils paarig gegenüberstehend: zwei hohe Spitzbrote und zwei niedrige Stapel von je drei Rundbroten oder Kuchen. So sind in dieser Gruppe die Grundbedürfnisse menschlichen Lebens, Wasser und Brot, zusammengestellt. Die Flachheit der Basisplatte läßt darauf schließen, daß die Gruppe als Teil eines Ensembles in einen größeren Sockel eingelassen war.

Einzelformen vor allem der Götterfigur sind eher summarisch – wie etwa die Hände oder Füße, an denen Finger und Zehen lediglich durch Ritzungen getrennt sind – oder nachlässig – Plissee des Schurzes – angegeben. Der Reiz der Gruppe liegt daher nicht in ihrer eher bescheidenen künstlerischen Qualität, sondern im Motiv: Während zweidimensionale Darstellungen des Ka in der Götterwelt[7] und beim König[8] oft belegt sind, bleiben rundplastische Ausführungen die Ausnahme[9].

1 LÄ III, Sp. 275 ff., s.v. »Ka«; Liselotte Greven, Der Ka in Theologie und Königskult der Ägypter des Alten Reiches, ÄF 17, 1952; Ursula Schweitzer, Das Wesen des Ka im Diesseits und Jenseits der Alten Ägypter, ÄF 19, 1956.
2 Vgl. Kat. 58, 59.
3 Vgl. Kat. 65.
4 LÄ III, Sp. 275 mit Anm. 6.
5 Bonnet, RÄRG, 361, Abb. 87.
6 Norman de Garis Davies, The Tomb of Two Sculptors at Thebes, New York 1925, pl. 27; id., Two Ramesside Tombs at Thebes, New York 1927, pl. 5.
7 Z.B. bei der Geburt des Gottkindes: Emile Chassinat, Le Mammisi d'Edfou, Le Caire 1939, pl. 13.
8 Z.B. Amenophis III. im Luxor-Tempel: Hellmut Brunner, Die südlichen Räume des Tempels von Luxor, AV 18, 1977, Tf. 9, 11–13, 15, 16, 19, 23, 24, 27.
9 Am bekanntesten die Holzstatue aus dem Grab des Königs Hor: Katalog Kairo 1986, Nr. 117. Die als »Ka-Statuen« interpretierten Doppelstatuen von Privatleuten sind nicht direkt zu vergleichen, da sie rein menschlich, d.h. ohne Götteremblem und ohne entsprechende Benennung bleiben.

68 Isis mit Kind

Fayence
H. 14,0 cm; B. 3,6 cm; T. 5,7 cm
Spätzeit – frühe Ptolemäerzeit, 400–300 v. Chr.
Bibliographie: Auktionskatalog Christie's, 11. 7. 1984, Nr. 177; Katalog Entdeckungen, 156 f., Nr. 138.

Der Bildtypus der »stillenden Gottesmutter«[1] als Inbegriff der Mutterschaft ist im formalen Aufbau der thronenden Göttin mit dem nackten Götterkind auf dem Schoß seit der Dritten Zwischenzeit[2] geläufig und in der Spätzeit mit verschiedenen Muttergottheiten besetzt worden[3]. Seine Vorläufer finden sich in kleinen Bronzefiguren des Mittleren Reiches[4] und gehen in der Konstellation Göttin – König[5] bzw. Königsmutter – Königskind[6] bis ins Alte Reich zurück.

Die Göttin sitzt auf einem kubischen Thron, der seitlich mit einem Federmuster und hinten mit dem Motiv der »Vereinigung der beiden Länder« dekoriert ist. Auf ihrem Schoß sitzt ein nacktes Kind mit Jugendzopf und Uräusschlange, am Hinterkopf von ihrer linken Hand gestützt; ihre rechte Hand ist zu ihrer linken Brust geführt. Die Göttin trägt ein langes Gewand sowie einen zweireihigen Halskragen; auf der Strähnenperücke trägt sie den Thronsitz, das Schriftzeichen der Göttin Isis.

Das überaus fein gearbeitete Stück ist aufgrund stilistischer Kriterien – Weichheit der Körperformen, hoch angesetzter üppiger Busen – sowie der Farbe der Fayence in die frühe Ptolemäerzeit zu datieren[7].

1 Hans Wolfgang Müller, Die stillende Gottesmutter in Ägypten, Materia Medica Nordmark, 2. Sonderheft 1963.
2 Müller, in: Bulletin de la Société d'Egyptologie Genève, 1984–85, 213 ff.
3 Vgl. Kat. 38 (Hededet), 110 (Nehemet-await).
4 Katalog Berlin 1967, 37, Nr. 316 (Abb.); Katalog Ancient Egyptian Art in the Brooklyn Museum, New York 1989, Nr. 25.
5 Ludwig Borchardt, Das Grabdenkmal des Königs Sahu-Re, Band II, Leipzig 1913, Bl. 18.
6 Katalog Brooklyn, op. cit., Nr. 15.
7 Zwei enge Parallelen zeigen die Geierhaube über der Perücke der Göttin: Auktionskatalog Sotheby's, Monaco, 5. 12. 1987, 54 f., Nr. 81; Paris, Louvre E 3503: Müller, op. cit., 9, Abb. 2.

69 Muttersau

Fayence
H. 2,0 cm; B. 0,9 cm; T. 3,1 cm
3. Zwischenzeit, 1000–800 v. Chr.
Bibliographie: Auktionskatalog Christie's, London,
12. 12. 1989, Nr. 158.

Die Bewertung des Schweines war in Ägypten sehr unterschiedlich: Während im sakralen Bereich der Genuß von Schweinefleisch teilweise verpönt war[1], wurde das Schwein im Alltag als Fleischlieferant geschätzt[2]. Ähnlich dem Nilpferd war auch seine Rolle im religiösen Kontext ambivalent: Wie jenes war es als Tier des Götterfeindes Seth – in männlicher Zuordnung also – geächtet, während es auf weiblicher Seite, auch hierin dem Nilpferd vergleichbar, mit Muttergottheiten in Verbindung gebracht wurde[3]. Neben der Himmelsgöttin Nut, die als Muttersau ihre Ferkel – die Sterne – verschlingt, um sie neu zu gebären[4], kann auch Isis die Gestalt eines Schweines annehmen und als »die weiße Sau« bezeichnet werden[5].

Das kleine Amulett zeigt eine Sau auf längsrechteckiger Basis mit den typischen Körperformen des ägyptischen Schweines: schlank, hoch-beinig, schmaler Kopf mit Stehohren und langem Rüssel[6]. Das Tier hält den Kopf gesenkt, der Rüssel ragt über die Basisplatte hinaus. Vier Einkerbungen an der Unterseite kennzeichnen die Zitzen, das Schwänzchen liegt eng an. Kopf und Beine sind frei gearbeitet, auf dem Rücken sitzt eine längs durchbohrte Öse. Amulette in Gestalt der Muttersau waren vor allem in der Spätzeit als Glücksbringer beliebt[7], zuweilen sind sogar die Ferkel zwischen den Beinen ihrer Mutter dargestellt[8]. Eine Inschrift an der Unterseite der Basisplatte bestätigt bei einigen dieser Amulette die Zuordnung des Mutterschweins zur Göttin Isis[9].

1 Bonnet, RÄRG, 690; LÄ V, Sp. 762 ff., s. v. »Schwein«.
2 Joachim Boessneck, Die Tierwelt des Alten Ägypten, München 1988, 76–78.
3 Vgl. Kat. 54, 70–73. Zur Beziehung zwischen weiblichem Nilpferd und Sau Jan Bergmann, Isis auf der Sau, From the Gustavianum Collections in Uppsala, Uppsala 1974, 81–109, bes. 92 ff.
4 Bonnet, RÄRG, 537, 691; LÄ V, 764 mit Anm. 31.
5 LÄ III, Sp. 191, s. v. »Isis«.
6 Boessneck, op. cit., 77.
7 Newberry, in: JEA 14, 1928, 211 ff., pl. 18.3; Katalog Frankfurt 1990, Nr. 295, 296 (mit weiteren Belegen); Reisner, Amulets I, pl. 20, CG 12286–12298.
8 Reisner, op. cit., pl. 20, CG 12299.
9 Reisner, Amulets II, pl. 2, CG 12570.

70 Nilpferdköpfige Schwangere

Fayence
H. 11,3 cm; B. 3,0 cm; T. 3,3 cm
Neues Reich, Ramessidenzeit, 1300–1200 v. Chr.
Bibliographie: unpubliziert.

Nilpferd, Krokodil und Löwe, die drei gefährlichsten Tiere des altägyptischen Lebensraumes, sind in der Gestalt der Nilpferdgöttin zusammengefaßt und vermenschlicht worden: Die aufrecht stehende Gestalt einer schwangeren Frau mit hängenden Brüsten hat den Kopf eines Nilpferdes, die Rückseite des Körpers ist von einem Krokodilsschwanz bedeckt, die unteren Gliedmaßen sind die eines Löwen; oft enden die menschlichen Arme in Löwentatzen[1]. Unter den Armen oder vor dem Körper hält sie die Sa-Schleife, die Hieroglyphe für Schutz.

Die Nilpferdgöttin beschützt die Frauen während Schwangerschaft und Geburt, woran sich ihre Aufgaben als Amme und Ernährerin anschließen[2]. Ihr männlicher Gegenpart ist der zwergengestaltige Gott Bes[3], mit dem sie gemeinsam in der Dekoration von Gegenständen aus dem weiblichen Umfeld erscheint[4]. Während in Kulttopographie und textlichen Quellen zwischen mehreren Nilpferdgöttinnen unterschieden wird, sind sie ikonographisch nicht voneinander zu trennen: Ipet, Reret, Hedjet und Thoeris zeigen alle die oben beschriebene Mischgestalt[5].

Die Figur einer Nilpferdgöttin steht in Schrittstellung auf einem trapezförmigen Sockel mit konvexer Vorderkante. Ein niedriger Grat vor den Füßen sowie eine Fehlstelle am Unterleib sind die Ansatzstellen des heute verlorenen Sa-Zeichens. Die menschlichen Arme und Hände sind leicht nach vorn genommen und liegen auf den mächtigen Oberschenkeln, die in Löwentatzen enden. Der große Nilpferdkopf ist im hinteren Teil von einer Perücke bedeckt, die in der Vorderansicht lediglich in zwei dünnen Strähnen sichtbar wird. Zwischen ihnen liegt ein zweireihiger Halskragen, unter ihnen setzen die Brüste an, die nur leicht plastisch angedeutet sind und in spitzer Dreiecksform bis zur Taille herabreichen. Vom Bauchnabel zieht eine senkrechte Linie bis zum Halskragen. Unterhalb der Perücke setzt im Rücken ein breiter Krokodilsschwanz an, der mit seiner Spitze bis in die Basisplatte eingreift. Der Kopf ist mit hervortretenden Brauenwülsten und gebleckten Zähnen, zwischen denen sich vorn die Zungenspitze hervorschiebt, sehr plastisch gearbeitet. Auf dem Scheitel sitzt ein abgebrochener Sporn zur Aufnahme eines Kopfputzes[6].

---

1 Katalog Nofret I, Nr. 10.
2 Bonnet, RÄRG, 530 ff.
3 Vgl. Kat. 75–78.
4 Z.B. auf den Lehnen des Sessels der Sat-Amun, Katalog Ramses le Grand, Paris 1970, 60–67; auf den Zauberstäben des Mittleren Reiches: Hartwig Altenmüller, Die Apotropaia I, München 1965, 148 ff.; Katalog Nofret I, Nr. 8.
5 LÄ IV, Sp. 503, s. v. »Nilpferd«; LÄ III, Sp. 172 ff., s. v. »Ipet«; LÄ V, Sp. 243 f., s. v. »Reret«; LÄ VI, Sp. 494 ff., s. v. »Thoeris«.
6 Die Nilpferdgöttin trägt entweder die Doppelfederkrone oder das Kuhgehörn mit Sonnenscheibe, die sie von Hathor übernommen hat; häufig auch beides: Daressy, Statues, pl. 5, CG 39147, 39149; Petrie, Amulets, pl. 40, Nr. 236 q, r.

71 Thoeris-Amulett

Fayence
H. 7,7 cm; B. 2,0 cm; T. 2,7 cm
Spätzeit, 700–400 v. Chr.
Bibliographie: unpubliziert.

Die schwangere Nilpferdgöttin steht in weiter Schrittstellung auf einer rechteckigen Basisplatte. Unter der Strähnenperücke setzt auf dem Rücken ein breiter Krokodilsschwanz an, der, der Bewegung des zurückgesetzten rechten Löwenbeins folgend, nicht in senkrechter Linie, sondern leicht nach außen gestellt bis zur hinteren Kante der Basis läuft. Er ist durch eine mittig verlaufende, plastische Rückgratlinie sowie ein diagonal gesetztes Schachbrett-(Schuppen-)Muster sehr detailliert gegliedert. Die menschlichen Arme sind etwas nach vorn genommen und liegen am Leib an. Die schlauchförmigen Brüste mit Brustwarzen sind plastisch geformt.

Überaus realistisch ist der Nilpferdkopf gebildet, die Tierohren liegen vor der Perücke. Das weit aufgerissene Maul ist durchbrochen gearbeitet, zwischen den gewaltigen Eckhauern liegt vorn die Zungenspitze. An der Stelle eines Kopfputzes sitzt auf dem Scheitel eine breite, quer durchbohrte und geriefelte Öse[1]. Bei dieser Figur läßt das aufgerissene Maul mit den bedrohlichen Hauern noch die Gefährlichkeit des Nilpferds erahnen, auf der die Schutzwirkung der Göttin beruht, während in anderen Darstellungen eher ein friedvoller Wesenszug unterstrichen wird[2].

[1] Ähnlich Petrie, Amulets, pl. 40, Nr. 236.
[2] So etwa bei Kat. 70, wo durch gänzlich andere Proportionen – übergroßer Kopf, schmächtige Ärmchen – das Groteske der Mischgestalt betont wird, auf der ebenfalls, wie bei dem Gott Bes, ein Teil der apotropäischen Wirkung der Nilpferdgöttin beruht.

72 Thoeris-Figur

Jaspis
H. 3,5 cm; B. 1,7 cm; D. 0,4 cm
Neues Reich, 18. Dynastie, 1350–1330 v. Chr.
Bibliographie: unpubliziert.

Die nach links blickende Figur einer stehenden Nilpferdgöttin ist auf der Rückseite flach, wurde also möglicherweise als Einlage verwendet[1]. Auf der Vorderseite wurden die Einzelheiten eher flüchtig in versenktem Relief eingeritzt. Auf einer schmalen Standfläche steht Thoeris (oder eine andere Göttin in Nilpferdgestalt) mit geschlossenen Beinen, da in der Linksansicht nur ein Bein zu sehen ist. Der menschliche Arm ist über den schwangeren Leib nach vorn geführt, die Hand liegt auf der *Sa*-Hieroglyphe, dem Schriftzeichen für »*Schutz*«, auf. Die Strähnenperücke geht auf dem Rücken nahtlos

in den schräg gerippten Krokodilsschwanz über, eine schlauchförmige Brust reicht bis zur Hand hinab. Der leicht erhobene Kopf zeigt gebleckte Zähne, das große, dreieckige Ohr reicht bis zum Hinterkopf. Interessanterweise haben sich gerade in Amarna eine ganze Reihe von Amuletten, Einlagen, Kettengliedern sowie Modeln in Gestalt der Thoeris und des Bes gefunden[2]. Eine kleine Stele mit zwei Betern vor der Nilpferdgöttin zeigt, daß die Bevölkerung von Amarna nicht auf den Schutz dieser populären Gottheit verzichten wollte[3].

[1] Einseitig gearbeitete Amulette bzw. Einlagen der Nilpferdgöttin Petrie, Amulets, pl. 40, Nr. 236 e–l.
[2] William M. Flinders Petrie, Tell el Amarna, London 1894, pl. 17, Nr. 185–291, 295–299.
[3] Eric Peet/Leonard Woolley, The City of Akhenaten I, EEF 38, 1923, pl. 12.2.

73 Nilpferdgöttin

weißes Glas
H. 4,3 cm; B. 1,9 cm; T. 2,0 cm
Neues Reich, Ramessidenzeit, 1300–1100 v. Chr.
Bibliographie: Katalog Entdeckungen, 90, 92, Nr. 73.

Hedjet, »*die Weiße*«, wird die Nilpferdgöttin häufig genannt, ohne Festlegung auf einen bestimmten Namen wie Thoeris oder Ipet. Weiß ist wie Schwarz die Farbe heiliger Tiere, neben dem Nilpferd gibt es etwa den »Großen Weißen«, einen Pavian, die Weiße Kuh der Hesat, einen Weißen Stier des Month[1]. Weiß, eigentlich eine Nicht-Farbe, bildet damit zusammen mit Schwarz, das gleichfalls auserwählte Tiere kennzeichnet (Schakal, Stier)[2], ein kontrastierendes und sich dadurch ergänzendes Paar.

Die Statuette einer Nilpferdgöttin aus weißem Glas ist in Höhe der Oberschenkel gebrochen. Die an den schwangeren Leib gelegten menschlichen Arme gehen in Löwentatzen über. Sie lagen ursprünglich auf der Hieroglyphe »*Sa*« = Schutz, die heute fehlt; die Bruchstellen unter den Tatzen sind sorgfältig abgearbeitet.

Der Nilpferdkopf ist von einer Perücke bedeckt, deren schmale Strähnen vorn auf den großen Brüsten liegen. Diese ziehen sich bis fast zur Taille herab und sind mitsamt den Brustwarzen sehr fein modelliert. Im Rücken setzt unterhalb der Perücke ein breiter Krokodilsschwanz an. Er verjüngt sich nach unten nur wenig und ist durch ein Fischgrätmuster gegliedert. Der Kopf ist leicht angehoben; im geöffneten Maul sind die Zähne einzeln wiedergegeben, zwischen die vorn die Zunge geschoben ist. Augen, Nasenlöcher und Mundwinkel sind gebohrt; die Ansatzstelle eines heute fehlenden Kopfputzes auf dem Scheitel ist geglättet. Die kleine Figur der Nilpferdgöttin ist überaus sorgfältig gearbeitet und fein modelliert[3]. Diese Qualität machte sie bereits in der Antike zu einem wertvollen Besitz: Nach einer Beschädigung des Kopfputzes und dem Abbrechen des unteren Teils wurden alle Bruchstellen bearbeitet und das Stück weiterverwendet.

[1] LÄ II, Sp. 123, s. v. »Farben«.
[2] Vgl. Kat. 20 mit Anm. 5.
[3] Vgl. Auktionskatalog Münzen und Medaillen AG Basel, Kat. 59, 16. 6. 1981, Nr. 92.

74 Froschfigur

Bergkristall
H. 4,3 cm; B. 4,7 cm; T. 9,7 cm
Frühzeit, Anfang 3. Jtsd. v. Chr.
Bibliographie: unpubliziert.

Ihr Funktionsbereich ist klar definiert, ihre Zuweisung an bestimmte Gottheiten hat weiten Spielraum. Die Frösche sind Garanten beständig neu entstehenden Lebens. Die männlichen Mitglieder der Achtheit von Hermopolis werden nicht selten als froschköpfige Wesen abgebildet[1], an Opferbecken und Opferplatten hocken Frösche als Wesen des Urozeans[2], des Nun; in dieser Funktion erscheinen sie, wenn auch genrehaft verfremdet, in den Darstellungen des Papyrusdickichts[3], und die zahllosen Froschamulette[4] sind zweifellos in den gleichen Funktionszusammenhang zu stellen.
Göttliche Eigenpersönlichkeit nimmt die Froschgestalt in der Göttin Heket an, die als Geburtshelferin in den Darstellungen der Geburtslegende abgebildet und genannt ist[5], und vielleicht ist Heket auch der Frosch, der im Mittleren Reich auf den Zaubermessern abgebildet wird[6].
Der Bergkristallfrosch gehört formal und stilistisch zur reich belegten Gruppe der frühzeitlichen Froschdarstellungen, die meist aus Fayence gefertigt[7], aber auch in geradezu monumentaler Größe als Steinskulptur belegt sind[8]. Ein stilistisch vergleichbares Stück[9] ist aus dem gleichen Material, aus Bergkristall, hergestellt. In kaum einer anderen Gruppe von Tierdarstellungen zeigt die ägyptische Kunst so extrem wie hier ihre Fähigkeit zur formalen Abstraktion, zur Beschränkung auf das absolut Wesentliche.

1 Belege bei Günther Roeder, Hermopolis 1929–1939, Hildesheim 1959, 172.
2 Vg. Kat. 133 und Vivian A. Hibbs, The Mendes Maze, New York/London 1985, 238, s. v. »frog«.
3 Im Alten Reich z. B. bei Mereruka und Kagemni.
4 Katalog Gläser der Antike, Sammlung Erwin Oppenländer, Mainz 1974, 42; Katalog Entdeckungen, 89 f., Nr. 72.
5 Hellmut Brunner, Die Geburt des Gottkönigs, ÄA 10, 1964, 83; François Daumas, Les mammisis du temples égyptiens, Paris 1958, 472 ff.
6 Hartwig Altenmüller, Die Apotropaia und die Götter Mittelägyptens, München 1965, 169 f.; Katalog Berlin 1991, 66 f., Nr. 43.
7 Hans Wolfgang Müller, Ägyptische Kunstwerke, Kleinfunde und Glas in der Sammlung E. und M. Kofler-Truninger, Luzern, MÄS 5, 1964, 15–18; Günther Dreyer, Elephantine VIII. Der Tempel der Satet, AV 39, 1986, 75, 115, Tf. 32.
8 Dietrich Wildung, Die Kunst des alten Ägypten, Freiburg 1988, Tf. 4 (Cleveland Museum of Art).
9 Katalog München 1976, 38 (ÄS 5567).

75 Bes-Figur

Fayence
H. 7,6 cm; B. 2,5 cm; T. 1,6 cm
Spätzeit – Römerzeit, 2. Hälfte 1. Jtsd. v. Chr.
Bibliographie: unpubliziert.

Die männliche Entsprechung zur Nilpferdgöttin Thoeris[1] ist der zwergengestaltige Gott Bes: Mit ihr zusammen beschützt er die Geburt, wie sie ist seine Mischgestalt aus verschiedenen Ele-

menten zusammengesetzt, wie Thoeris zählt auch Bes nicht zu den »großen« Göttern Ägyptens, sondern zu den populären Schutzgottheiten, die im Volksglauben eine wichtige Rolle spielten[2]. Wie am Königshof Tanzzwerge geschätzt waren[3], gehört Bes zum Gefolge der Hathor, wird er zum »Hofnarr« der Göttin, wenn er mit Leier und Tamburin aufspielt und durch seine Tänze die Wildheit der zur grimmigen Löwin gewordenen Hathor besänftigt und sie aus der Ferne heimholt[4].

Der nackte Zwerg steht mit gekrümmten Stummelbeinen auf einer trapezförmigen Basis. Ein sich nach unten verbreiternder Tierschwanz setzt zwischen den frei gearbeiteten Beinen auf der Basis auf. Die Hände sind auf die seitlich weit ausladenden Oberschenkel gelegt, der Bauch ist kugelförmig nach vorn gedrückt. Der Kopf sitzt halslos tief zwischen den Schultern, eine Perücke bedeckt den Hinterkopf und reicht mit einem zipfelartigen Mittelteil bis zu den Schulterblättern. Das Gesicht mit Stirn- und Brauenwülsten, tief in den Höhlen liegenden Augen, breiter Nase und verschobenen Lippen wird halbkreisförmig von einem Vollbart gerahmt; in seiner grotesken Fratze ist es eher ein Tiergesicht mit menschlichen Elementen, wozu auch die tief angesetzten Ohren gut passen. Auf dem Kopf sitzt ein nach oben breiter werdender Federnschmuck, dessen Fiederung nur auf der Vorderseite angegeben ist. Am oberen Abschluß zeigt er eine Durchbohrung durch fünf Löcher, die vielleicht noch eine Verzierung aus andersartigem Material enthielten. In den ebenfalls durchbohrten Ohren waren möglicherweise Ohrringe aus Metall befestigt.

[1] Vgl. Kat. 70–73.
[2] LÄ I, Sp. 720 ff., s. v. »Bes«.
[3] Zur Wertschätzung des Zwerges vgl. den Brief Pepis II. an Herchuf: Walther Wolf, Kulturgeschichte des Alten Ägypten, Stuttgart 1962, 117; Zur Stellung der Zwerge im Alten Reich Hermann Junker, Giza V, Wien/Leipzig 1941, 7 ff.
[4] Hermann Junker, Der Auszug der Hathor-Tefnut aus Nubien, Berlin 1911, 86; vgl. Kat. 96, 107, 108.

76 Bes-Amulett

Fayence
H. 9,2 cm; B. 4,8 cm
Spätzeit, 26./27. Dynastie, 650–400 v. Chr.
Bibliographie: Auktionskatalog Sotheby's, New York,
30. 5. 1986, Nr. 82

Die apotropäische Wirkung des Bes beruht auf
seiner grotesken Gestalt, wobei das fratzenhafte
Gesicht als pars pro toto dienen kann. Diese
komprimierte Erscheinungsform des Gottes,
bestehend aus Kopf mit Federkrone, wurde in
der griechisch-römischen Zeit zur Dekoration
eines besonderen Gefäßtypes verwendet[1]. Der
kugelige Körper der Bes-Gefäße ist mit drei Göt-
terköpfen geschmückt, die als Applique separat
gearbeitet und in einer Längskrümmung der
Wölbung des Gefäßes angepaßt sind[2]. Daneben gibt es als Amulett verwendete Stücke,
die gerade sind und hinten eine Öse aufweisen[3].
In letztere Gruppe gehört dieser Bes-Kopf, dessen Gesicht um einen halbkreisförmigen, glatten Schulteransatz verlängert ist. Die Federkrone erhebt sich über einem schmalen, rechteckigen Untersatz; auf der Rückseite wird sie
von einem kräftigen senkrechten Steg gestützt,
der in der Mitte quer durchbohrt ist. Hals und
Schultern sind weitgehend bedeckt von den
unten eingerollten Locken eines Vollbartes, die
Kinn und Mund aussparen. Zwischen den auf-
geworfenen Lippen des weit vorspringenden
Mundes wird eine Zahnreihe sichtbar. An der
Wurzel der breiten, platt gedrückten Nase sitzt
eine Doppelfalte, von den Nasenflügeln ziehen
sich die Nasolabialfalten in weiter S-Linie über
die Wangen, einem Schnurrbart vergleichbar.
Über der Nasenwurzel setzen wulstige Brauenbögen an, die zu den Schläfen spitz auslaufen.
Die Fläche zwischen ihnen und den weit aufge-
rissenen Augen ist von drei Oberlidfalten ausgefüllt. Die abstehenden Tierohren setzen unterhalb der Schläfe an. Der Kopfputz besteht
aus fünf symmetrisch angeordneten Federn mit
feiner Innenzeichnung.
Zwischen den einzelnen Bartzotteln sind Reste

einer weißlichen Pasteneinlage erhalten. Die
starke Ornamentalisierung von Bartlocken und
Gesichtsfalten sowie die Plastizität der Brauenwülste gehören stilistisch in das Umfeld der Per-
serzeit (27. Dynastie)[4].

[1] Nur der Kopf des Gottes Bes erscheint auch auf den Horus-
Stelen über dem jugendlichen Gott, z. B. Katalog Nofret I,
32 f., Nr. 11.
[2] Katalog Kleopatra, 277, Nr. 113; Auktionskatalog Galerie
Nefer 8, Zürich 1990, Nr. 44.
[3] Petrie, Amulets, pl. 34, Nr. 190 k; Reisner, Amulets II, pl. 3,
CG 12643, 12645, 12646 (diese ohne Öse).
[3] James F. Romano, The Bes-Image in Pharaonic Egypt, Ann
Arbor 1990 (Univ. Microfilms Intern.), 798 ff., Cat.no. 277;
Auktionskatalog Münzen und Medaillen AG Basel, Auktion
59, 16. 6. 1981, Nr. 90, 113; Parke-Bernet Galleries, New
York, 4./5. 11. 1966, Nr. 201. Stilistisch vergleichbar ist die
Wiedergabe der Hautfalten bei zeitgleichen Löwenfiguren:
Katalog Schönheit – Abglanz der Göttlichkeit, SAS 4, 1990,
156, Nr. 157.

77 Doppelseitiger Bes

Fayence
H. 5,2 cm; B. 2,7 cm; T. 1,7 cm
Spätzeit, 25. Dynastie, 770–650 v. Chr.
Bibliographie: unpubliziert.

Wurde die Gestalt des Bes in zahlreichen Amuletten auf Kopf mit Federkrone reduziert[1],
konnte sie andererseits zur Erhöhung der apotropäischen Wirkung verdoppelt werden, indem zwei identische, nur auf einer Seite plastisch ausgeführten Bes-Figuren Rücken an
Rücken aneinandergesetzt werden. Diese Ver-
doppelung konnte gesteigert werden zu einem
Vierfach-Bes, bei dem vier jeweils nach außen
blickende Zwerggötter unter einer gemeinsamen Federkrone zusammengefaßt wurden[2].

Die Doppelfigur des Bes besteht aus zwei gleichen Bes-Amuletten, die auf der Rückseite glatt
gearbeitet sind und paßgenau aneinandergesetzt wurden. Der Gott steht jeweils auf einer
querrechteckigen Basisplatte, zwischen den
Stummelbeinen setzt ein Tierschwanz auf der
Basisplatte auf. Die Hände sind auf die stark
gekrümmten Oberschenkel gestützt. Der breite
Kopf sitzt halslos auf den Schultern, wobei der
eigentliche Kopf nur die tiefen Augenhöhlen
und die flache Nase aufnimmt; Mund und Bart
sitzen in Brust- und Taillenhöhe direkt über

der großen Vertiefung des Bauchnabels. Über
den Brauenwülsten gliedern sechs senkrechte
Linien die Stirn; die großen Ohren sind als
Ösen durchbohrt. Der Kopfputz besteht aus
vier Federn über einem schmalen Untersatz.
Doppelseitige Bes-Figuren dieser stark schema-
tisierten Art sind auch aus archäologischem
Kontext in Nubien bekannt und in das Umfeld der 25. Dynastie zu datieren[3], sie waren
auch in Ägypten verbreitet[4] und wurden häufig
exportiert[5].

1 Vgl. Kat. 76.
2 Petrie, Amulets, pl. 34, Nr. 189 j. Eine inhaltlich vergleichbare, formal jedoch andere Lösung liegt vor in den Götterfiguren mit vier Köpfen, häufig z. B. auf Kopfscheiben: Jean
  Leclant (Hg.), Ägypten, 3. Band, Spätzeit und Hellenismus,
  München 1981, 222, Abb. 212.
3 Griffith, in: AAA 10, 1923, pl. 55.11.
4 Katalog Maria Mogensen, La collection égyptienne de la
  Glyptothèque Ny Carlsberg, Copenhague 1930, pl. 34, A
  188; Katalog Grenoble, Museé des Beaux-Arts, Collection
  égyptienne, Paris 1979, 126, Nr. 154.
5 Günter Hölbl, Ägyptisches Kulturgut auf den Inseln Malta
  und Gozo in phönizischer und punischer Zeit, Wien 1989,
  54, Tf. 5.

78 Bes

Glas
H. 4,9 cm; B. 3,3 cm; T. 3,0 cm
Neues Reich, Ramessidenzeit, 1300–1100 v. Chr.
Bibliographie: unpubliziert.

Das Fratzenhafte des Bes-Kopfes wird oft durch die herausgestreckte Zunge verstärkt[1], um die unheilabwehrende Wirkung zu erhöhen. Seine frontale Darstellung in Tempelreliefs zielt in dieselbe Richtung und stellt eine Besonderheit innerhalb der Flachbildkunst dar, die sonst Gesichter stets im Profil zeigt. Wenige Ausnahmen zeigen in thebanischen Gräbern Tänzerinnen oder Musikantinnen en face[2]; auch Ausländer können frontal wiedergegeben werden[3]. Dem Fremden und Bedrohlichen wird durch diese Abweichung von den Normen des Flachreliefs Rechnung getragen, in der Figur des Gottes Bes wird diese Bedrohung zugunsten des Menschen gegen das Böse eingesetzt[4].

In dieser Statuette ist das apotropäische Motiv der herausgestreckten Zunge zu einer harmlosen Handlung umgedeutet worden: Der zwergengestaltige Gott hockt mit eng an den Körper gezogenen Beinen auf einer nahezu quadratischen Basisplatte und führt mit beiden Händen einen Napf zum Mund, aus dem er mit weit heraushängender Zunge schlabbert. Ein stilisierter Bart umzieht halskragengleich das Gesicht; zwei lange Schnurrbarthaare ziehen sich wie eine Perlenkette zu zwei volutenartig eingedrehten Haarlocken, die die Position der Ohren einnehmen[5]. Diese Figur des Gottes Bes ist nicht nur wegen der ungewöhnlichen Haltung, der originellen Gestaltung des Gesichtes und der handwerklichen Perfektion ein kleines Kunstwerk, sondern auch wegen des in dieser Zeit noch seltenen und kostbaren Materials Glas.

1 Katalog Nofret I, 42 f., Nr. 17.
2 Z. B. Thomas G. H. James/W. Vivian Davies, Egyptian Sculpture in the British Museum, London 1983, 31, fig. 35.
3 Gefallene in der Schlacht: z. B. auf der Truhe des Tutanchamun, Christiane Desroches-Noblecourt, Tut-ench-Amun, Frankfurt/Berlin 1963, Tf. 17.
4 Auch die Göttin Hathor kann in ihrer Erscheinungsform als Pfeiler en face gezeigt werden, vgl. Kat. 1, 91, 92.
5 Eine Parallele in Bronze: Katalog Oxford ²1988, 53, Nr. 39.

79 Thoth in Tiergestalten

Bronze, Gold, Glas; Vollguß, Basis hohl
H. 9,5 cm; B. 5,7 cm; T. 11,7 cm
Ptolemäerzeit, 3.–2. Jh. v. Chr.
Bibliographie: Wildung, in: MJbK, 34, 1983, 208 f.

Drei Tiere sind in dieser Figurengruppe zusammengefaßt: Auf einer längsrechteckigen Basis hockt ein Ibis, vor ihm sitzen, einander zugewandt, zwei Paviane. Zwischen ihnen befindet sich ein rechteckiges Loch in der Oberseite des Sockels, in das ursprünglich eine weitere Figur eingezapft war. Mit Ausnahme dieser verlorenen Mittelfigur ist die ganze Gruppe massiv in einem Stück gegossen, lediglich der Sockel ist hohl.

Trotz ihrer Kleinheit sind die Tierfiguren sehr detailliert gearbeitet: Die Augen des Vogels sind in schwarzem Glas eingelegt und von einer Goldumrahmung gefaßt. Die Flügel sind plastisch abgesetzt, die Schwanzfedern in kleinteiliger Fiederung angegeben. Ein Schuppenmuster gibt die Hautstruktur der Beine an.

Beide Affen haben die Vorderpfoten auf die Knie gelegt, sie tragen einen Kopfputz bestehend aus Mondsichel und Mondscheibe samt davorgesetzter Uräusschlange. Die Schultermähne ist durch ein großteiliges Schuppenmuster gegliedert, die Kopfmähne zeigt vorn eine radiale, hinten eine senkrechte Streifung. Die Gesäßwülste sind kräftig ausgebildet, der Schwanz ist jeweils um die rechte Körperseite gelegt; zwischen den Beinen wird das erigierte Glied sichtbar. Die Haltung der beiden Affen entspricht der gängigen Darstellungsweise des Pavians, wenn er den Gott Thoth verkörpert[1]. So sind in dieser Gruppe die beiden Erscheinungsformen des Thoth als Tier, Ibis und Pavian, zusammengefaßt. Verweist der Kopfputz der Affen auf die Funktion des Thoth als Mondgott, dürfte in der heute fehlenden Mittelfigur eine Anspielung auf einen weiteren Zuständigkeitsbereich dieses Gottes vorgelegen haben: Wahrscheinlich war zwischen den beiden Affen eine kleine Figur der Göttin Maat, der Personifikation von Gerechtigkeit und Wahrheit, eingezapft[2], vielleicht auch nur eine

Feder[3]. Damit ist Thoth als »Herr der Maat«
angesprochen. Eine dritte Möglichkeit wäre
die Ergänzung einer kleinen, wohl knienden
Stifterfigur[4].

In der Inschrift, die vorn an der rechten Längsseite beginnt und um die Rückseite und linke
Längsseite der Basis läuft (s. Zeichnung), wird
Thoth als »der Zweimalgroße, Herr von Hermopolis«
bezeichnet[5], was auf die Herkunft der Gruppe
aus diesem Ort schließen läßt. Der Beiname des
Gottes sowie der ebenfalls aufgeführte Eigen-
name des Stifters Pa-di-Hor machen eine Entstehung der Gruppe in der Ptolemäerzeit wahrscheinlich. Diese Datierung wird durch eine
stilistische Beobachtung unterstützt: Die Proportionen des Ibis, die im Verhältnis zum zierlichen Körper sehr großen Beine sowie der
übergroße Kopf des Vogels sprechen ebenfalls für eine Entstehung in der ptolemäischen
Epoche, die Qualität und Detailfreudigkeit der
Ausführung lassen an die frühe Ptolemäerzeit
denken.

[1] Vgl. Kat 7.
[2] Zu Maat vgl. Kat. 81 und 82; derartige Gruppen: Hildesheim
   59: Katalog Hildesheim 1973, 87, Abb. 68; Berlin 22274:
   Roeder, Bronzefiguren, § 677 d.
[3] Vgl. Kat. 80; Ibis mit Feder: Roeder, Bronzewerke, Tf. 37 c.
[4] München ÄS 4837: Müller, in: MJbK 14, 1963, 211.
[5] Günther Roeder, Hermopolis 1929–39, Hildesheim 1959,
   167, § 7 b I.

80   Thoth mit Beterfigur

Kalzit-Alabaster, Anorthositgneis, Gold
Ibis: H. 5,9 cm, B. 2,8 cm; T. 7,9 cm; Adorant:
H. 4,0 cm; B. 1,6 cm; T. 2,0 cm
spätes Neues Reich – 3. Zwischenzeit,
1100–900 v. Chr.
Bibliographie: unpubliziert.

Drei Objekte wurden auf moderner Basis zu
einer Figurengruppe zusammengestellt: ein
hockender Ibis, eine Straußenfeder und eine
kniende Beterfigur.

Der Ibis ist außergewöhnlich sorgfältig und in
wertvollen Materialien gearbeitet: Sein Rumpf
besteht aus Kalzit-Alabaster, Schwanzfedern,
Beine, Hals und Kopf sind aus Gold gegossen,
die Augen in schwarzem Glas eingelegt[1]. Die
in Gold ausgeführten Teile zeigen eine detaillierte, ziselierte Innenzeichnung: Die Schwanzfedern sind in ein kompliziertes Federmuster
gegliedert, an den Beinen gibt eine Art Schuppenmuster die Hornhautstruktur wieder, die
plastisch modellierten Krallen zeigen jeweils
zwei Dreiergruppen vertiefter Rillen. Auf dem
Kopf ist eine quadratische Vertiefung angebracht. Kopf, Hals und Schnabel bilden in ele-
ganter Linienführung ein ausgewogenes Gegengewicht zum Körperumriß.

Auch die Straußenfeder ist aufwendig gearbeitet: In eine Goldumrahmung ist die Form der
eigentlichen Feder in Anorthositgneis eingelegt.

Das dritte Element besteht aus einer knienden Männerfigur über einer rechteckigen Basisplatte. Sie trägt einen kurzen Schurz und eine
weit abstehende, auf den Schultern aufsitzende
Perücke. Im Scheitel findet sich eine tiefe Bohrung. Die Unterarme und Hände sind mit nach
oben zeigenden Handflächen auf die Oberschenkel gelegt[2].

Im Vergleich zu den ausgewogenen Formen
und der qualitätvollen Ausführung von Ibis und
Feder weist die Kniefigur etliche Unstimmigkei-
ten auf: Ihre eher verschwommene Ausführung
steht im Gegensatz zur Exaktheit der Vogelgestalt und Klarheit der Umrißlinie der Feder.
Unklar bleibt ihre Haltung vor der eine Gott-

heit verkörpernden Ibisfigur, auch ist ein Kopfputz bei einer Privatfigur schwer rekonstruierbar. Vergleichbare Kompositionen verbinden den Ibis als Erscheinungsform des Gottes Thoth entweder mit Pavianen[3] oder der Göttin Maat in Frauengestalt[4]. Die ursprüngliche Zugehörigkeit der Kniefigur zur Gruppe ist unsicher, zumal das Material in seiner Oberflächenstruktur von dem des Ibis abweicht.

[1] Komposit-Figuren aus wertvollen Materialien gerade des Ibis sind auch sonst belegt, z. B. Katalog München 1985, 108, Nr. 74.
[2] Die Figur zeigt also nicht die typische Beterhaltung, die nach unten weisende Handflächen aufweisen müßte, sondern ist beim Entgegennehmen von Opfern dargestellt; zu dieser Handhaltung s. Franke, in: OMRO 68, 1988, 65 ff.
[3] Vgl. Kat. 79.
[4] Hannover 1957.83: Katalog Osiris, Kreuz, Halbmond, 34, 36, Nr. 20.

81 Maat

Lapislazuli
H. 3,4 cm; B. 1,7 cm, T. 2,3 cm
Spätzeit, 26. Dynastie, 664–525 v. Chr.
Bibliographie: Auktionskatalog Hesperia Arts Auction Ltd., New York, 27. 11. 1990, Nr. 62.

Neben den Bronzestatuetten der Göttin Maat, der Personifikation von Wahrheit und Gerechtigkeit, die Bestandteil eines Figurenensembles waren[1], gibt es eine Gruppe kleinformatiger Maat-Figuren, die zwei Gemeinsamkeiten haben: Sie weisen Ösen oder Bohrungen auf und sind aus demselben Material, aus Lapislazuli[2], gefertigt.
Antike Autoren berichten, daß derartige Figürchen von ägyptischen Richtern als Abzeichen getragen wurden: «. . . *Richter waren bei den Ägyptern von alters her die Priester. Ihr Oberhaupt war*

der Älteste (. . .). Er trug ein Schmuckstück aus *Lapislazuli um den Hals, dieses Schmuckstück wurde* *›Wahrheit‹ genannt«*[3]. Einen Hinweis auf die Verwendung von Maat-Figuren als Abzeichen der Amtswürde liefern auch Statuen entsprechender Beamter, die eine Figur der Göttin, in erhabenem Relief ausgeführt, als Anhänger um den Hals tragen[4].

Ein solches Schmuckstück liegt in der kleinen Figur vor: Auf einer längsrechteckigen Basis, deren Ecken bestoßen bzw. abgebrochen sind, hockt eine Frau mit angezogenen Beinen. Der Körper ist einschließlich der Füße von einem enganliegenden Gewand umhüllt, unter dem sich Brüste sowie Ober- und Unterarme, die auf den Unterschenkeln aufliegen, deutlich abzeichnen. Ebenso sind die Rundung des Gesäßes und das Volumen der Oberschenkel zu erkennen. In der Seitansicht entspricht damit der formale Aufbau dieser Statuette dem Schriftzeichen »Frau«.

Zwischen den Strähnen der dreigeteilten Perücke wird auf der Brust ein Halskragen sichtbar. Um die Haare ist ein einfaches Band geschlungen, das am Hinterkopf zu einer Schleife gebunden ist. Eine tiefe Bohrung auf dem Scheitel diente zur Aufnahme einer Feder, wohl aus Metall, dem Symbol und Schriftzeichen der Maat. Bohrungen an den Oberarmen sollten eine Befestigung ermöglichen und verursachten einen Bruch der Figur in Brusthöhe, der modern geklebt wurde[5].

Das Gesicht ist mit plastisch aufgesetzten Augenbrauen, Lid- und Schminkstrichen, vertieften Nasenlöchern und einem angedeuteten Doppelkinn mit differenzierter Innenzeichnung sehr detailliert gearbeitet. Bemerkenswert ist die Plastizität der Körperformen, die sich unter dem Gewand abzeichnen und gegenüber der starken Abstraktion bronzener Maat-Figuren[6] einen hohen Grad von Naturalismus erreichen. Dieser Natürlichkeit der Körperformen ist ein stärker idealisierender Ausdruck des Gesichts mit einem leichten Lächeln entgegengesetzt, das in seinen Proportionen ein Kriterium für die Datierung in die 26. Dynastie liefert.

1 Vgl. Kat. 82 und die dort genannten Parallelen.
2 Berlin 4069–71, vgl. Anm. 3; Katalog Erika Feucht, Vom Nil zum Neckar, Heidelberg 1986, 155, Nr. 371; Auktionskatalog Münzen und Medaillen AG Basel, Auktion 46, 28. 4. 1972, Nr. 118; Auktionskatalog Sotheby's, Monaco, 5. 12. 1987, Nr. 89.
3 Aelian, varia historia XIV 34, kommentiert von Möller, in: ZÄS 56, 1920, 67 f.
4 Torso des Amasis, Berlin 14460: Katalog Berlin 1967, 99, Nr. 963 (Abb.).
5 Ob die Bohrungen antik, d. h. ursprünglich sind, läßt sich nicht mit Sicherheit sagen.
6 So bei Kat. 81, bei der allerdings das Gesicht lebendiger ist.

82 Maat

Bronze; Vollguß
H. 5,8 cm; B. 2,5 cm; T. 3,4 cm
spätes Neues Reich – 3. Zwischenzeit, 1100–800 v. Chr.
Bibliographie: Auktionskatalog Sotheby's, New York, 24./25. 11. 1987, Nr. 260.

Die Statuette einer mit angezogenen Beinen am Boden sitzenden Frau war ursprünglich wohl Bestandteil eines Figurenensembles, bestehend aus einem hockenden Ibis und der in kleinerem Maßstab davor kauernden Göttin[1]: dem Weisheitsgott Thoth und der Maat, Personifikation von Wahrheit und Gerechtigkeit[2]. Die unebene Unterseite der Figur ist ein sicherer Hinweis auf die Zugehörigkeit zu einer derartigen Gruppe, da zumindest eine Basis zur Stabilisierung der Figur erforderlich ist. Das Schriftzeichen und Symbol der Maat, die Straußenfeder, wird meist von der Göttin als Kopfputz getragen, eine Vertiefung am Scheitel dieser Figur diente ursprünglich zur Aufnahme der heute verlorenen Feder. Eine Variante der Gruppe Thoth – Maat kombiniert einen schreitenden Ibis mit einer auf einem Untersatz hockenden Göttin[3].

Der Körper der Göttin ist einschließlich der Füße von einem eng anliegenden Gewand eingehüllt, das in der Seitansicht die Struktur der

am Körper anliegenden Oberarme und der an die Oberschenkel gelegten Unterarme erahnen läßt. Die Brüste sind, wie bei diesem Darstellungstyp üblich, nicht angegeben[4]. Die dreiteilige Strähnenperücke läßt die großen Ohren frei, die Haare reichen im Rücken weiter herab als auf der Brust. Die einzelnen Haarsträhnen gehen radial vom Scheitel aus und enden über der Stirn in einem kurzen Pony, was unüblich ist: Normalerweise verlaufen die Strähnen über der Stirn horizontal. Die Haare werden von einem einfachen Band gehalten, das am Hinterkopf zu einer lang herabfallenden Schleife gebunden ist[5].

Außergewöhnlich fein ist bei dieser Figur das Gesicht gearbeitet: Wangenknochen und Kinn sind deutlich modelliert, der Mund zeigt ein leichtes Lächeln, die Stupsnase hat kräftige Nasenflügel, Augenbrauen und die in lange Schminkstriche auslaufenden Oberlider sind

plastisch aufgesetzt. Diese Details sowie die Form der Perücke legen eine Datierung deutlich vor der Spätzeit nahe. Die Lebendigkeit des Gesichtsausdrucks läßt vergessen, daß Darstellungen von Göttern normalerweise stärker idealisiert werden als die von Menschen.

[1] Hannover 1957. 83: Katalog Osiris, Kreuz, Halbmond, 34, 36, Nr. 20.
[2] LÄ III, Sp. 1110, s. v. »Maat«; Jan Assmann, Maat, Gerechtigkeit und Unsterblichkeit im Alten Ägypten, München 1990.
[3] Kairo JE 71971: Katalog 5000 Jahre ägyptische Kunst, Essen 1961, Nr. 228. Frauenfigur und Untersatz waren oft in einem Stück gegossen. Langbeiniger Untersatz: Kairo CG 38910, Daressy, Statues, pl. 45; Berlin 2537, Roeder, Bronzefiguren, § 258 d, Tf. 30; Katalog Geschenk des Nils, Basel 1978, 91, Nr. 315. Geschlossener naosförmiger Untersatz: Brooklyn 37. 561 EA, Roeder, op. cit., § 258 b, Tf. 82.
[4] Maat mit Brüsten: Kairo CG 38904 und 38907, Daressy, op. cit.; vgl. auch Kat. 81.
[5] Ungewöhnlich ist eine Uräusschlange an der Stirn: Kairo CG 38907, s. Anm. 4.

Willkommen, Osiris' Sohn,
Horus mit tapferem Herzen, gerechtfertigter,
Sohn der Isis, Erbe des Osiris.

Götterfamilien

Irdische Erfahrungen sind es letztlich, in denen in Altägypten die Fülle der Erfahrungen des Göttlichen konkretisiert wird. Die historische Abfolge irdischer Könige kann zum Modell einer Erbfolge von Göttern werden, deren Wurzeln bis zur Weltschöpfung zurückreichen. In der ausführlichsten der erhalten gebliebenen altägyptischen Königslisten, dem Turiner Königspapyrus, geht der Liste der geschichtlichen Herrscher, die nach dem heutigen Stand der Chronologie um 3100 v. Chr. einsetzt, eine lange Reihe von Göttern voran. Herrschaftszeiten von phantastischer Länge sind ihnen zugemessen, den biblischen Urvätern vergleichbar; 300 Jahre des Horus und 7726 Jahre des Thoth sind aber nicht nur Ausdruck übermenschlicher Lebensdauer, sondern zugleich untrügliche Zeichen einer auch für Götter abgemessenen Frist ihrer Wirksamkeit. Ägyptische Götter können altern und sterben. In einer mythologischen Erzählung über die listenreiche Göttin Isis wird der Sonnengott Re in drastischen Details als sabbernder Greis geschildert. Es »menschelt« in der Götterwelt, wenn auch der griechischen Mythologie vergleichbare menschlich-allzumenschliche Geschichten nur spärlich belegt sind.

Unter den Strukturen der Götterwelt steht der menschlichen Lebenserfahrung am nächsten die Einbindung der Götter in die Sozialstruktur der Familie, in die Konstellation Vater–Mutter–Kind. Das den ganzen Kosmos durchwaltende göttliche Geheimnis neu entstehenden Lebens wird im Kreis der Familie zur unmittelbar erlebten Wirklichkeit. Die Überhöhung irdischer Mutterschaft ins Göttliche dient im Grenzbereich zwischen Mensch und Gott zur Erklärung der besonderen Natur des ägyptischen Königtums: Der König nimmt göttliche Kraft in sich auf, indem er an der Brust der göttlichen Mutter saugt. Aus der rein menschlichen Ikonographie einer Frauengestalt, die dem König die Brust reicht, geht das Bild im Neuen Reich über in die Darstellung der kuhgestaltigen Muttergottheit, von deren Euter der König trinkt, oder in die noch in der Spätzeit und Ptolemäerzeit beliebte Darstellung der Baumgöttin, einer Sykomore, aus deren Stamm der Oberkörper und Kopf einer Göttin herauswächst, die als Göttin Nut oder Isis bezeichnet Speise und Trank verteilt oder ihre mütterliche Brust reicht.

Der Name der göttlichen Gemahlin des Amun (Kat. 98), der Göttin Mut (Kat. 100,113,120), bedeutet einfach »die Mutter« und ist damit die göttliche Personifizierung der Mutterschaft. Chons (Kat. 33,101), der Sohn Amuns und der Mut, trägt oft als Namenszusatz »das Kind« und wird folglich auch häufig in der typischen Ikonographie des Kindes (vgl. Kat. 28–33) dargestellt. In Karnak ist diese göttliche Familie in monumentale Architektur umgesetzt. Der Amun-Tempel bildet mit dem Mut-Tempel und dem Tempel des Chons eine kultische Einheit; darüber hinaus steht der Heiligen Hochzeit des Amun im Luxor-Tempel ein eigenes Heiligtum zur Verfügung, altägyptisch *ipet* genannt, das »Frauenhaus«.

Die Familienstruktur der ägyptischen Götterwelt ist auch in den großen Tempeln der Ptolemäer- und Römerzeit gegenwärtig. Die Geburtshäuser, die sogenannten Mamisi der Tempel von Dendera und Edfu, Kom Ombo und Philae, sind nach Ausweis ihrer architektonischen Form und der Texte und Bilder auf ihren Wänden Gebäude, in denen Zeugung, Geburt und Kindheit des göttlichen Kindes rituell begangen wurden.

Das so menschliche Bild der Gottesmutter mit ihrem Sohn auf dem Schoß erfreute sich größter Beliebtheit. Darstellungen von Mutter und Kind sind nicht nur für Isis und Harpokrates, »Horus-das-Kind«, belegt, sondern ebenso für Hathor (Kat. 91–92) und ihren von Horus (Kat. 93) empfangenen Sohn, der bald den Namen Ihi, bald auch Harsomtus, »Horus-Vereiniger-der-Beiden-Länder« trägt (Kat. 94) und in diesem Namen die Verbindung zum irdischen König in dessen Funktion des Vereinigers von Ober- und Unterägypten herstellt. Wo liegt die Grenze zwischen irdischer und göttlicher Mutterschaft? Ist die Darstellung des Königs Pepi II. auf dem Schoß seiner Mutter nicht auch ein Bild des von einem göttlichen Vater gezeugten Sohnes, wie es die Geburtslegende im Papyrus Westcar schon für das Alte Reich formuliert?

Die Vater-Mutter-Kind-Konstellation findet sich bei vielen anderen Göttern. In Memphis bilden Ptah, Sachmet und Nefertem (Kat. 88–90) eine Heilige Familie, in Hermopolis sind es Thoth und Nehemet-await (Kat. 109–110) mit ihrem Sohn Schepsi, in Elephantine Chnum und Satet mit ihrer Tochter Anuket – einer der seltenen Fälle eines weiblichen Götterkindes.

Die Paarbildung von Göttern, die Tendenz zur Dualität vereinigt selbständige Göttergestalten wie Osiris und Isis zum Ehepaar, wie Schu und Tefnut (Kat. 96–97) zum Geschwisterpaar, schafft aber auch aus einer männlichen Einzelgestalt die göttliche Partnerin durch eine theoretische Manipulation, durch die Bildung einer Feminin-Form (in der altägyptischen Sprache durch die Wortendung -*t* markiert) zum maskulinen Namen des Gottes. So wird Amun *(Imn)* (Kat. 98) zum Götterpaar, indem aus seinem Namen Amaunet *(Imn.t)* (Kat. 99) entsteht, so kann Re *(Rᶜ)* mit Rat *(Rᶜ.t)* eine göttliche Ehe eingehen, und in der achtköpfigen Göttergemeinschaft von Hermopolis sind die Götterpaare generell nach diesem Muster gebildet. Wie theologisch-theoretisch diese Paarbildungen sind, zeigt sich nicht zuletzt darin, daß sie ikonographisch keine Eigenwertigkeit entwickeln, sondern Erscheinungsformen anderer Gottheiten übernehmen oder in der Allgemeingültigkeit der Bildzeichen für »Gott« dargestellt werden.

83 Isis mit Kind

Bronze; Vollguß, Basis hohl
H. 48,9 cm; B. 12,1 cm
3. Zwischenzeit, 25. Dynastie, 800–700 v. Chr.
ehemals Sammlung Omar Pascha Sultan, Kairo
Bibliographie: Katalog Entdeckungen, 115 f., Nr. 96

Isis, die ihren Sohn Horus vor den Verfolgun-
gen seiner Feinde schützt und im Papyrusdickicht von Chemmis verbirgt, ist der Prototyp
der alleinerziehenden Mutter; das vor allem in
der Kleinplastik[1] weitverbreitete Bild der *Isis
lactans*, der stillenden Gottesmutter mit dem
Horusknaben auf dem Schoß, bildet die inhalt-
liche und ikonographische Vorlage für die stillende Muttergottes[2].

Die thronende Göttin (Sitz fehlt heute) stützt
mit der linken Hand eine nackte Kinderfigur
auf ihrem Schoß, die gesondert gearbeitet und
durch eine Schiebevorrichtung auf ihren Oberschenkeln befestigt ist. Ihre rechte Hand ist zur
linken Brust geführt. Sie trägt ein knöchellanges, eng anliegendes Gewand sowie einen Halskragen. Über der dreiteiligen Strähnenperücke
liegt der Geierbalg, vor der Stirn der Geierkopf.
Ein Kranz aus 17 aufgerichteten Uräen bildet
den Untersatz des Kopfputzes, dem Kuhgehörn
mit Sonnenscheibe[3].

Der Horusknabe zeigt die typische, leicht insta-
bile Haltung mit zurückgelehntem Oberkörper
sowie den neben die Oberschenkel gelegten
Händen mit nach unten weisenden Handflächen[4]. Er trägt eine enganliegende Kappe
mit Uräusschlange und dem Jugendzopf an der
rechten Schläfe. Auf der Brust liegt an einem
Band ein Tropfenamulett[5].

[1] Vgl. Kat. 37, 38, 68.
[2] Müller, in: MJbK 14, 1963, 7–38.
[3] Die Geierhaube kann auch mit der Uräusschlange vor der
   Stirn verbunden werden: Auktionskatalog Sotheby's, New
   York, 30. 5. 1986, Nr. 73; Sotheby's, London, 22. 5. 1989,
   Nr. 87. Ungewöhnlich ist die Kombination von Geier und
   Uräus: Katalog Baltimore, pl. 69, Nr. 393.
[4] Vgl. Kat. 85; Katalog Collections égyptiennes, Musées
   départementaux de Seine-Maritime, Paris 1987, 50, Nr. 36;
   Roeder, Bronzefiguren, Tf. 36 d, 1.
[5] Auktionskatalog Sotheby's, London, 13./14. 7. 1987, Nr. 161.

84 Osiris

Bronze, Silber; Vollguß
H. 54,7 cm; B. 15,1 cm; T. 9,0 cm
3. Zwischenzeit, 1100–800 v. Chr.
Bibliographie: Auktionskatalog Münzen und Medaillen AG Basel, Auktion 46, 28. 4. 1972, Nr. 63; Katalog Entdeckungen, 110 f., Nr. 92.

Zwar waren viele Götter in einer Familien-Konstellation miteinander verbunden, doch verfügte keine der anderen Götterfamilien über eine so komplexe und mit Emotionen verbundene Geschichte, die zum Mythos ausgeformt wurde, wie die Familie von Osiris, Isis und Horus[1]. Osiris wird von seinem Bruder Seth, der ihm die Königswürde neidet, in eine Falle gelockt, getötet und zerstückelt; Isis, die um ihren Gemahl trauert, seine über ganz Ägypten verstreuten Teile sucht und zusammenfügt, kann ihn wiederbeleben und empfängt von ihm einen Sohn; »Horus-das-Kind«, Harpokrates, der von seiner Mutter Isis versteckt und aufgezogen wird, rächt seinen Vater und tritt die Herrschaft an.

In dieser großformatigen Bronze ist Osiris in seiner gängigen Ikonographie dargestellt: eingehüllt in ein enges Gewand, mit Atefkrone und Götterbart, in den Händen Krummstab und Wedel[2]. Aus der Handhaltung läßt sich wahrscheinlich die Herkunft erschließen: Die Stellung der übereinandergehaltenen Hände ist üblich für Stücke aus Unterägypten, Stücke aus Oberägypten zeigen überkreuzte Arme, und solche aus Mittelägypten stellen die Hände nebeneinander[3].

[1] John Gwyn Grifffths, The Origins of Osiris and Isis Cult, Studies in the History of Religions 40, Leiden 1980.
[2] Der untere Teil des Krummstabs ist nicht unter der Hand abgeknickt, sondern läuft gerade weiter und kreuzt so diagonal den Unterleib, Roeder, Bronzefiguren, Tf. 77c, d; Auktionskatalog Sotheby's, Monaco, 5. 12. 1987, Nr. 94.
[3] Roeder, Bronzewerke, 90 ff.

85 Harpokrates

Bronze, Silber; Vollguß, Zopf gesondert gearbeitet
H. 15,5 cm; B. 5,6 cm; T. 11,0 cm
Spätzeit 600–400 v. Chr.
Bibliographie: Auktionskatalog Sotheby's, London, 8. 9. 1986, Nr. 170.

»Horus-das-Kind«, Harpokrates, posthum gezeugter Sohn des Osiris, bildet zusammen mit seiner Mutter[1] die klassische Mutter-Kind-Konstellation der ägyptischen Götterwelt, die in unzähligen Amuletten und Statuen Ausdruck fand. Diese Figur des nackten, sitzenden Götterkindes war ursprünglich Teil einer Gruppenstatue von Isis mit dem Horusknaben auf dem Schoß, wie aus seiner Haltung hervorgeht: Der weit zurückgelehnte Oberkörper wurde am Hinterkopf oder im Nacken von der Hand der Mutter gestützt. Das Fehlen des Zapfens unter der trapezförmigen kleinen Basis, auf der die nebeneinandergestellten Füße ruhen, ist ebenfalls ein Hinweis auf die Zugehörigkeit zu einer größerformatigen Figur der Isis. Beide Arme folgen der Linie des Körpers, die Hände mit nach unten geöffneten Handflächen liegen seitlich neben den Oberschenkeln und stützten sich ursprünglich auf dem Schoß der Mutter ab. Der nackte Körper ist schmucklos[2]; über der enganliegenden Haarkappe liegt die Uräusschlange, deren Leib bis zum Hinterkopf ausläuft. Oberhalb des rechten Ohres setzt der geflochtene Kinderzopf an, dessen eingerolltes unteres Ende vor der rechten Schulter liegt. Er ist gesondert gegossen; die Augäpfel sind in Silber eingelegt, Pupillen, Lidränder und Brauen durch Niello geschwärzt. Dieser aufwendigen Technik entspricht die Qualität der Modellierung des rundlichen Kinderkörpers.

Als Harendotes, »der-sich-um-seinen-Vater-sorgt«, war Horus auch mit Osiris verbunden; als Sohn übernimmt er die Pflichten des Totenkultes und rächt den Tod seines Vaters.

[1] Vgl. Kat. 68, 83; LÄ II, Sp. 1003 ff., s. v. »Harpokrates«.
[2] Häufig trägt das Götterkind einen Halskragen, Katalog Baltimore, pl. 73, Nr. 424; Roeder, Bronzefiguren, Tf. 17d; seltener ein Amulett: Katalog Collection égyptienne, Ville de Beaune, Paris 1985, 16, Nr. 7.

86   Kopf einer Osirisfigur

Bronze, Elektrum, Gold
H. 10,2 cm; B. 3,8 cm; T. 7,4 cm
Spätzeit, 26. Dynastie, um 650–630 v. Chr.
Bibliographie: unveröffentlicht.

Eingebunden in eine Götterfamilie, deren Schicksal das menschliche Leben mit Geburt und Tod, Freud und Leid widerspiegelt, ist Osiris noch auf einer anderen Ebene der Menschenwelt eng verbunden: auf der Ebene des Königtums. Als »König der Ewigkeit« ist er der Herrscher des Jenseits und entspricht daher in seiner Ikonographie weitgehend dem Bild des Königs. So scheint zunächst eine Entscheidung schwierig, ob in dem Bronzekopf mit der oberägyptischen Krone ein König oder eine Gottheit dargestellt ist. Die ausgeprägt realistische Stilistik der Gesichtsbildung – deutlich abgesetztes, halbkugeliges Kinn, hoch angesetzte Backenknochen, kleine, weit auseinanderstehende Augen – erlaubt eine exakte Zuweisung des porträthaften Gesichtes an den König Psammetich I. (664–610 v. Chr.)[1], dessen Bildnisse noch den Einfluß der Kuschitenzeit erkennen lassen[2].

Auch die hoch aufragende Form der Weißen Krone mit ihrem kleinen kugeligen Knauf fügt sich in diesen zeitlichen Rahmen.
Der Uräusansatz über der Stirn, das Bartband und der – später abgearbeitete – Bartansatz unter dem Kinn sind sowohl bei Osiris als beim Königsbild übliche Einzelheiten. Die deutlich sichtbaren Ansatzstellen von Federn an den Seiten der Krone über den Ohren legen jedoch den Bronzekopf als eine Darstellung des Osiris fest: Der Kopf trug die Atefkrone mit den charakteristischen Straußenfedern zu beiden Seiten des Kronenkörpers.
Der König hat der Gottheit seine Gesichtszüge geliehen, eine zu allen Zeiten der ägyptischen Geschichte geübte Aktualisierung des Gottesbegriffs, ein Bild der Präsenz Gottes auf Erden in der Person und Funktion des Herrschers.

1 Karol Myśliwiec, Royal Portraiture of the Dynasties XXI–XXX, Mainz 1988, 46, Tf. 51–54.
2 Die dem König zugewiesenen Uschebtis in Stockholm (Peterson, in: Medelhavsmuseet Bulletin 12, 1977, 13) und London (Hall, in: JEA 17, 1931, 11 f., Tf. III,2–3) sind für einen stilistischen Vergleich aufgrund ihrer wenig differenzierten Ausführung ungeeignet.

87 Nephthys-Amulett

Fayence
H. 7,5 cm; B. 1,6 cm; T. 2,1 cm
Spätzeit, 700–400 v. Chr.
Bibliographie: unpubliziert.

Zum Götterkreis um Osiris – zur erweiterten
Familie – gehört auch die Göttin Nephthys.
Als Schwester der Isis übernimmt sie mit ihr
zusammen die Totenklage für Osiris und den
Schutz des Horuskindes[1]: so ist sie mit Osiris
enger verbunden als mit ihrem Gemahl Seth.
Die Definition ihres Wesens ist so stark an diese
Familienstruktur gebunden, daß sie darüber
hinaus wenig Selbständigkeit zeigt[2]. Wiederum
gemeinsam mit Isis zählt Nephthys zu den weiblichen Schutzgottheiten der Kanopen und
damit der Eingeweide, ihr obliegt der Schutz
der Lunge[3]. Ihr Kopfputz besteht aus den beiden Schriftzeichen ihres Namens »Nebet-hut«,
die »Herrin des Hauses«.
Das fein gearbeitete Amulett zeigt die Göttin
in Schrittstellung auf einer rechteckigen Basisplatte. Die Arme hängen seitlich am Körper
herab, die Hände sind mit lang herausgestreck-
tem Daumen zur Faust geballt. Das knöchellange Gewand läßt die Körperformen durch-
scheinen, der große Nabel ist weit eingetieft.
Die Strähnen der Perücke fallen weit auf die
Brüste herab, vor der Stirn sitzt die Uräusschlange. Über einem Kranz aus stilisierten
Uräen erhebt sich als Kopfputz ihre Namenshieroglyphe mit plastischer Innenzeichnung,
dahinter sitzt eine quer durchbohrte Öse. Die
Arme sind frei gearbeitet; die Modellierung des
Körpers mit schmaler Taille und betonter Hüfte
ist überaus plastisch.
Entsprechend ihrem wenig differenzierten
Wesen ist auch die Erscheinungsform der
Nephthys sehr einheitlich[4]; neben ihrer Menschengestalt ist nur noch ihr Auftreten als Fal-
kenweibchen – wieder gemeinsam mit Isis – zu
erwähnen.

[1] In der Triade Isis – Harpokrates – Nephthys, vgl. Kat. 115.
[2] Vgl. Kat. 95.
[3] LÄ IV, Sp. 457 ff., s. v. »Nephthys«.
[4] Petrie, Amulets, pl. 57, Nr. 154 a–g.

88 Ptah

Bronze, Gold, Elektron; Vollguß, Basis hohl
H. 21,5 cm (mit Zapfen 23,9 cm); B. 6,9 cm; T. 5,6 cm
Spätzeit, 26. Dynastie, 600–550 v. Chr.
Bibliographie: Katalog Entdeckungen, 141, Nr. 123.

In Memphis bildet Ptah zusammen mit der löwenköpfigen Sachmet und dem Kindgott Nefertem
die göttliche Familie[1]. Er ist Schöpfergott nicht
im sexuellen, sondern im handwerklich-künst-
lerischen Sinn: Als eine von wenigen Gottheiten ist er auf eine menschliche Erscheinungsform festgelegt, die zudem nur geringe ikonographische Variationen aufweist. In Apis[2] hat
Ptah dann vor allem in der Spätzeit einen Stier-
kult beigeordnet bekommen.

Auf einer trapezförmigen Basis steht Ptah, dessen Körper mumienartig von einem Gewand
eingehüllt wird. Darunter zeichnen sich die im
Ellbogen leicht abgespreizten und vor den Leib
gelegten Unterarme deutlich ab. Die Hände mit
Armbändern ragen aus senkrechten Schlitzen
des Gewandes heraus und halten ein Was-Szepter, dessen großer Tierkopf wie üblich zum linken Oberarm blickt[3].

Um die Schultern liegt ein vierreihiger Halskragen, dessen Gegengewicht über den im Nacken
weit abstehenden Kragen gelegt ist. Der senkrecht gestreifte Bart wird von einem Band gehalten, den Kopf bedeckt eine eng anliegende
Kappe. Szepter, Schmuck und Bart zeigen Reste
von Gold-Tauschierung, die Augen sind in Elektron eingelegt.

Die glatte Oberfläche des Gewandes betont die
kräftige Modellierung des Körpers, wodurch
eine monumentale Wirkung der Figur entsteht.
Die Details von Schmuck und Gesicht sind auch
handwerklich sehr sorgfältig gearbeitet. Die Inschrift nennt als Stifter der Statue einen »Anch-
wah-ib-Re, Sohn des Chati-iri, geboren von der Herrin
des Hauses Tent-sechet-netjer«.

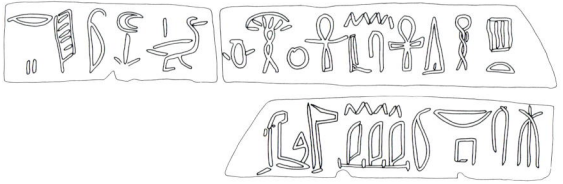

[1] Vgl. Kat. 89 (Sachmet) und 90 (Nefertem).
[2] Kat. 8–10, 65.
[3] Nach vorn gerichteter Kopf Katalog Oxford 1988, 24, Abb. IV; wie hier: CG 38447, Daressy, Statues, pl. 26.

89   Sachmet

Bronze, Silber, Niello; Vollguß, Basis hohl
H. 17,2 cm (mit Zapfen 19,9 cm); B. 4,5 cm; T. 10,0 cm
spätes Neues Reich – 3. Zwischenzeit,
1100–900 v. Chr.
Bibliographie: Auktionskatalog Sotheby's, London,
11./12. 7. 1983, Nr. 178; Katalog Entdeckungen, 87,
89, Nr. 70.

Seit dem Neuen Reich ist Sachmet die Gemahlin des Schöpfergottes Ptah und wurde in dessen Tempel in Memphis verehrt[1]. Wird in den Pyramidentexten des Alten Reiches noch ihre mütterlich-schützende Funktion gegenüber dem König erwähnt, wandelt sich das Wesen der Sachmet allmählich, und sie wird zu einer kämpferischen und gefährlichen Gottheit. Ihr friedlich-beschützender Aspekt wird von der katzengestaltigen Bastet übernommen[2], während die löwengestaltige Sachmet den wilden, vernichtenden Wesensteil repräsentiert[3]. In ihrer Ikonographie ist sie nicht eindeutig von den anderen löwenköpfigen Göttinnen zu trennen[4]. Mit dem memphitischen Kindgott Nefertem ist sie bereits seit dem Mittleren Reich in einer Mutter-Sohn-Konstellation verbunden[5].

Die löwenköpfige Göttin sitzt auf einem heute verlorenen Thron, die Füße nebeneinander auf eine trapezförmige Basis gestellt. Der linke Unterarm ist waagerecht nach vorn abgewinkelt, die zur Faust geballte Hand ist senkrecht gestellt und zur Aufnahme eines Papyruszepters durchbohrt. Der rechte Unterarm ist leicht abwärts führend neben den Oberschenkel gelegt, die ebenfalls zur Faust geballte Hand berührt mit dem ausgestreckten Daumen und der Innenseite des Handballens den Oberschenkel; beide Arme werden frei neben dem Körper gehalten[6].

Die Göttin trägt ein eng anliegendes, knöchellanges Gewand, unter dem sich der Nabel deutlich abzeichnet. Die dreiteilige Strähnenperücke geht vorn in eine kreisrunde Löwenmähne über. Auf der Brust kommen darunter die beiden Perückensträhnen hervor, zwischen denen ein dreireihiger Halskragen liegt. Zwischen den großen, schräg nach oben ragenden Löwenohren sitzt die Sonnenscheibe mit Uräus, dessen Leib auf dem Hinterkopf wieder auftaucht.

Die Augen sind in Silber und Niello eingelegt. Die Mähne wird durch ein stilisiertes Flammenmuster gegliedert, Behaarung der Ohren und Schnurrhaare sind angegeben. Stilistisch zeichnet sich die Statuette durch eine klare, geometrische Linienführung aus, deren kantige Struktur an Gesäß, Knien und Kopf besonders deutlich und durch die starke Spannung der Oberfläche noch gesteigert wird.

Eine definitive Benennung der Statuette als Sachmet ist nicht möglich, da auch der auf dem Sockel genannte Stifter der Figur, Thothem-uia, sich nicht eindeutig festgelegt hat: Das erste Zeichen der vorn links beginnenden Inschrift, das den Götternamen nennen sollte, zeigt eine sitzende löwenköpfige Gottheit – und so könnten auch die anderen Löwengöttinnen geschrieben werden.

1 LÄ V, Sp. 323 ff., s. v. »Sachmet«; de Wit, Lion, 312 ff., vgl. Kat. 88; Sigrid-Eike Hoenes, Untersuchungen zu Wesen und Kult der Göttin Sachmet, Bonn 1976.
2 Kat. 2–4, 105.
3 LÄ III, Sp. 1083, s. v. »Löwe«; vgl. auch Kat. 107, 108.
4 Vgl. Kat. 39–43, 97, 100, 104, 107, 108.
5 Kat. 90.
6 Gleiche Haltung: Daressy, Statues, pl. 42, CG 39079, 39085; Roeder, Bronzefiguren, Tf. 41 a-d; 42 e, i, k; 43 a.

90 Nefertem

Silber
H. 7,8 cm; B. 1,9 cm; T. 2,4 cm
Spätzeit – Ptolemäerzeit, 500–100 v. Chr.
Bibliographie: unpubliziert.

Obwohl Nefertem in der memphitischen Götterfamilie die Position des Kindgottes besetzt und seit dem Mittleren Reich als Sohn der Sachmet bezeichnet wird[1], zeigt er doch stets die Gestalt eines Erwachsenen, nicht die eines

Kindes[2]. Schon in den Pyramidentexten als »Lotosblüte an der Nase des Re«[3] bezeichnet, kann er entweder als Lotos erscheinen oder die Lotosblüte als Attribut auf dem Kopf tragen. Über seine Verbindung zur löwenköpfigen Sachmet nimmt er selbst Löwengestalt an, steht auf einem Löwen oder hat einen Löwenkopf[4], der kriegerische Aspekt kann auch durch ein Krummschwert angedeutet werden[5]. Zu trennen ist die Gestalt des Nefertem von der Erscheinungsform des jugendlichen Sonnengottes, der auf der Lotosblüte sitzt[6].

Die kleine Silberfigur zeigt Nefertem in Schrittstellung über einer rechteckigen Platte mit abgerundeten Ecken, die Arme liegen ausgestreckt am Körper an, die Hände sind zur Faust geballt. Er trägt den dreigeteilten plissierten Schurz mit Gürtel sowie die Strähnenperücke.

 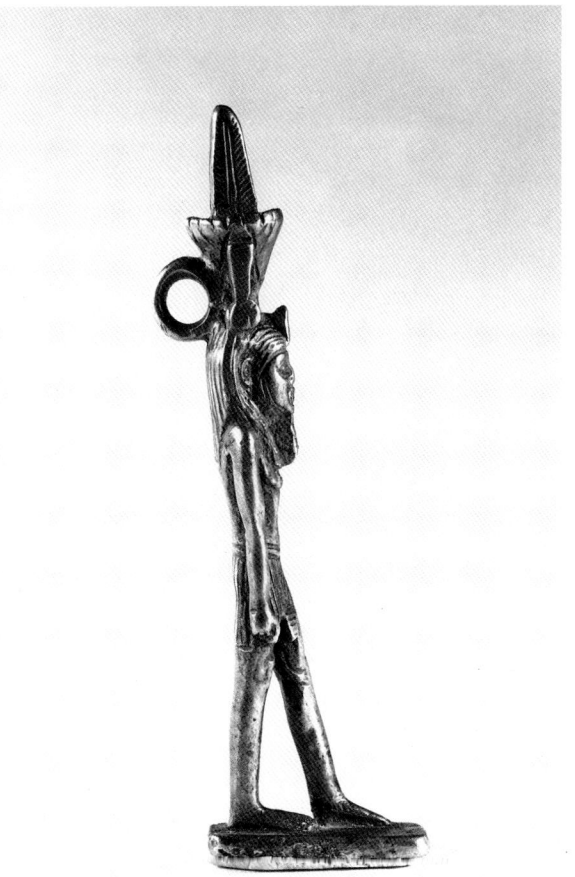

Der Kopfputz besteht aus einer Lotosblüte, aus deren Mitte ein Federpaar herausragt. Zu beiden Seiten der Blüte hängt je ein Gegengewicht eines Menits herab[7]. Vor der Stirn sitzt die Uräusschlange, am Kinn der Götterbart. Am Hinterkopf ist eine große Öse befestigt, die sich auch bei den Parallelen findet; auffällig ist die häufige Verwendung des seltenen Materials Silber gerade bei kleinformatigen Nefertem-Statuetten[8].

Die zweizeilige Inschrift auf der Unterseite der Basisplatte nennt nicht etwa Nefertem, sondern die Göttin Isis sowie den Stifter Psametich, Sohn des Padihor.

[1] CT IV, 302 d; vgl. auch Kat. 88, 89.
[2] Zur Ikonographie der Kindgötter s. Kat. 28–33.
[3] LÄ IV, Sp. 378 ff., s. v. »Nefertem«.
[4] Lanzone, Dizionario, Tav. 147.1, 4; 148.1, 2.
[5] Roeder, Bronzefiguren, Tf. 3 c, g; 4 e.
[6] Hermann Schlögl, Der Sonnengott auf der Blüte, AH 5, 1977, 30 f.; Roeder, Bronzewerke, Tf. 9 c, d, g, h.
[7] Vgl. Kat. 1 und 43.
[8] Ebenfalls aus Silber Petrie, Amulets, pl. 30 e; Katalog Berlin 1991, Nr. 136; Auktionskatalog Sotheby & Co., London, 16./17. 11. 1964, 28 f., Nr. 66; Sotheby's, London, 10./11. 12. 1984, Nr. 174.

91 Fragment eines Sistrums

Blaues Glas
H. 5,5 cm; B. 2,3 cm; T. 2,7 cm
Neues Reich, 18. Dynastie, um 1400–1350 v. Chr.
Bibliographie: Katalog Entdeckungen, München
1985, 59–60, Nr. 43.

Wenn in Dendera als Sohn der Göttin Hathor
der jugendliche Gott der Musik, Ihi, auftritt, so
wird damit ein seit alters bezeugter Aspekt der
Hathor in ihrem Sohn verselbständigt, ihre enge
Verbindung zu Tanz und Musik. Die Architektur des Hathor-Tempels von Dendera ist die
monumentale Gestaltwerdung dieses Wesenszugs der Göttin: Die Säulen des Pronaos und
des Hypostyl sind als riesige Nachbildungen
von Sistren gestaltet, die als Rasselinstrumente
im Kult der Göttin verwendet wurden[1]. Als
typisch ägyptische Bauform hat diese Säulenart sogar außerhalb des Niltals, z. B. auf Zypern,
Nachahmung gefunden.
Von einem Sistrum stammt das Fragment aus
blauem Glas. Janusköpfig zeigt es auf zwei Seiten das Frauengesicht der Göttin in einer für
Sistren charakteristischen in die Breite gezogenen Rhombus-Form, an die Kuhohren angesetzt
sind. Eine Perücke aus spiralig gedrehten Löckchen, in Kinnhöhe und über den Ohren von
querlaufenden Bändern umwunden, rahmt das

Gesicht. Auf dem Kopf sitzt ein Aufsatz in Form
einer Hohlkehle. An der Seite markiert ein
Papyrusstengel die Nahtstelle zwischen Vorder- und Rückseite.
Das nur zur Hälfte erhaltene Doppelgesicht
zeigt an der senkrechten Bruchfläche Spuren eines Dübellochs, das zur Befestigung des
Hathorkopfes auf dem Sistrumgriff diente. An
der oberen Bruchfläche sind der Ansatz des
Naos und die Zapflöcher für die aus Metall gearbeiteten seitlich angebrachten Spiralen des
Sistrums erkennbar.
Formung und Stellung der Augen und Augenbrauen, die ursprünglich mit andersfarbigem
Material eingelegt waren, sind ebenso wie der
Mund Hinweise auf die Datierung des Sistrums
in die Zeit um Amenophis III.
Der Gesichtsausdruck betont den lieblichen,
freundlichen Aspekt im Wesen der Hathor;
manche Sistren zeigen auf der Rückseite ein
grimmiges Gesicht, das auf Hathors Rolle als
blutrünstige Göttin anspielt, wie sie im Mythos
von der Vernichtung des Menschengeschlechts,
im »Buch von der Himmelskuh«, geschildert
wird.

[1] Vgl. Kat. 121.

92 Hathor-Kopf

Gold
H. 2,3 cm; B. 1,6 cm; D. 0,6 cm
Ptolemäisch – römisch, 2. Jh. v. – 2. Jh. n. Chr.
Bibliographie: Auktionskatalog Christies's, London,
8. 6. 1988, Nr. 115.

Das kleine goldene Schmuckstück zeigt ein Gesicht mit Kuhohren, gerahmt von einer Perücke, deren Strähnen schneckenartig zu beiden Seiten des Halses aufgerollt sind. Zwischen diesen Voluten wird ein mehrreihiger Halskragen sichtbar, dessen halbrunder unterer Abschluß auch die untere Kante des Schmuckstückes bildet. Auf dem Scheitel sitzt, die gesamte Kopfbreite einnehmend, ein hohlkehlenförmiger Aufsatz.

»Preis dir, goldene Kuh mit schönem Gesicht und vielen Farben. Einzige im Himmel ohnegleichen, Hathor auf dem Haupt des Re!«[1] lautet ein Preislied auf die Himmelsgöttin. Die Vorstellung des Himmels als kuhgestaltige weibliche Gottheit läßt sich bis in die Frühzeit verfolgen[2] und wurde auch mit anderen Göttinnen in Verbindung gebracht[3], von denen Hathor jedoch die bedeutendste war.

Neben ihrer Erscheinungsform als Kuh[4] tritt Hathor auch in Frauengestalt mit einem Kopfputz aus Kuhgehörn und Sonnenscheibe auf, die Mischgestalt als Frau mit Kuhkopf ist selten[5]. Wie kaum eine andere Gottheit ist Hathor jedoch in ihren Kultsymbolen präsent, im Hathorkapitell[6] und im Sistrum[7] sowie, als Verkürzung davon, in ihrem Gesicht[8]. Dieses als Frauengesicht mit Kuhohren zu beschreiben ist nicht ganz korrekt, denn es zeigt nicht die Proportionen eines menschlichen Gesichtes, ist vielmehr dreiecksförmig zum Ansatz der Ohren hin in die Breite gezogen, was ihm einen eigenartigen fremdländischen Ausdruck verleiht: Hathor ist auch die Göttin der Fremde, des Grenzgebietes zu Nubien im Süden, des Sinai im Norden.

All diese Aspekte der Hathor – die goldene Himmelsgöttin, die Kuhgestaltige, die Herrin des Fremdlandes – sind in diesem Schmuckstück zusammengefaßt und ausgedrückt[9].

[1] Siegfried Schott, Altägyptische Liebeslieder, Zürich 1950, 81.
[2] LÄ II, Sp. 1024 ff., s. v. »Hathor«; Erik Hornung, Der ägyptische Mythos von der Himmelskuh, OBO 46, 1982; LÄ II, Sp. 1041, s. v. »Himmelskuh«.
[3] Bonnet, RÄRG, 402 ff.
[4] Edouard Naville, The XIth Dynastie Temple at Deir el-Bahari I, EEF 28, 1907, pl. 27–31.
[5] Katalog Nofret I, 177, Nr. 85.
[6] LÄ II, Sp. 1093 f., s. v. »Hathor-Kapitell«.
[7] Vgl. Kat. 91, 121.
[8] Etwa an prominenter Stelle an der Rückwand des Hathor-Tempels in Dendera, wo ihr Erscheinen auf der Außenwand die Lage des Sanktuars im Inneren markiert, Katalog Kleopatra, Vorsatz.
[9] Goldene Hathorköpfe als Schmuckstück z. B. Katalog Nofret I, 167, Nr. 78; Petrie, Amulets, pl. 30, Nr. 171 a, b; Carol Andrews, Ancient Egyptian Jewellery, London 1990, 198, fig. 184; William C. Hayes, The Scepter of Egypt II, New York 19, 359, fig. 225.

93   Horus-Speer

Bronze; Vollguß
H. 8,6 cm; B. 3,4 cm; T. 2,4 cm
Ptolemäerzeit, 300–50 v. Chr.
Bibliographie: Katalog Entdeckungen, 132 f., Nr. 114.

Partner der Hathor in Dendera[1] ist Horus von
Edfu, dessen Beiname »Herr der Harpunierstätte«
auf den Kampf zwischen den Göttern Horus
und Seth verweist[2]: Horus erlegt Seth in Gestalt eines Nilpferdes mit einer Harpune. Dieser
Götterkampf fand eigentlich in den Sümpfen
des Deltas an einem mythologischen Ort, in
Mesen, statt; der Name dieser Harpunierstätte
wurde auf das Allerheiligste des Tempels von
Edfu übertragen. Die Innenseite seiner Um-
fassungsmauer trägt die Schilderung dieses
Kampfes in Bild und Wort, wobei die Waffe eine
wichtige Rolle spielt: In verschiedenen Variationen wird die Harpune zu einem kultischen
Gerät, dem »Horus-Speer«[3]. Auf einem quergestellten Krokodil erhebt sich, von zwei Uräen
flankiert, ein unten gegabeltes Szepter, das
oben in einen Falkenkopf übergeht. Auf diesem
sitzt in Blickrichtung die flach gearbeitete Figur
eines Falken mit gespreizten Schwingen, getragen von einer Uräusschlange, deren Schwanz
eine kreisförmige Öse an der Rückseite des Fal-
kenkopfes bildet. Dieser trägt eine dreigeteilte
Strähnenperücke; der Schaft des Szepters ist
quer geriefelt, die Innenzeichnung der aufge-
blähten Schlangenleiber ist angegeben.
Die Wirksamkeit der heiligen Waffe wurde als
Amulett[4] vor allem auch zur Abwehr feindlicher Mächte für den Verstorbenen genutzt[5].

[1] Kat. 91, 92.
[2] LÄ III, Sp. 33 ff., s. v. »Horus von Edfu«; 36 ff., s. v. »Horus,
Herr der Harpunierstätte«.
[3] LÄ III, Sp. 60, s. v. »Horusspeer«; Bonnet, RÄRG, 317.
[4] Petrie, Amulets, pl. 41 (243 a–g); Roeder, Bronzefiguren,
435 f., § 600; Katalog Entdeckungen, 133, Nr. 115.
[5] Rückenbrett von Mumien in Form des Horusspeers, Schäfer, in: ZÄS 41, 1904, 68–70.

94 Ihi

rotes Glas
H. 5,3 cm; B. 2,8 cm; D. 1,2 cm
Ptolemäerzeit, 300–50 v. Chr.
Bibliographie: unpubliziert.

Der Kindgott der Götterfamilie von Dendera ist
Ihi, *»der Musikant«,* der mit den kultischen
Musikinstrumenten Sistrum und Menit[1] sei-
ner Mutter Hathor huldigt[2], der Göttin von
Musik und Tanz[3]. Mit ihr, der Kuhgestaltigen,
ist er auch über ein Wortspiel verbunden (Ihi,
»das Kälbchen«, von *ih* = Rind)[4].
Die Einlage aus dunkelrotem Glas zeigt einen
männlichen Körper vom Ansatz der rechten
Schulter bis zum Knie. Nacktheit, der kleine
Phallus sowie die üppigen Körperformen mit
dem sich vorwölbenden Bäuchlein und der
Brustfalte ermöglichen eine Ergänzung zur
Figur eines Kindgottes (vgl. Zeichnung)[5], wobei
die Frage nach den Attributen offenbleiben
muß. Der weite Bogen des oberen Abschlusses
entspricht der Ansatzlinie eines Halskragens[6].
Glas, der *»geschmolzene Stein«,* war ein überaus
kostbares Material, Glaseinlagen in größerer
Anzahl sind erstmals im Grabschatz des Tutanchamun belegt[7]. Ab der Spätzeit finden sich Glaseinlagen vor allem in funerärem Kontext, als
Hieroglyphen auf Särgen[8], als komplexe Figurenensembles auf Särgen und Schreinen[9]
sowie auf Kartonage-Masken[10]. Aufgrund sei-

nes Formates dürfte dieses Stück ursprünglich
zu einer mehrteiligen Gruppe von Göttern auf
einem Sarg oder Schrein gehört haben[11].

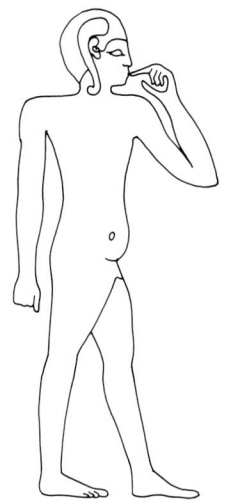

1 Vgl. Kat. 91, 121 (Sistrum); Kat. 1, 43 (Menit).
2 Mariette, Dendera II, pl. 18, 37.
3 Kat. 1, 91, 92.
4 LÄ III, Sp. 125 f., s. v. »Ihi«.
5 Hermann Junker/Erich Winter, Das Geburtshaus des Tempels der Isis in Philä, Wien 1965, 314; François Daumas, Les
  mammisis de Dendera, Le Caire 1959, pl. 73 bis, 73 ter; 234,
  pl. 89.
6 Katalog Kleopatra, 122 f., Nr. 16.
7 Etwa auf der Rückenlehne seines Thronsessels, Katalog
  Kairo 1986, Nr. 179; weitere Einlagen aus dem Neuen
  Reich: William C. Hayes, The Scepter of Egypt, II, New
  York 1959, 318, fig. 200 (gefesselte Nubier von Schemeln).
8 Katalog Glass at the Fitzwilliam Museum, Cambridge 1978,
  16.
9 Bianchi, in: Journal of Glass Studies 25, 1983, 29–35; id.,
  in: BES 5, 1983, 9–20.
10 Wildung, in: Antike Welt 21, 1990, 207, Abb. 4; 215,
  Abb. 19.
11 Anna Maria Donadoni Roveri (Hg.), Das Alte Ägypten, Das
  Alltagsleben, Turin/Milano 1988, 195, Abb. 269; Auktionskatalog Sotheby Parke Bernet, New York, 20./21. 11. 1975,
  Nr. 416.

95 Horus-Söhne

blaues Glas, gelbe Bemalung
H. 7,8–8,9 cm; B. 1,8–2,2 cm; D. 1,2 cm
Spätzeit, 1. Jtsd. v. Chr.
Bibliographie: unpubliziert.

In Material, Maßen, Aufbau, Ikonographie und Stil sind die vier flachen Glasfiguren mit reliefierter Vorderseite und glatter Rückseite als geschlossene Gruppe gearbeitet. Kleine Löcher an Fuß und Kopf dienten dazu, die Figuren auf eine textile Unterlage aufzunähen.

Alle vier Figuren haben in reiner Profilansicht dargestellte mumiengestaltige Körper, von einem schmalen Gürtel umzogen, dessen Schlaufen auf Bauch und Oberschenkel fallen. Um die Schultern sind mehrreihige Schmuckkragen gelegt. Eine auf Brust und Schultern fallende Perücke vermittelt zwischen den Mumienkörpern und den verschiedenartig gestalteten Köpfen eines Menschen, Affen, Falken und Schakals.

Diese Vierergruppe ist die seit der 18. Dynastie übliche Darstellungsweise der Horussöhne, die den Verstorbenen von der Balsamierung über die Grablegung bis zum Totengericht begleiten und schützen[1].

Schon in den Pyramidentexten des Alten Reiches werden *diese vier Götter, die Kinder des Horus, die er liebt, Hapi, Amset, Duamutef und Kebehsenuef* genannt. In der Familienstruktur der Götter sind sie einerseits als Söhne des Horus Enkel des Osiris, andererseits als Söhne der Isis auch dessen Stiefsöhne.

Ihre Schutzfunktion für den Verstorbenen konzentriert sich auf den Schutz der Eingeweide bei und nach der Mumifizierung; hierbei werden sie von vier Göttinnen unterstützt, mit denen sie den vier Himmelsrichtungen zugewiesen sind, so daß sich folgendes Funktionsschema ergibt:

Amset	Mensch	Isis	Leber	Süden
Hapi	Affe	Nephthys	Lunge	Norden
Duamutef	Schakal	Neith	Magen	Osten
Kebehsenuef	Falke	Selket	Gedärme	Westen

Duamutef (*der seine Mutter verehrt*) und Kebehsenuef (*der seine Brüder labt*) wechseln bisweilen ihre Gestalten des Schakals und Falken aus. *Ich bin gekommen, daß ich dein Schutz sei, ich habe dir deine Knochen vereinigt, ich habe dir deine Glieder zusammengefügt* – diese Worte der Horussöhne nehmen konkrete Gestalt an in der Form der Eingeweidebehälter, der Kanopen. Deren Deckel, im Alten Reich undekoriert, sind im Mittleren Reich als Menschenköpfe gestaltet, die die Porträtzüge des Verstorbenen tragen können. Noch bei Tutanchamun findet sich diese Kanopenform; die vier Behälter, in denen die Eingeweide beigesetzt sind, tragen Deckel in Gestalt des Königskopfes, um den Eingeweidekasten aber stehen die vier den Horussöhnen zugeordneten Göttinnen. Seit der 18. Dynastie werden jedoch die Kanopendeckel meist als die vier verschiedenen Köpfe der Horussöhne gestaltet. Bisweilen werden auch bei der Einbalsamierung an die Stelle der dem Körper entnommenen Eingeweide Figürchen der Horussöhne aus Wachs gelegt[2]. Wenn es im Totenbuch heißt, *o ihr Horuskinder, Amset und Hapi, Duamutef und Kebehsenuef, übt doch euren Schutz aus über euren Vater Osiris, übt doch euren Schutz aus über den Verstorbenen von jetzt an*, so ist der Funktionsbereich der Horussöhne auf den Schutz der gesamten Persönlichkeit des Verstorbenen ausgedehnt. So sind sie fester Bestandteil der Dekoration der Särge und Mumienhüllen.

Die vier blauen Glasfigürchen waren über der Brust- und Bauchpartie einer Mumie als Teil eines komplexen Schmucks auf die Mumienbinden aufgenäht. Zu diesem Schmuck gehört das die ganze Mumie einhüllende »Mumiennetz« aus Röhrenperlen aus Fayence, ein großer geflügelter Skarabäus über der Brust und ein breiter Schulterkragen[3].

[1] LÄ III, Sp. 52 f., s. v. »Horuskinder«.
[2] Gerfried Ziegelmayer, Münchner Mumien, SAS 2, 1985, Abb. 14–16; Raven, in: OMRO 64, 1983, 24–27; Katalog Mummies and Magic, Boston 1988, 222, Nr. 172.
[3] Katalog Leiden, De egyptische oudheid, 's Gravenhage 1981, 125 ff., Nr. 125, 128; Katalog Mummies and Magic, Boston 1988, 174, Nr. 125 d; Katalog Bologna, Il senso dell'arte nell'antico Egitto, Milano 1990, 214 f., Nr. 162.

96 Kniefigur des Schu

Fayence
H. 6,0 cm; B. 4,0 cm; T. 3,2 cm
Spätzeit, 700–400 v. Chr.
Bibliographie: unpubliziert.

Schu gehört zur Neunheit von Heliopolis; zusammen mit seiner Schwester Tefnut[1] wurde er
vom Schöpfergott Atum geschaffen, der das Geschwisterpaar ausspie, nachdem er seinen
Samen verschluckt hatte. In dem Götterpaar
Schu und Tefnut ist damit erstmals das männliche und weibliche Prinzip getrennt, das im
Schöpfergott noch vereint war[2]. Schu ist der
Herr der Luft, des lebenspendenden Lufthau-
ches[3]; er repräsentiert aber auch den Luftraum
zwischen Erde und Himmel. In dieser Funktion
zeigen ihn die Bilder mythologischer Papyri,
wenn er den Körper der Göttin Nut emporhebt
oder mit erhobenen Armen den Leib[4] der Himmelskuh stützt[5].
Auf diese Aufgabe des Gottes spielt die Haltung
an, in der Amulette wie auch dieses Exemplar normalerweise zeigen: Er kniet auf einer
längsrechteckigen Basis, das linke Bein aufgestellt, das rechte mit ausgestrecktem Fuß unter
das Gesäß gelegt. Beide Arme sind waagerecht

neben dem Körper ausgestreckt, die Unterarme in rechtem Winkel abgeknickt und parallel nach oben geführt. Es ist die Armhaltung, die
in der Hieroglyphe »Ka« zum Schriftzeichen
wurde[6]. Die Fläche zwischen Armen und Kopf
ist zur Erhöhung der Stabilität durch eine
dünne Platte ausgefüllt, auf deren Rückseite
der Hinterkopf wie angesetzt erscheint.
Schu trägt einen plissierten Schurz mit Gürtel
sowie den geflochtenen Götterbart. Auf der
Strähnenperücke sitzt als Kopfputz eine Sonnenscheibe direkt auf. Auf dem Rücken, in den
unteren Teil der Perücke eingreifend, findet
sich eine quer durchbohrte Öse.
Formale und ikonographische Parallelen sind
meist kleiner und von geringerer Qualität[7].
Dieses Stück zeichnet sich durch sein Format
und seine hohe Qualität aus, die sich sowohl in
der Feinheit der Details – Zehen, Finger, Flech-
tung des Bartes – als auch der Modellierung des
Körpers, etwa im Brustbereich, ausdrückt.

1 Vgl. Kat. 97.
2 LÄ V, Sp. 735 ff., s. v. »Schu«.
3 Auch für den Verstorbenen, so im Totenbuch Kapitel 55,
   Hornung, Totenbuch, 126.
4 Arne Eggebrecht (Hg.), Das Alte Ägypten, München 1984,
   230 (Abb.).
5 Erik Hornung, Der ägyptische Mythos von der Himmelskuh,
   OBO 46, 1982, 82, Abb. 3 und 4.
6 Vgl. Kat. 67.
7 Katalog Frankfurt 1990, 274 ff., Nr. 250–252 mit zahlreichen Parallelen.

97 Tefnut

Fayence
H. 8,9 cm; B. 2,2 cm; T. 2,1 cm
spätes Neues Reich – 3. Zwischenzeit,
1100–800 v. Chr.
ehemals Sammlung Bissing, München
Bibliographie: unpubliziert.

Tefnut bildet mit ihrem Bruder Schu[1] das erste
Götterpaar in der Neunheit von Heliopolis.
Ihre sich ergänzende Gemeinschaft ist so eng,
daß sie Symbol der Paarbildung schlechthin
war und andere dualistische Prinzipien ihr
gleichgesetzt wurden[2]. Darüber hinaus spielt
Tefnut eine entscheidende Rolle im Mythen-

kreis um das Sonnenauge[3], das in der Ferne weilt und mit der Göttin gleichgesetzt wird. In Löwengestalt haust sie in der Ferne, der Sonnengott Re schickt Schu und Thoth aus, die zürnende Göttin zu besänftigen und heimzuholen. Als ihr Empfangsort gilt der Felstempel, und sie verschmilzt dort mit den lokalen Löwengöttinnen wie etwa Pachet im Speos Artemidos[4]. Als befriedete Göttin wird sie zu Hathor.

Auf diesen Mythos spielt die Figur einer stehenden Göttin mit Löwenkopf an. Füße und Basis der in Schrittstellung stehenden Frau in langem Gewand fehlen heute. Der rechte Arm ist mit zur Faust geballten Hand am Körper ausgestreckt; der linke Arm ist vor den Körper gelegt, die Hand hält in der nach oben weisenden Handfläche ein plastisch geformtes Udjat-Auge. Vor die dreigeteilte Strähnenperücke ist die Löwenmähne gesetzt, aus der der Löwenkopf mit aufgestellten Ohren weit herausragt. Zwischen den Ohren hockt eine kleine Löwenfigur mit Mähne[5], den Blick nach vorn gerichtet. Auf dem Hinterkopf der Göttin ist eine große, quer durchbohrte Öse angebracht.

Die Arme der Göttin und die Beine des Löwen sind frei gearbeitet, auch sonst sind die Details wie Löwenkopf und Udjat-Auge sehr sorgfältig geformt. Außergewöhnlich ist der Statuentyp: Das vor dem Körper getragene Udjat-Auge symbolisiert das Sonnenauge, ist also eine andere Erscheinungsform der Göttin selbst[6]. Der Löwe ist ihr Bruder-Gemahl Schu, der ebenfalls die Gestalt dieses Tieres annehmen konnte. Tefnut und Schu wurden als das Löwenpaar Ruti in Leontopolis gemeinsam verehrt.

[1] Vgl. Kat. 96.

[2] »Die beiden Augen« = Sonne und Mond, Osten und Westen, Tag und Nacht; vgl. dazu LÄ VI, Sp. 296, s. v. »Tefnut«, v. a. B.a und D.

[3] LÄ I, Sp. 562 ff., s. v. »Augensagen«; LÄ V, Sp. 1082 ff., s. v. »Sonnenauge«.

[4] Vgl. Kat. 107, 108.

[5] Bei Fayence-Figuren von Katzenfamilien sitzt öfters eine kleine Katze zwischen den Ohren der Mutterkatze: Reisner, Amulets I, CG 12382; id., Amulets II, CG 12632; Langton, in: JEA 22, 1936, pl. 7.11.

[6] Fayence-Figur des Thoth mit Udjat-Auge: Robert S. Bianchi, Egyptian Treasures from the Collections of the Brooklyn Museum, New York 1978, Nr. 26.

98   Stehender Amun

Bronze, Elektron, Glas; Vollguß
H. 12,6 cm; B. 3,2 cm; T. 4,9 cm
3. Zwischenzeit, 1075–750 v. Chr.
ehemals Sammlung Föhr, Kairo–Bonn
Bibliographie: unpubliziert.

Zusammen mit der Göttin Mut und dem Kindgott Chons bildet Amun die göttliche Familie
von Theben, daneben erscheint er auch mit seiner Partnerin Amaunet[1]. Immer wieder ist die
Götterfamilie an den Wänden der thebanischen
Tempel dargestellt[2], dabei zeigt Amun seine
gängigste Erscheinungsform: menschengestaltig mit Federkrone[3].
In dieser Gestalt zeigt ihn auch die Bronzefigur,
deren Sockel heute fehlt: Amun steht in weiter
Schrittstellung, der rechte Arm hängt am Körper herab, der linke ist vorgestreckt[4]. Die in
den Händen gehaltenen Embleme sind verloren. Der dreigeteilte, plissierte Schurz ist auf
der Rückseite glatt gearbeitet. Der Schulterkragen ist plastisch aufgesetzt, der geflochtene Bart
wird von einem Bartband gehalten. In die
hohe Amun-Kappe ist das Doppelfederpaar eingelassen, dessen oberer Teil glatt abgeschnitten ist. Vor der Doppelfeder sitzt eine Sonnenscheibe.
Das stilistisch mittelmäßige Stück erlangt wegen
seiner technischen Details besondere Bedeutung: Die Sonnenscheibe besteht aus rotem
Glas; Bartband, Augenbrauen und Augäpfel sind
in Tauschierung mit Elektron eingelegt. Gerade
Statuen des Götterkönigs Amun zeigen öfters
eine aufwendige Verarbeitung[5].

[1] Vgl. Kat. 99 (Amaunet), 100 (Mut), 101 (Chons).
[2] Z. B. R. A. Schwaller de Lubicz, Les temples de Karnak II,
Paris 1982, pls. 86, 88; Medinet Habu V.1, pls. 291, 297, 330.
[3] Zu Erscheinungsformen des Amun s. auch Kat. 11–18.
[4] Sie ist die häufigste Haltung bei Bronzefiguren des Amun:
Toronto 948.10.1, Roeder, Bronzefiguren, Tf. 71 a; Berlin
2441, loc. cit., Tf. 71 b; Katalog Baltimore, pl. 79, Nr. 478.
Beide Arme am Körper angelegt: München ÄS 6978, MJbK
38, 1987, 220 f.
[5] Katalog Stiftung Koradi/Berger, Zürich 1989, 6–9.

99 Amaunet

Bronze; Vollguß
H. 12,8 cm; B. 2,5 cm, T. 2,5 cm
Spätzeit, 26. Dynastie, 664–525 v. Chr.
Bibliographie: Auktionskatalog Christie's, London,
8. 6. 1988, Nr. 171.

Schon in den Pyramidentexten wird Amaunet als Partnerin des Amun genannt, in der Spätzeit ist sie Mitglied der Achtheit als weibliches Komplement zu Amun. Sie hat jedoch keine ausgeprägte Ikonographie entwickelt und gleicht in ihrem Erscheinungsbild der Neith, mit der sie zu Neith-Amaunet verschmelzen kann[1].

Die Bronzefigur einer Göttin mit unterägyptischer Krone könnte also sowohl als Neith wie auch als Amaunet bezeichnet werden[2]. Sie steht mit geschlossenen Beinen auf einer trapezförmigen Basis. Der rechte Arm hängt am Körper herab, der linke ist leicht nach vorn gestreckt. Die Embleme in den zur Faust geschlossenen Händen fehlen heute.

Die Göttin trägt ein eng anliegendes langes Gewand, das sich an einem Saum unterhalb der Brüste in zwei breite Träger teilt. Sie sind mit einem diagonal verlaufenden Schachbrettmuster verziert. Über den Trägern, die auf dem Rücken wieder sichtbar werden, liegt ein vierreihiger Halskragen mit Tropfenperlen als Abschluß. Oberarme und Handgelenke sind mit Reifen geschmückt. Die Rote Krone weist im unteren Teil eine senkrechte Streifung auf[3]. Auf ihrer Oberseite liegen mit ausgestrecktem Körper nebeneinander zwei Schlangen, die nach vorn blicken[4]. Vielleicht liegt hier eine Verbindung zur unterägyptischen (Schlangen-)Göttin Uto vor, die als Landesgöttin ebenfalls die Rote Krone trägt[5].

[1] LÄ I, Sp. 183, s. v. »Amaunet«; Bonnet, RÄRG, 17.
[2] Vgl. Kat. 103.
[3] Vgl. Havanna 53, CAA Cuba 1, Musée National Havane – Musée Bacardi Santiago de Cuba, 1982, 51; Roeder, Bronzefiguren, Tf. 79 b; ein enges Rautenmuster bei München ÄS 1535, Katalog München 1985, Nr. 71.
[4] Roeder, Bronzefiguren, § 268, 269 (sitzend) mit Parallelen; Auktionskatalog Sotheby's, London, 13./14. 7. 1987, Nr. 145.
[5] Lanzone, Dizionario, Tav. 58.

100 Mut

Fayence
H. 8,9 cm; B. 1,9 cm; T. 1,9 cm
spätes Neues Reich – 3. Zwischenzeit,
1100–800 v. Chr.
Bibliographie: Auktionskatalog Christie's, London,
12. 12. 1990, Nr. 210.

Neben seiner Partnerin Amaunet ist die Göttin Mut die Gemahlin des Amun in Karnak und Mutter des Götterkindes Chons. Verglichen mit Amaunet hat Mut jedoch ein deutlich eigenständiges Wesen entwickelt, auch wenn sie erst seit dem Neuen Reich in den Vordergrund tritt. Südlich des Amun-Tempels hat sie in Karnak einen eigenen Tempelbezirk erhalten. Neben ihrer rein menschlichen Gestalt, in der sie als Gemahlin des Götterkönigs Amun die Doppelkrone trägt[1], gehört Mut ab dem Neuen Reich auch zum Kreis der Löwengöttinnen[2].

Aufgrund des Kopfputzes, der Doppelkrone, wird auch diese Figur als Mut zu benennen sein. In leichter Schrittstellung steht eine Frau mit Löwenkopf auf einer kleinen Basis. Der rechte Arm ist am Körper ausgestreckt, die Hand hält das Lebenszeichen. Der linke Arm ist leicht nach außen gestellt und vor den Körper gelegt, vor dem Bauch umschließt die linke Hand ein Papyruszepter. Die Strähnenperücke ist wenig voluminös und endet bereits oberhalb der Brüste. Die Löwenmähne ist lediglich im Umriß angedeutet und weist keine Innenzeichnung auf; dagegen sind die großen Tierohren weit abstehend oben am Kopf angesetzt, zwischen ihnen ist die Doppelkrone plaziert. Eine Öse greift am Hinterkopf auf die Krone über.

Einem überlängten Unterkörper und ebensolchen Armen ist ein sehr kurzer Oberkörper entgegengesetzt. Diese Proportionen wie auch Farbe und Oberfläche der Fayence sprechen für eine Datierung ins späte Neue Reich oder die Dritte Zwischenzeit.

[1] Zahlreiche Darstellungen u. a. im Säulensaal von Karnak: R. A. Schwaller de Lubicz, Les temples de Karnak II, Paris 1982, pls. 47, 88.
[2] LÄ III, Sp. 1084, s. v. »Löwe«; vgl. Kat. 39–45, 59, 89, 97, 104, 107, 108.

101 Chons

Bronze; Vollguß
H. 4,5 cm; B. 1,1 cm; T. 0,7 cm (mit Öse 1,2 cm)
Griechisch – römisch, 3. Jh. v. Chr. – 3. Jh. n. Chr.
Bibliographie: unpubliziert.

In der Götterfamilie von Theben nimmt Chons die Rolle des Kindes ein[1] und hat im Bezirk des Amun-Tempels in Karnak einen eigenen Tempel erhalten. Auf seine Funktion als Mondgott verweist sowohl sein Kopfputz, Mondscheibe in der Mondsichel, als auch sein Name, dessen Bedeutung »der Wanderer« auf den Zyklus des Mondes anspielt. Auch seine Stellung als Kindgott hängt mit dem sich ständig erneuernden – verjüngenden – Mond zusammen[2].
In seiner Darstellung unterscheidet er sich von der üblichen Ikonographie der Kindgötter[3], die nackt gezeigt werden; bei Chons ist lediglich der Kinderzopf Hinweis auf die Jugend. Er ähnelt darin dem Kindgott der memphitischen Götterfamilie, Nefertem, und auch sein verhüllter, mumiengestaltiger Körper erinnert an eine memphitische Gottheit, den Schöpfergott Ptah: Aus den Mumienbinden befreit sich der Mensch zu neuem Leben, der Tod ist die Voraussetzung zu einer neuen Existenz.
Zu den Attributen des Chons gehören Krummstab, Wedel und das Was-Szepter, um den Hals hängt ein großes Menit[4].
Die kleine Bronzefigur zeigt Chons in Mumiengestalt auf einem trapezförmigen Sockel stehend. Unter der Umhüllung zeichnen sich die Arme ab und ragen die Hände hervor: Die rechte hält den Wedel, die linke ein langes Was-Szepter, das auf der Brust umknickt und zur linken Schulter läuft. Der lange Kinderzopf fällt bis auf die rechte Schulter herab; auf dem Kopf sitzt eine große Mondscheibe (ohne Sichel), vor der Stirn die Uräusschlange. Bei dem Bart handelt es sich um den unten breiter werdenden Königsbart. Auf der Rückseite ist zwischen Mondscheibe und Hinterkopf eine große Öse befestigt.

[1] Vgl. Kat. 98, 100.
[2] LÄ I, Sp. 960 ff., s. v. »Chons«.   [3] Kat. 28–31, 85, 94.
[4] S. die Zeichnung zu Kat. 12; zu Menit vgl. Kat. 1 und 43.

Du hast deinen Thron festgesetzt an jedem Ort,
wo du willst, um deinen Namen zu vervielfältigen.
Städte und Gaue tragen deine Schönheit,
kein Tempel ermangelt deines Bildes.

Ortsgötter

Obwohl die deutsche Kulturpolitik vom Prinzip des Kulturföderalismus lebt, stellt sie sich dem Ausland gegenüber als kulturelles Leben der ganzen Bundesrepublik dar. Wie sich die Kultur Deutschlands auf operationalisierter Ebene in den Bundesländern abspielt, so war die Religion Altägyptens im praktischen Vollzug primär eine Angelegenheit der Gaue, tritt aber trotzdem geschlossen als altägyptische Religion in Erscheinung. Das komplexe Bild dieser Religion zergliedert sich in lokal geprägte Überlieferungen, deren Widersprüchlichkeiten zu erklären und zu überwinden einen nicht geringen Teil des wissenschaftlichen Schrifttums zur Religion Altägyptens ausmacht.

Kaum ein Text, kaum ein Bild zur altägyptischen Religion ist frei von ortsgebundenen Bezügen. Jeder der Gaue Altägyptens vom Mittelmeer bis an die Grenze zu Nubien modifiziert die Grundzüge altägyptischer Religion auf seine Weise, und jeder der großen Tempel hat sein eigenes, in sich geschlossenes theologisches Modell, das sich in den Tempeln der ptolemäisch-römischen Zeit sogar in lokal verschiedenen eigenen Schriftsystemen niederschlagen kann. Um im Bild des Föderalismus zu bleiben: Die Vielfalt der theologischen Systeme ist die Grundbedingung einer schöpferischen Einheit.

Es ist wohl nicht Zufall, wenn die Versatzstücke einer bis dahin nie kohärent in Erscheinung tretenden altägyptischen Mythologie erst im Zeitalter des Hellenismus von griechischen Autoren im Zusammenhang aufgezeichnet werden, die eine klar erkennbare Ordnung schaffen wollen, da ihnen die immanente Ordnung in den altägyptischen Bildern und Texten verborgen bleibt.

Die altägyptische Religion ist ein Spiegel des politischen Spannungsfelds von Zentralstaat und Gaustruktur. Jeder der Gaue sieht sich religionspolitisch als Mikrokosmos, der alle religiösen Bedürfnisse abdeckt und alle theologischen Grundsatzfragen auf seine Weise beantwortet, also einen Universalitätsanspruch erheben kann. In jedem der Gaue sind aber auch die großen Götter anderer Gaue präsent. Sie erheben den Anspruch der Omnipräsenz in allen Heiligtümern des Landes. In Kulthymnen ist diese gesamtägyptische Präsenz deutlich formuliert:

> Sei gegrüßt, Osiris, Herr der Zeit!
> Der mit erlauchtem Ka ist er, der Busiris vorsteht,
> mit reichen Einkünften in Letopolis,
> der Herr der Huldigungen in Anedjti,
> der den Speisen vorsteht in Heliopolis,
> Herr des Gedenkens in Maati,

der geheime Ba, Herr von Qereret,
heilig in Memphis,
der Ba des Re, sein eigener Leib, der in Herakleopolis ruht,
mit kraftvoller Huldigung in Naret,
Herr des großen Hauses in Hermopolis,
groß an Schrecken in Schas-hotep,
Herr der Zeit, der Abydos vorsteht.

Der Konflikt scheint vorprogrammiert zu sein. Einerseits erheben die Götter der einzelnen Gaue und Orte den Alleinvertretungsanspruch, andererseits sind die großen Götter in allen Gauen vertreten. Die altägyptische Sprache differenziert zwischen diesen beiden Arten göttlicher Präsenz. Sie bezeichnet den jeweiligen Ortsgott als »an der Spitze von …« und nennt die von außen zugezogenen Götter »zu Gast in …«. Dieses Gastrecht konkretisiert sich – noch heute erkennbar – in eigenen Heiligtümern dieser »Filialkulte«. Im Tempelkomplex des Gottes Amun in Karnak besitzt Ptah aus Memphis einen Tempel, und im Gegenzug ist Amun in Memphis mit einem Heiligtum vertreten. Im Hathortempel von Dendera sind Isis und Horus mit eigenen Tempeln anwesend. Im Tempelkomplex auf der Insel Philae stehen in unmittelbarer Nachbarschaft des Haupttempels der Göttin Isis die Tempel für die nubischen Götter Arensnuphis und Mandulis, für den memphitischen Halbgott Imhotep, für Hathor und Harendotes.

Wo die auswärtigen Götter nicht über eigene Filialheiligtümer oder Kapellen verfügen, sind sie doch in Statuen und Tempelreliefs gegenwärtig. Alle Götter des Landes geben sich ein Stelldichein, und nur aus ihrer aller Präsenz bezieht die jeweilige Hauptgottheit ihre umfassende Funktionsfähigkeit und wird zur lokalen Ausprägung eines komplexen Gottesbegriffes.

Die Zuordnung bestimmter Gottheiten zu den Gauen, Orten und Heiligtümern Ägyptens ist nur selten in historisch frühen Quellen greifbar; ausgeprägt tritt sie in Texten und Bildern der Spätzeit in Erscheinung. So wird man bezweifeln müssen, ob die Ortsgötter eine ursprüngliche Entwicklungsstufe der ägyptischen Religion darstellen, aus der sich im Rahmen eines allmählichen Integrationsprozesses eine überregionale, landesweite Theologie entwickelte. Zur Überbewertung des Phänomens der Ortsgötter mag auch beigetragen haben, daß sie von griechischen Autoren, die über Ägypten schreiben, als ein Charakteristikum der ägyptischen Religion geschildert werden – für die Zeit ihrer Ägyptenrecherchen zweifellos eine zutreffende Beobachtung. Diese Autoren aber sind es gewesen, die bis in die Mitte des 19. Jahrhunderts, bis zur Erschließung altägyptischer Originaltexte, die einzige Quelle über die Religion Altägyptens bildeten, und sie beeinflussen noch heute die Forschung, nicht zuletzt durch die von ihnen überlieferten, für altägyptische Orte üblich gewordenen griechischen Namensformen, in denen häufig der Name des jeweiligen Ortsgottes steckt: Helios (Re) in Heliopolis, Hermes (Thoth) in Hermopolis, Pan (Min) in Panopolis, Zeus (Amun) in Diospolis, der Falke (Horus) in Hierakonpolis, der Hund (Upuaut) in Kynopolis, das Krokodil (Sobek) in Krokodilopolis – um nur die bekanntesten zu nennen. Vor dem Hintergrund ihrer gesamtägyptischen Präsenz – »zu Gast in« Memphis und Heliopolis, in Hermopolis und Theben – haben viele ägyptische Gottheiten ihren bevorzugten Kultort, wo sie »an der Spitze« stehen. Die Landkarte des ägyptischen und nubischen Niltals läßt sich folglich nicht nur mit Ortsnamen, sondern auch mit Göttergestalten bestücken.

Die Göttin Neith (Kat. 102,103) ist mit der Stadt Sais im Nordwestdelta verbunden, aber stammt sie von dort oder hat sie dort ihren Kultort gefunden, weil Sais in der Frühzeit Ägyptens eine politisch bedeutende Rolle spielte? Die Göttin Sachmet, als Hauptgöttin Memphis zugeordnet, ist in der Deltastadt Athribis »zu Gast« (Kat. 104), obwohl dort als Ortsgott der krokodil- oder falkengestaltige Chentechtai verehrt wird. Eine starke Ortsbindung besitzt die löwen- oder katzengestaltige Bastet; eine der großen Städte des Ostdeltas ist nach ihr benannt, Bubastis. Dennoch wäre es falsch, als Herkunftsort der überaus zahlreichen Katzenfiguren (Kat. 2–4,105) ausschließlich Bubastis anzunehmen. In Memphis steht Ptah (Kat. 88) »an der Spitze«, vereinigt aber um sich an diesem zentralen Ort Kulte zahlreicher anderer, insbesondere auch ausländischer Gottheiten, die im weltoffenen Memphis eine Heimat gefunden haben. Durch ihr ungewöhnliches Erscheinungsbild ist die Ortsgottheit von Oxyrhynchos in Mittelägypten zu unverdienter Bekanntheit gelangt, der Oxyrhynchos-Fisch (Kat. 55,106), wohl eine lokale Ausprägung der Hathor. Eine sonst nur selten in Erscheinung tretende löwenköpfige Göttin ist die im Speos Artemidos genannten Felstempel nahe Beni Hasan verehrte Pachet (Kat. 107–108). Thoth (Kat. 5–7,79,80,110,116,129), in ganz Ägypten verehrt, hat seinen kultischen Schwerpunkt in Hermopolis und tritt dort mit einer fast nur in Hermopolis belegten göttlichen Begleiterin auf, der Nehemet-await (Kat. 109), so daß sich in diesem Götterpaar der gesamtägyptische und der lokal begrenzte Aspekt des Gottesbegriffs nebeneinander finden und miteinander zur Einheit verbinden. Osiris (Kat. 64,84,86,111) besitzt zwar Tempel und Kapellen in allen Teilen des Landes vom Kanopos bei Alexandria bis zur Insel Bigge im Ersten Katarakt und greift wie kein anderer ägyptischer Gott über die Grenzen des Niltals aus, um in der römischen Kaiserzeit im ganzen Imperium Romanum verehrt zu werden, ist aber zugleich Ortsgott von Abydos in Oberägypten und Busiris im Delta. In dichter geographischer Folge liegen in Oberägypten die Ortsgötter nebeneinander: Hathor (Kat. 91,92,121) von Dendera, Min (vgl. Kat. 13) von Koptos, Month von Theben, den ab dem Mittleren Reich Amun (11–18,98) von Karnak in dieser Funktion ablöst, Chnum von Esna, Nechbet (Kat. 112) von Elkab, Horus von Edfu, Sobek und Haroeris von Kom Ombo, Chnum von Elephantine mit seinen stark ortsgebundenen göttlichen Begleiterinnen Satet und Anuket.

Soweit ihre Heiligtümer erhalten geblieben sind, schart sich in ihren Reliefbildern um die Zentralfigur der jeweiligen Ortsgottheit die Fülle der anderen Erscheinungsformen der Götter. Rollentausch wird damit zum Prinzip; Götter von überregionaler Bedeutung wie Amun und Osiris treten hinter der Ortsgottheit zurück und überlassen ihr die Hauptrolle.

In systematischen Gaulisten, wie sie in den Tempeln aufgezeichnet sind, wird jedem Gau »seine« Gottheit zugewiesen. Schon im ältesten vollständig erhaltenen Beleg einer solchen Liste, in den Reliefs und Inschriften auf der Sockelzone der »Weißen Kapelle« des Königs Sesostris I. in Karnak (um 1900 v. Chr.), findet sich ein solches geographisch sortiertes Götterverzeichnis. In den unmittelbar darüber auf den Wänden der Kapelle angebrachten eigentlichen Tempelreliefs aber ist einzig und allein Amun dargestellt und namentlich genannt. Die Vielzahl der lokal verschiedenen Ausprägungen des Gottesbegriffs ist hier buchstäblich die Basis, über der Amun als »König der Götter« in Erscheinung tritt.

Bei großen Landesfesten kommen die Gaugötter aus allen Landesteilen zusammen. Zum Sedfest, dem Regierungsjubiläum des Königs, treffen sie sich in der Residenz – ganz konkret in Statuen, die von weit her angereist sind, und legitimieren damit den Herrschaftsanspruch des Königs. Wenn der ägyptische König aber nicht nur Herr Ägyptens ist, sondern – wie es in einem

Hymnus auf Sesostris III. heißt – »die Bergländer niederzwingt durch seine Uräusschlange, die Fremdländer umschlingt mit seinen Armen und die Bogenvölker tötet ohne einen Stockschlag«, dann setzt er damit letztlich in politische Realität um, was auf göttlicher Ebene vorgeprägt ist. »Der die Berge erschuf und die Fremdländer werden ließ«, das ist ein Gott, der sich nicht auf einen Ort, einen Gau oder auch auf Ägypten festlegen läßt. »Die Fremdländer von Syrien und Nubien und das Land von Ägypten, ... du bist ihrer aller Herr, der sich abmüht mit ihnen« – diese Aussage über den Sonnengott Aton faßt eine allgemein gültige Funktion Gottes in Worte.

Im ganz Großen wie im ganz Kleinen ist Gott anwesend und wirksam. Er ist Allgott und Ortsgott in einem. Jede der folgenden Zeilen könnte für den jeweils zuständigen Ortsgott verfaßt sein, für Thoth:

деine allererste Stätte war auf dem Urhügel in Hermopolis,

für Herischef:

du faßtest Boden in Herakleopolis,

für Ba-neb-djed:

dein Ba ist in Mendes,

für Harachte:

dein Falkenbild ist im heliopolitanischen Gau,

für Ptah:

du hast die beiden Länder geschieden in Memphis,

für Amun:

dein Herz fand Ruhe in deiner Stadt Theben.

Und doch gehören diese so unterschiedlichen Aussagen zu ein und demselben Text, zu einem Hymnus an den Schöpfer- und Weltgott Amun, aufgezeichnet im Hibis-Tempel.

102   Neith

Fayence
H. 5,7 cm; B. 1,4 cm; T. 1,6 cm
Spätzeit – Ptolemäerzeit, 2. Hälfte 1. Jtsd. v. Chr.
Bibliographie: unpubliziert.

Sais, im Westdelta gelegen[1], war der Hauptkult-
ort der Göttin Neith[2], deren Verehrung einen
ersten Höhepunkt in der Frühzeit erfuhr. Ihr
Kult war eng mit dem Königtum verbunden,
und Neith war ursprünglich eine Jagd- und
Kriegsgöttin mit den Attributen Pfeil und
Bogen, die dem König voranschreitet im sieg-
reichen Kampfgeschehen.
Schon die Pyramidentexte nennen sie als Mutter des krokodilsgestaltigen Gottes Sobek. Die
Verbindung zu Krokodilskulten hat auch zur
Schaffung eines seltenen ikonographischen
Typus geführt[3], wie er in diesem Amulett vorliegt: Die Göttin hält mit beiden Armen zwei
Krokodile, die an ihren Brüsten saugen und
senkrecht ausgestreckt an ihrem Körper liegen.
Sie ist in ein langes Gewand gekleidet und trägt
die Rote Krone Unterägyptens. Zwischen Sporn
und Spirale der Krone findet sich ein Verbindungssteg zur Stabilisierung. Die Figur steht in
leichter Schrittstellung auf einer rechteckigen
Basis; ein Rückenpfeiler reicht bis zum Ansatz
des Kronensporns und ist in Brusthöhe quer
durchbohrt. Bemerkenswert ist die feine, detail-
reiche Ausführung sowie die plastische Modellierung des Körpers.
Neith konnte in der Spätzeit selbst mit Krokodilskopf dargestellt werden[4]; ein Hymnus in
Esna nennt sie die Göttin, »*die, die beiden Krokodile säugt*«[5]. Diese werden sowohl als Schu und
Tefnut[6] bezeichnet als auch mit Re und Osiris
gleichgesetzt.

[1] LÄ V, Sp. 355 ff., s. v. »Sais«; Ramadan el-Sayed, Documents
  relatifs à Sais et ses divinités, BdE 69, 1975.
[2] LÄ IV, Sp. 392 ff., s. v. »Neith«.
[3] München ÄS 2925, Katalog 1976, 171 (Abb.); Katalog Memminger, 84 f., Nr. 52; Petrie, Amulets, pl. 30, Nr. 168 b.
[4] Serge Sauneron, Esna V, Les fêtes religieuses d'Esna, Le
  Caire 1962, 115 (r).
[5] Sauneron, op. cit., 111, § 6.
[6] Vgl. Kat. 96 und 97.

103 Neith

Bronze; Vollguß, Basis hohl
H. 21,0 cm; B. 4,0 cm; T. 7,0 cm
Spätzeit, frühe 26. Dynastie, 650–600 v. Chr.
Bibliographie: Katalog Entdeckungen, 135, Nr. 117.

Aus Sais in Unterägypten stammten die Könige
der 26. Dynastie (664–525 v. Chr.); mit dem Auf-
stieg von Sais zur Hauptstadt Ägyptens in dieser
Epoche war auch die Renaissance der Göttin
Neith verbunden, die nun sogar zur Schöpfergottheit aufstieg[1].
Aus dieser Zeit stammen viele Bronzefiguren,
die wie diese Neith einen sehr einheitlichen
Typus zeigen: Die Göttin steht[2] in Schrittstellung auf einer rechteckigen Basis, der linke
Arm ist leicht nach vorn genommen, der rechte
Arm ist seitlich am Körper ausgestreckt. Der
obere Teil des in der linken Hand gehaltenen
Was-Szepters ist noch erhalten, das ursprüng-
lich in der rechten Hand getragene Emblem ist
verloren. Sie ist in ein eng anliegendes, ober-
halb der Knöchel endendes Gewand gekleidet.
Über den Schultern liegt ein sehr sorgfältig aus-
geführter dreireihiger Halskragen, dessen unteren Abschluß eine Reihe Tropfenperlen bildet.
Da Neith im Gegensatz zu den meisten anderen
Göttinnen keine Perücke trägt, wird auf die
Ausarbeitung des Halsschmucks oft besonderen
Wert gelegt[3]. Weiteren Schmuck trägt die Göttin hier nicht[4]. Die unterägyptische Krone als
Kopfputz sitzt dicht über den Brauen auf, die
Spitze des Sporns und die Spirale sind abgebrochen. Das schmale Gesicht mit kleinem Mund
und langer Nase wirkt streng; der Oberlidstrich
ist bis zu den Schläfen geführt, die Augenbrauen sind plastisch gearbeitet. Auffallend ist
die kräftige Modellierung des Körpers, die hoch
angesetzte Taille und die Betonung des Unterkörpers. Deutlich zeichnet sich das Schamdrei-
eck unter dem Gewand ab, in der Seitansicht
wird das nach hinten gedrückte Gesäß deutlich.
Diese Proportionen sind das stilistische Erbe
der vorangegangenen Kuschitenzeit.
Auf der Basis findet sich, vorn links beginnend
und bis zur Rückseite umlaufend, eine einzei-

lige Inschrift: »*Neith gebe Leben dem Fürsten Peftjau-Neith, Sohn des Pa-di-Neith, den geboren hat die Hausherrin Merit-it-es*«.

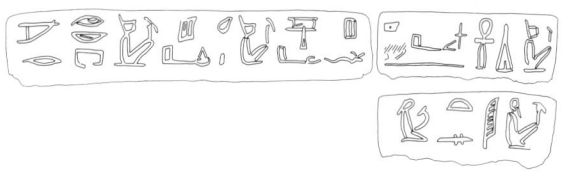

[1] Vgl. Kat. 102; LÄ IV, Sp. 392 ff., s. v. »Neith«.
[2] Sitzfiguren der Neith begegnen seltener, z. B. Katalog Baltimore, pl. 86, Nr. 549, 550, 552; pl. 87, Nr. 548.
[3] Katalog Baltimore, pl. 86, Nr. 540, 543; Roeder, Bronzefiguren, Tf. 31 b; Auktionskatalog Sotheby's, New York, 10./11. 6. 1983, Nr. 20; Auktionskatalog Sotheby's, London, 12. 12. 1988, Nr. 72.
[4] Mit Ober- und Unterarmreifen: Katalog Baltimore, pl. 87, Nr. 542, 543, 545, 546.

104   Sachmet

Fayence, Bronze
H. 9,9 cm; B. 2,4 cm; T. 2,2 cm
Spätzeit, 26. Dynastie, 664–525 v. Chr.
Bibliographie: Katalog Entdeckungen, 108 f., Nr. 91.

Sachmet, mit Ptah und Nefertem zur Götterfamilie von Memphis verbunden[1], wurde als eine der »großen« Göttinnen auch über ihr eigentliches Kultzentrum hinaus verehrt. So bezeichnet sie die Inschrift auf dem Rückenpfeiler dieser Statuette als »*zu Gast in Kem-wer*«. Kem-wer ist der alte Name von Athribis, Hauptstadt des 10. unterägyptischen Gaus im Zentraldelta, nordöstlich der modernen Stadt Benha gelegen[2].

Die schlanke Frauenfigur ist in Höhe der Waden gebrochen, Füße und Basis fehlen. Die Arme sind mit ausgestreckten Händen an die Körperseiten gelegt. Sie ist in ein langes, eng anliegendes Gewand gekleidet, das sich unter den Brüsten an einem Saum in zwei breite Träger teilt, die vor den Schultern geknotet sind. Die dreigeteilte Perücke mit Innenzeichnung endet in Höhe der Schulterblätter bzw. über den Brüsten. Über der Perücke liegt eine stilisierte Löwenmähne, die den Löwenkopf halbkreisförmig rahmt. Die kleinen Löwenohren liegen eng an und sind vollständig in den Umriß des Kopfes integriert. Als einziger Schmuck wird zwischen den Strähnen der Perücke ein dreireihiger Halskragen mit einem Abschluß aus Tropfenperlen sichtbar. Der im Scheitel eingesenkte Metallstift läßt auf einen heute verlorenen Kopfputz schließen.

Der Rückenpfeiler endet in Höhe der Schulterblätter am unteren Abschluß der Perücke; er trägt eine senkrechte Inschriftenzeile mit kurzem Text: »*Worte sprechen: Sachmet, die Große, zu Gast in Athribis, sie möge geben alles Leben und Glück für …*«. Es folgte der Name des Stifters auf dem heute fehlenden Teil.

Das Löwengesicht ragt weit aus der Umrahmung der Perücke heraus, seine abgerundeten Formen erzeugen einen friedlichen Ausdruck. Sämtliche ikonographischen Details sind sorgfältig und mit ihren Einzelheiten angegeben. Stilistisch bemerkenswert ist die extreme Überlängung von Taille, Hüft- und Oberschenkelpartie, ebenso die der Arme. Die Rundung der Oberschenkel und Waden zeichnet sich deutlich ab. Bei der Beurteilung der Proportionen der Figur ist zu berücksichtigen, daß der heute fehlende Kopfputz den Gesamteindruck zugunsten einer Betonung des Oberkörpers veränderte.

[1] Vgl. Kat. 88–90.
[2] LÄ I, Sp. 519 ff., s. v. »Athribis«; Paul Vernus, Athribis, BE 74, 1978, 458 f.
[3] Im Gegensatz zu den kantigen Gesichtszügen etwa bei Kat. 107 und 108.

105 Bastet

Bronze; Hohlguß
H. 10,0 cm; B. 4,5 cm; T. 6,9 cm
Ptolemäer- bis Römerzeit, 3. Jh. v. – 2. Jh. n. Chr.
Bibliographie: Auktionskatalog Lempertz 567, Köln,
13.–20. 11. 1978, Nr. 1528.

Bubastis, wörtlich »Ort der Bastet«, im Ostdelta gelegen, war der Hauptkultort der Göttin Bastet[1], die ursprünglich als löwengestaltige Gottheit verehrt wurde. Ihr Erscheinungsbild wandelt sich dann zur Katze, und in dieser Gestalt war sie ab der 3. Zwischenzeit durch das ganze 1. Jtsd. v. Chr. besonders populär. Neben den Katzenfriedhöfen[2] zeugen davon vor allem die zahlreichen, meist aus Bronze gefertigten Katzenfiguren. Viele dieser Statuetten standen in direkter Beziehung zur Bestattung der Tiere: Sie waren auf einen Kasten aufgesetzt, der als Sarg für eine Katzenmumie diente[3].

Die Details des Kopfes dieser aufrecht sitzenden Katze sind sehr detailliert: Die Innenbehaarung der Ohren sowie die Schnurrhaare sind in feiner Ziselierung wiedergegeben, die Nasenlöcher sind vertieft. Auf der Brust liegt ein überdimensionales Pektoral mit einem nach rechts gerichteten Udjat-Auge[4]. Es hängt an einem einfachen Band, das im Nacken zu einer ornamentalen Schleife gebunden ist.

Wie bei Katzenbronzen nicht unüblich, ist auch bei dieser Figur eine – technisch bedingte – Diskrepanz zwischen plastischer Modellierung von Kopf und Körper und den im Vergleich dazu starr und leblos wirkenden Vorderläufen zu bemerken. Hier sind sie außen sehr kantig und weisen eine Besonderheit auf: Die wie die übrige Figur als Hohlguß geformten Vorderläufe sind zum Körper hin offen, im unteren Drittel laufen sie zusammen; die Zehen sind nur summarisch angegeben. Die Wiedergabe der Muskulatur im Bereich der Schultern ist stark abstrahiert, ornamental sind die Muskelstränge innerhalb der scharf umgrenzten Schulter im Flachrelief plastisch hervorgehoben.

Einem weit ausladenden Hinterkörper steht ein schmaler, zierlicher Vorderkörper gegenüber, in der Frontalansicht dominiert das massige Hinterteil. In der Seitansicht kommt dagegen die Eleganz der Linienführung zum Tragen: Die sanfte Rundung des Hinterkopfes bildet einen ersten Spannungsbogen, der nach dem Knick zum »Katzenbuckel« in einem zweiten Bogen noch gesteigert wird. Diese Linienführung bedingt, zusammen mit den aufgestellten Ohren, dem leicht angehobenen Kopf und den eng nebeneinandergestellten Vorderpfoten die Eleganz ägyptischer Katzendarstellungen, die nicht ohne Grund als »typisch ägyptisch« gelten: In ihrer Verschmelzung von starker Abstraktion in der Modellierung des Körpers und detailverliebter Wiedergabe ikonographischer Einzelheiten sind sie typisch für ägyptische Tierdarstellungen, die in den wenigsten Fällen das Tier als Teil der Natur abbilden, sondern vielmehr sein Wesen als Erscheinungsform des Göttlichen herausarbeiten.

Von den zahlreichen Katzenstatuetten ist nur eine einzige durch eine Sockelinschrift mit Königsnamen exakt datiert[5].

---

[1] LÄ I, Sp. 628 ff., s. v. »Bastet«.
[2] Katzenfriedhöfe u. a. belegt in Bubastis, Saqqara, Tanis, Speos Artemidos, Beni Hassan, Theben; vgl. Dieter Kessler, Die heiligen Tiere und der König I, ÄAT 16, 1989, 17–29.
[3] Katalog So lebten die Alten Ägypter, Schweizerisches Museum für Volkskunde, Basel 1976/77, 37, Nr. 12; vgl. auch Kat. 3.
[4] Neben der Aegis (vgl. Kat. 2) der häufigste Brustschmuck bei Katzen, meist jedoch als Amulett direkt an einer Kette getragen, ohne die Fassung: Auktionskatalog Sotheby's, New York, 9. 12. 1985, Nr. 85; Sotheby's, New York, 28. 11. 1990, Nr. 63; Roeder, Bronzefiguren, Tf. 70, § 450. In Kombination mit mehrreihigem Halskragen: Roeder, op. cit., Tf. 50, § 450 h; Katalog Antiquities from the Collection of Christos G. Bastis, New York 1987, 54 f., Nr. 20; Auktionskatalog Münzen und Medaillen AG Basel, Auktion 46, 28. 4. 1972, Nr. 69. Kombination von Pektoral mit Udjat-Auge, Halskragen und geflügeltem Skarabäus: London BM 64391, Katalog Egyptian Sculpture, British Museum, London 1983, 15, Nr. 13. In Flachrelief aufgesetztes Udjat-Auge: Auktionskatalog Münzen und Medaillen AG Basel, Auktion 59, 16. 6. 1981, Nr. 2.
[5] Louvre E 3933, Katalog Tanis – L'or des Pharaons, Paris 1987, 93: 26. Dynastie, Psammetich I., 664–610 v. Chr.

106 Oxyrhynchos-Fisch

Bronze; Vollguß, Basis hohl
H. 9,7 cm; B. 2,2 cm; L. 8,8 cm
Griechisch-römisch, 3. Jh. v. – 3. Jh. n. Chr.
Bibliographie: Auktionskatalog Hermann Historica
OHG, München, 10./11. 11. 1989, Nr. 292.

Die Stadt Oxyrhynchos in Mittelägypten, nahe dem modernen Ort Bechnasa gelegen, war in der Spätzeit die Hauptstadt des 19. oberägyptischen Gaues und ursprünglich ein Kultort des Gottes Seth. So fand nach dem Horusmythos der Kampf zwischen den Göttern Horus und Seth in Oxyrhynchos statt[1]. Diese Tradition wurde jedoch später von einem Fischkult überlagert, über den verschiedene antike Autoren berichten: »(In Oxyrhynchos) verehren sie den Oxyrhynchosfisch und haben sie auch ein Heiligtum desselben«, berichtet Strabon[2]. Und Plutarch weiß im Zusammenhang seines Berichtes über den Tierkult in Ägypten sogar von einem »heiligen Krieg«[3] um diesen Fisch: »Und weil die Hundestadtbewohner den Oxyrhynchosfisch aßen, fingen zu unserer Zeit die Oxyrhynchos-Stadtbewohner einen Hund, opferten ihn und aßen ihn als Opfertier auf; dadurch gerieten sie in einen Krieg miteinander, richteten einander übel zu und wurden dann von den Römern gestraft und auseinander gebracht.«
Aufgrund seines charakteristischen Aussehens läßt sich der »Spitznasenfisch« zoologisch bestimmen und klar von anderen Fischarten trennen[4]; es ist ein Nasennilhecht, »mormyrus kannume/caschive«[5]. Kleinformatige Bronzefiguren des Fisches sind in großer Zahl aus seinem Heiligtum in Oxyrhynchos überliefert, was auf einen lebhaften und populären Kultbetrieb schließen läßt[6].
Dabei lassen sich zwei Typen unterscheiden: Eine Gruppe stellt den Fisch direkt auf eine kufenförmige Basis[7], die andere setzt ihn wie bei diesem Stück auf einen naosförmigen Unterbau. Dieser besteht aus einem kastenförmigen, länglichen Sockel, auf den mittig ein Naos mit geböschten Wänden, Rundstab und Hohlkehle aufgesetzt ist. Darauf erheben sich wie Kapitelle mit Säulenstumpf zwei Papyrusdol-

den über kurzen Stengelansätzen. Mit Bauch- und Afterflosse sitzt der Fisch auf den Papyrusdolden auf, wobei die Bauchflosse recht unorganisch zu einer Vierkantstütze umgeformt ist und auch die Afterflosse eine zusätzliche Abstützung erhält[8]. Die Oberseite des Naos mit den Dolden ist separat gearbeitet und eingesetzt[9]; manchmal zeigt diese Platte Kufenform und bildet so die Verbindung zum anderen Typus[10].
Der Fisch trägt den üblichen Kopfputz der Oxyrhynchos-Fische, ein Kuhgehörn mit Sonnenscheibe über einem runden Untersatz. Davor bäumt sich die Uräusschlange auf, dahinter setzt der lange Saum der Rückenflosse an. Auge und Kiemenspalte sind in Ritzung angegeben, ebenso die Brustflosse[11].
Der Oxyrhynchos-Fisch auf dem Naos wird öfters mit einem knienden Adoranten verbunden[12].

1 LÄ IV, Sp. 638 f., s. v. »Oxyrhynchos«.
2 Geographie XVII 1. 40; Ingrid Gamer-Wallert, Fische und Fischkulte im Alten Ägypten, ÄA 21, Wiesbaden 1970, 92 ff.
3 De Iside et Osiride, 72, zitiert nach Theodor Hopfner, Plutarch – Über Isis und Osiris, II. Teil, Prag 1941, 44.
4 Vgl. Kat. 56, Barbe (»Lepidotos«).
5 Gamer-Wallert, op. cit., 6; Joachim Boessneck, Die Tierwelt des Alten Ägypten, München 1988, 124.
6 Allein zu Beginn der 70er Jahre kamen mehrere hundert Oxyrhynchos-Fische mit der Herkunftsangabe »Behnasa« in den Handel.
7 Vgl. Kat. 55 und die dort genannten Parallelen.
8 Ähnlich Auktionskatalog Sotheby's, London, 13./14. 7. 1987, Nr. 149; Christie's, London, 13. 12. 1988, Nr. 269.
9 Oft nur oberer Teil erhalten: Auktionskatalog Sotheby's, London, 13./14. 7. 1987, Nr. 150.
10 Auktionskatalog Sotheby's, New York, 20. 6. 1990, Nr. 103 (mit Adorant).
11 Diese kann auch plastisch aufgesetzt sein: Auktionskatalog Sotheby's, London, 13./14. 12. 1990, Nr. 37.
12 Auktionskatalog Christie's, London, 2. 12. 1991, Nr. 97; s. auch Anm. 10.

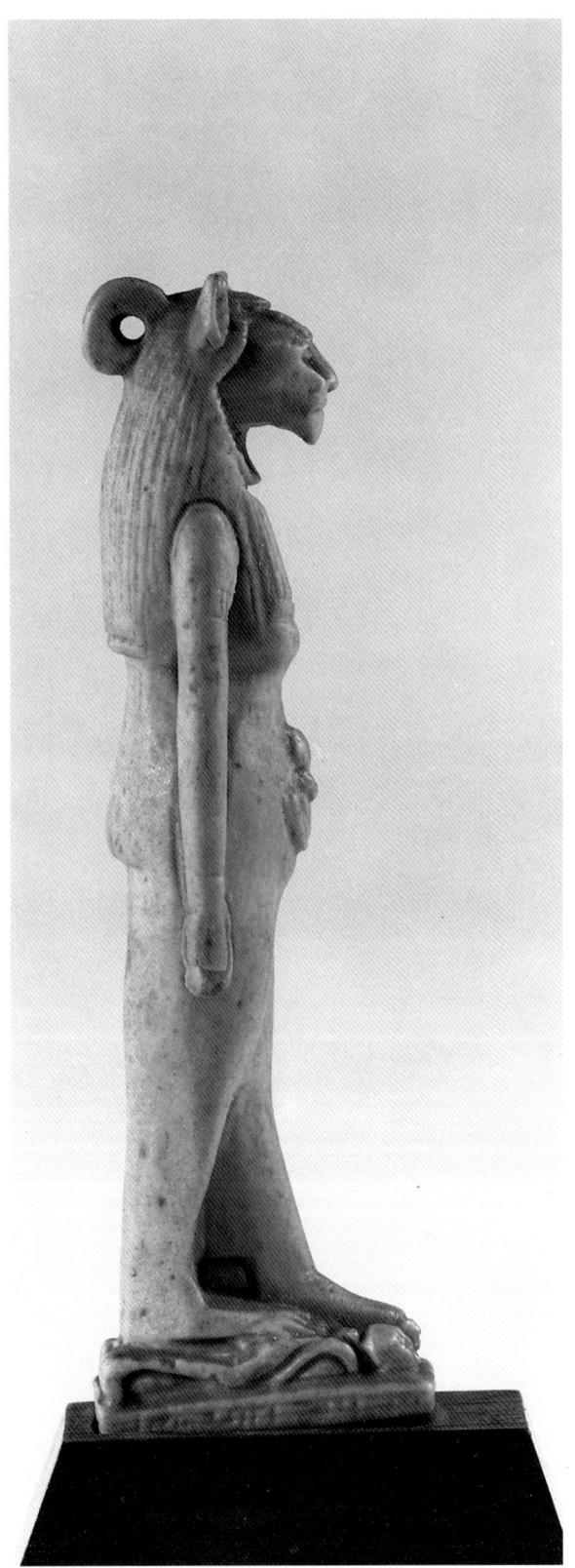

107   Pachet

Fayence
H. 9,5 cm; B. 2,4 cm; T. 2,9 cm
Spätzeit, 700–400 v. Chr.
Bibliographie: Auktionskatalog Christie's, London,
8. 6. 1988, Nr. 167.

Im Speos Artemidos, einem kleinen Felstempel
aus der Zeit Hatschepsuts in Mittelägypten, am
Eingang eines Wadis zur Ostwüste gelegen,
wurde die löwengestaltige Göttin Pachet[1] verehrt. Ihr Name erscheint bereits im Mittleren
Reich in den Inschriften der benachbarten
Nekropole von Beni Hassan, die etwa zwei
Kilometer nördlich liegt. Der Name der Göttin bedeutet »Die Kratzende«; Sargtexte beschreiben sie als »die Große mit scharfen Augen und wir-
kungsvollen Krallen, die Löwin, die des Nachts Nahrung erblickt und raubt«[2].
Die Fayencefigur einer löwenköpfigen Göttin
gehört zu einem seltenen Statuentyp: Sie steht
in Schrittstellung über zwei gefesselten Feinden[3]. Diese liegen auf einer rechteckigen Basis
flach nebeneinander auf dem Bauch; die Köpfe
sind in den Nacken gedrückt und blicken nach
vorn; die Ellbogen sind leicht hochgezogen und
als hinter dem Rücken gefesselt zu verstehen;
die Füße stützen sich auf die Zehen auf, so daß
die Fußsohlen nach hinten weisen. Bei der Zusammenstellung von Gefangenenpaaren an Sta-
tuensockeln handelt es sich oft um einen Syrer
und einen Nubier, die als Verkörperung des
Nordens und des Südens für die Gesamtheit der
Feinde Ägyptens stehen[4]. Bei dieser Figur sind
jedoch die Köpfe der Ausländer zu klein, um
eine Unterscheidung treffen zu können.
Die Göttin trägt ein eng anliegendes Gewand,
das sich unter der Brust in zwei breite Träger
teilt. Der untere Abschluß des Kleides ist in
Knöchelhöhe durch eine rechteckige Vertiefung markiert, die jeweils an der Innenseite des
Fußgelenks liegt. Der rechte Arm ist am Körper
ausgestreckt und hielt ursprünglich wohl ein
Lebenszeichen, das heute nach unten ausgebro-
chen ist. Die linke Hand ist vor den Körper gelegt und hält in Höhe des Bauches eine Aegis,
die wahrscheinlich einen Löwenkopf mit Son-

nenscheibe zeigt[5]. Bedingt durch die Position
der Aegis ist der Bauchnabel weit nach unten
verschoben. Oberarme und rechtes Handgelenk
sind von Bändern geschmückt. Die dreigeteilte
Strähnenperücke fällt im Rücken bis in Taillenhöhe herab. Vor ihr liegt eine Löwenmähne, die
den Löwenkopf bis zum oberen Abschluß der
großen, weit abstehenden Ohren rahmt. Auf
dem Scheitel sitzt ein scheibenförmiger Aufsatz,
in den ein Loch zur Aufnahme eines Kopfputzes eingelassen ist. Am Hinterkopf findet sich
eine große, längsgeriefelte Öse.

Das Löwengesicht ragt weit aus der Rahmung
von Perücke und Mähne hervor und weist
sehr kantige Strukturen auf. Mit der plastischen Modellierung von Stirnfalten und Ohrmuscheln ist der Kopf sehr differenziert gearbeitet. Dagegen fallen andere Körperteile wie
Hände und Füße sehr summarisch aus. Stilistisch unbefriedigend ist auch der Gesamtauf-
bau der Figur in seinen Proportionen: Die Hals-
partie ist überlängt, der Oberkörper kurz und
schmächtig. Demgegenüber wirken Hüften und
Oberschenkel sehr massig, die Unterschenkel
sind wiederum zu kurz.

Das Interessante an dieser Figur ist daher weniger die Stilistik als vielmehr der Statuentyp[6].
Mit den Feinden unter ihren Füßen könnte in
dieser löwengestaltigen Göttin Pachet dargestellt sein, die aufgrund ihrer Verehrung in
einem Felsheiligtum eine besondere Affinität
zur Wüste und damit zum bedrohlichen Ausland aufweist: Zwischen Fruchtland und Wüste,
Diesseits und Jenseits gelegen, ist eine Aufgabe des Felstempels die Bannung feindlicher
Mächte[7] – eine Aufgabe, die von der dort ver-
ehrten Göttin aufgenommen wird und bestens
zum Charakter einer gefährlichen Löwengottheit paßt. Hinzu kommt die Funktion des Felstempels als Empfangsstätte für die aus der
Ferne heimgeholte Göttin, die als Pachet oder
Tefnut, jedenfalls als löwengestaltige Göttin, in
der Ostwüste gehaust hatte[8].

---

[1] LÄ IV, Sp. 640 f., s. v. »Pachet«.
[2] CT V, 399 a-d; LÄ III, Sp. 1083, s. v. »Löwe«.

3 Zur Bedeutung dieses Statuentyps Wildung, in: AfO 24, 1973, 108–116.
4 So beim Statuensockel Kairo CG 755, Wildung, op. cit., Abb. 9.
5 Vgl. Kat. 2 und 4.
6 S. auch Kat. 108 und die dort zitierten Parallelen.
7 LÄ II, Sp. 161 ff., s. v. »Felstempel«.
8 Vgl. Kat. 97.

108 Pachet

Fayence
H. 10,8 cm; B. 2,7 cm; T. 3,0 cm
spätes Neues Reich – 3. Zwischenzeit,
1100–900 v. Chr.
Bibliographie: Auktionskatalog Christie's, London, 2. 12. 1991, Nr. 77.

Wie die zuvor beschriebene Statuette[1] gehört auch diese Figur zu den wenigen Beispielen des Statuentyps einer stehenden löwenköpfigen Göttin über gefesselten Feinden. In Schrittstel-lung steht die Göttin auf zwei Gefangenen, die auf einer rechteckigen Basis nebeneinander auf dem Bauch liegen und regelrecht platt gedrückt sind. Die Arme sind neben dem Körper abge-winkelt, so daß der Unterarm unter dem Ober-arm zu liegen kommt. Quer über den Rücken spannt sich der doppelte Strick der Fesselung. Die Köpfe sind in den Nacken gedrückt, das Kinn weist nach vorn. Die im Vergleich zu den Armen sehr kurzen Beine liegen ebenfalls waagerecht, die Füße sind nach vorn umge-bogen.

Durch die gefesselten Gefangenen, die die Feinde Ägyptens schlechthin symbolisieren, wird das kriegerische Wesen der Löwengöttin unterstrichen, ein Bildgedanke, der auch im königlichen Bereich in Relief und Rundplastik umgesetzt wurde[2]. Außer Löwengöttinnen[3] kön-nen etwa auch Horus[4] oder Sopdu[5] mit diesem Statuentypus verbunden werden.

Die Figur weist noch eine weitere Besonderheit auf: In den Freiraum hinter dem vorgestellten linken Fuß ist eine Katze gesetzt, die sich an die Waden der Göttin anschmiegt und deren über-lange Ohren bis zu den Kniekehlen reichen[6].

Trotz der Form der Ohren wird es sich um eine Katze[7], nicht um einen Hasen handeln, so daß in dieser Figur neben dem gefährlichen auch der friedvolle Aspekt der Göttin angesprochen ist. Oder sollte hier auf die Umwandlung der ursprünglich hasengestaltigen Göttin Unut, der Gaugöttin des 15. oberägyptischen Gaues, in eine Löwengottheit angespielt sein?[8]

Ansonsten weist sie keine ikonographischen Besonderheiten auf: Sie trägt ein langes Gewand, der rechte Arm ist am Körper ausgestreckt, die linke Hand ist vor den Leib gelegt und hält ein Papyrusszepter. Die dreigeteilte Perücke weist ein geringes Volumen auf, die Löwenmähne rahmt kreisförmig den Löwenkopf. Die Ohren sind seitlich angesetzt, um einer sehr breiten Öse auf dem Kopf Platz zu lassen. Obwohl Einzelformen mit Ausnahme des detailliert gearbeiteten Kopfes eher summarisch gehalten sind, zeigt die Figur in ihren schlanken Proportionen eine elegante Haltung.

[1] Kat. 107.

[2] Zu diesem Statuentyp im königlichen und göttlichen Bereich Wildung, in: AfO 24, 1973, 108–116.

[3] Stehend: Brunton, Matmar, pl. 59, Nr. 14 (Matmar, Grab 718, 3. ZwZt.); Kairo CG 39011, Daressy, Statues, 255, pl. 50; auch das von Wildung, op. cit., Abb. 1–5 publizierte Fragment (= Auktionskatalog Münzen und Medaillen AG Basel, Auktion 49, 27. 6. 1974, Nr. 38); sitzend: London BM 60279, Wildung, loc. cit., Abb. 12; Katalog Les chats des pharaons, Bruxelles 1989, 67, r. 38.

[4] Wildung, op. cit., Anm. 33.

[5] Statuenbasis München ÄS 6786, Katalog München 1985, 110 f., Nr. 76.

[6] Direkte Parallele in einem Fragment: Neville Langton, The Cat in Ancient Egypt, Cambridge 1940, pl. 11 (159).

[7] Vergleichbar lange Ohren in einer Katzengruppe, Katalog Bruxelles (s. Anm. 2), 77, Nr. 50; oder in Totenbuch-Darstellungen des »großen Katers«, z.B. im Grab des Inherchau, TT 359: Bernard Bruyère, Rapport sur les fouilles de Deir el Médineh (1930), FIFAO 8.3, 1933, pl. 21.

[8] Otto, in: AnOr 17, 1938, 22 f.; LÄ IV, Sp. 859 f., s. v. »Unut«.

109 Nehemet-await

Bronze, Silber
H. 23,4 cm; B. 6,3 cm; T. 9,2 cm
Spätzeit, 25./ 26. Dynastie, 750–600 v. Chr.
Bibliographie: Auktionskatalog Lempertz, Köln,
21. 11. 1967, Nr. 65; Katalog Entdeckungen, 115 f.,
Nr. 95.

Als Göttin, »die inmitten von Hermopolis wohnt«,
wird Nehemet-await bezeichnet, und in dieser
mittelägyptischen Stadt hat sie auch in der Spätzeit den einzigen ihr geweihten Tempel erhalten[1]. Bildete die Göttin zunächst ein Paar mit
dem Gott Schepsi, einem lokalen Sonnen-(und
Mond-)gott[2], ist sie ab der 19. Dynastie die Gefährtin des Gottes Thoth. In dieser Verbindung
wird sie zur Herrin der Zeit; ansonsten zeigt sie
wenig Eigenständigkeit, gleicht sich in Wesen
und Ikonographie[3] stark der Hathor an und
kann als deren lokale Erscheinungsform in Hermopolis angesehen werden[4].

Ihr wichtigstes ikonographisches Merkmal ist
der Kopfputz, wie sie ihn in dieser Bronzefigur
trägt. Die Göttin thront auf einem kubischen
Sitz mit niederer Rückenlehne. Ihre rechte
Hand ist zur linken Brust geführt, die linke
stützt den Hinterkopf eines auf ihrem Schoß sitzenden, nach rechts blickenden Kindes. Die
Figur ist aus drei Teilen, dem Sitz, der Frauen-
und der Kinderfigur, zusammengesetzt. Der untere Teil des Thrones sowie die Basis fehlen,
ebenso die Füße des Kindes und der oberste
Teil seiner Krone. Der rechte Fuß der Göttin
ist modern geklebt; ihre Augen sind in Silber
eingelegt, die Pupillen in Niello-Technik ausgeführt.

Das nackte Kind trägt die Doppelkrone sowie
an der rechten Schläfe die Jugendlocke. Die
Göttin ist in ein knöchellanges Gewand gehüllt,
Armbänder schmücken Oberarme und Handgelenke, ein dreireihiges Collier den Hals. Über
der dreiteiligen Perücke liegt der Geierbalg mit
Uräusschlange, darüber sitzt als Untersatz für
den hoch aufragenden Kopfputz ein Kalathos
aus zwölf Uräen[5]. Dieser besteht aus dem oberen Teil eines Naos-Sistrums: Eine schlanke,

hohe Fassade wird von einer Hohlkehle be-
krönt und von zwei Spiralen flankiert, die
niedrige Türöffnung füllt eine Uräusschlange
mit Sonnenscheibe aus. Die Rückseite des flach
gearbeiteten Kopfputzes ist glatt belassen.
Diese Krone ist charakteristisch für Nehemet-
await[6], kann aber ebenso von der in Heliopolis
beheimateten Göttin Nebet-hetepet getragen
werden[7], die ebenfalls ab der Spätzeit eine
enge Verbindung mit Hathor eingeht. Ohne
Beischrift, wie es gerade bei Bronzefiguren oft
der Fall ist[8], sind daher die beiden Göttinnen Nehemet-await und Nebet-hetepet aufgrund ihrer Ikonographie nicht eindeutig zu
unterscheiden. Wie Hathor kann auch Nehemet-await in Gestalt ihres Kultsymboles, des
Sistrums, als Hathorpfeiler erscheinen[9].
Während das Götterkind in dieser Gruppe sehr
flach gebildet und plastisch kaum durchgear-
beitet ist, was in den dünnen und überlängten
Gliedmaßen besonders deutlich wird, weist die
Figur der Göttin einen sehr kräftigen Körper
und gedrungene Proportionen auf. Oberschenkel, Hüften und Bäuchlein sind betont, der Hals
ist kurz und massig, die Perücke lädt seitlich
weit aus. Die Körperformen sprechen für eine
Datierung in das Umfeld der 25. Dynastie, der
Kuschitenzeit, was durch das energische Gesicht
mit hoch angesetzten Jochbeinen bestätigt wird.

---

[1] Erwähnung auf einer Stele Nektanebos' I., Roeder, in: ASAE 52, 1954, 431 ff.
[2] LÄ V, Sp. 584, s. v. »Schepsi«.
[3] Mit Kuhgehörn und Sonnenscheibe: Lanzone, Dizionario, Tav. 174 (4).
[4] Allgemein zu Nehemet-await: Jacques Parlebas, Die Göttin Nehemet-away, Kehl 1984.
[5] Gleicher formaler Aufbau und Ikonographie (ohne Kopf-putz): Leiden AB 2, Katalog Art from Ancient Egypt, Japan 1987, 116, Nr. 146.
[6] Lanzone, Dizionario, Tav. 174 (3); ergänzt um den »Hathor-kopf« mit Kuhohren, ibid. (1, 2).
[7] Lanzone, Dizionario, Tav. 320 (3).
[8] Katalog Ancient Egyptian Art, Burlington Fine Arts Club, London 1922, 75, pl. 21, Nr. 11; Katalog Ägyptische Kunst im Liebieghaus, Frankfurt 1981, Nr. 37.
[9] Hibis III, pl. 2, VIII. Die Götter von Hermopolis in ihren verschiedenen Erscheinungsformen: Hibis III, pl. 4, V; Edouard Naville, Bubastis, EEF 8, 1891, pl. 45. Vgl. auch Kat. 1.

110   Thoth

Bronze, Gold, Niello; Vollguß, Sockel hohl
H. 18,4 cm (mit Zapfen 20,5 cm); B. 5,1 cm; T. 7,3 cm
Spätzeit, 25.–27. Dynastie, 750–500 v. Chr.
Bibliographie: unpubliziert.

Hermopolis magna, Hauptstadt des 15. oberägyptischen Gaues, in der geographischen Mitte Ägyptens gelegen, war spätestens seit dem Mittleren Reich Hauptkultort des Gottes Thoth[1], der hier in seinen verschiedenen Erscheinungsformen, als Ibis, Pavian und in Mischgestalt, verehrt wurde[2]. Aufgrund seines komplexen Wesens, seiner zahlreichen Funktionen und vielfältigen Beziehungen zu anderen Göttern findet sich sein Kult in nahezu allen wichtigen religiösen Zentren des ägyptischen Niltals und darüber hinaus: Seit dem Alten Reich ist Thoth auf dem Sinai belegt, in Nubien bis hinunter in den Sudan ist er ab dem Neuen Reich in jedem der großen Tempel zu finden[3].

Die Bronzefigur zeigt Thoth in Mischgestalt als Mann mit Ibiskopf auf einem heute verlorenen Thron sitzend; die Füße sind auf eine kleine, sich nach hinten trapezförmig verjüngende Basis gestellt. Wie modern rekonstruiert, ist unter Sockel und Thronsitz eine größere gemeinsame Basis zu ergänzen.

Die Arme liegen nicht am Körper an, sondern werden frei neben ihm gehalten, auch liegen die Unterarme nicht auf den Oberschenkeln auf. Beide Hände sind zur Faust geballt und zur Aufnahme eines Szepters durchbohrt, dabei ist die linke Faust vertikal, die rechte horizontal mit nach oben weisendem Handrücken gedreht. Beide Insignien fehlen heute[4].

Vogelkopf und -hals sind derart vor die dreiteilige Strähnenperücke gesetzt, daß der Hinterkopf an der Haarmasse anliegt; der Hals wölbt sich frei nach vorn. Der Schnabel ist verbogen und nach links verzogen. Die Haare reichen im Rücken weit herab und bedecken die Schulterblätter, darunter wird die vertiefte Linie des Rückgrates sichtbar. Auf dem Scheitel sitzt als Emblem des Thoth in seiner Eigenschaft als Mondgott die Mondscheibe in der Mondsichel[5].

Der plissierte, dreigeteilte Schurz wird von einem Gürtel gehalten. Zwischen den Haarsträhnen ist auf der Brust ein zweireihiger Halskragen sichtbar, dessen Gittermuster in Gold eingelegt ist. Die vertieften Linien der Perückensträhnung und des Schurzplissees sind heute durch Patina verkrustet; sie waren ursprünglich in Gold oder Niello eingelegt: Ein kleiner Rest der Goldeinlage hat sich vorn auf dem Schurz unterhalb des Gürtels erhalten.

Obwohl von der ursprünglich aufwendigen Ausstattung wenig überdauert hat, zeugen Details von der Qualität der Figur: Zehen und Finger sind sorgfältig, teilweise getrennt gearbeitet, Zehen- und Daumennägel sind angegeben. Die Unterschenkel berühren sich an den kräftigen Waden, während sowohl die Knie wie auch die leicht nach außen gestellten Füße frei gearbeitet wurden. Die Schultern sind überbreit, die Brust klar gegliedert, der Nabel in das kleine Bäuchlein eingetieft. Der Unterkörper ist extrem schmal und überlängt, ebenso die Gliedmaßen – Proportionen, die charakteristisch sind für die Kuschiten- und beginnende Saitenzeit (25./26. Dynastie).

Auf der Vorderseite des Sockels beginnt eine bis auf die rechte Längsseite umlaufende kurze Inschrift, die den Namen des Stifters Hor-em-(…) und seines Sohnes Ipi nennt.

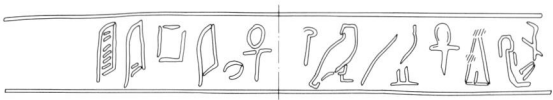

[1] LÄ II, Sp. 1977 ff., s. v. »Hermupolis magna«.
[2] Vgl. Kat. 5–7, 79, 80, 116, 129.
[3] LÄ VI, Sp. 510 f., s. v. »Thot« (Kultort).
[4] Identische Haltung: Auktionskatalog Sotheby's, New York, 20. 6. 1990, Nr. 6.
[5] Selten wird vor diesen Kopfputz noch die Uräusschlange gesetzt wie bei Berlin 8697: Roeder, Bronzefiguren, Tf. 13.

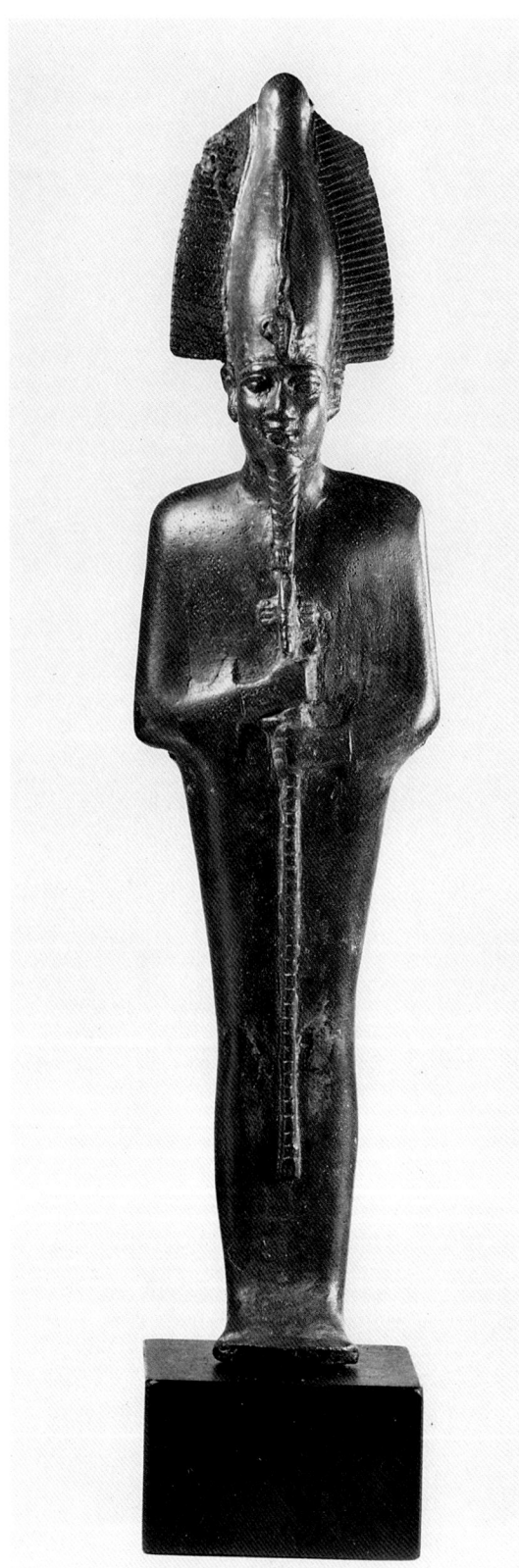

111 Osiris

Bronze; Hohlguß
H. 29,6 cm; B. 7,2 cm; T. 4,0 cm
Spätzeit, 600–400 v. Chr.
Bibliographie: unpubliziert.

Abydos in Oberägypten, königliche Nekropole
der Frühzeit, wurde im Mittleren Reich zur
Hauptkultstätte des Gottes Osiris[1]. Den Gott zu
feiern, wurden Kultspiele durchgeführt, Abydos
wurde zum Wallfahrtsort, Schreine und Kapellen wurden als Scheingräber errichtet und mit
Stelen ausgestattet, um dem Gott nahe zu sein[2];
ein Teil des Begräbnisses wurde als »Abydosfahrt« ausgedeutet[3]. Im Neuen Reich wurde ein
Königsgrab der 1. Dynastie als Osirisgrab verehrt, in der Ramessidenzeit erhielt der Kultbetrieb durch den Bau großer Tempelanlagen
weitere Förderung.
Die Bronzefigur des Osiris, die den Gott zunächst in seiner gängigen Erscheinungsform
– von den Füßen bis zu den Schultern eingehüllt in ein enganliegendes Gewand, aus dem
nur die beiden Hände hervorschauen – wieder-
zugeben scheint, weicht in zwei Details von
der üblichen Ikonographie ab[4]: Er hält nicht
Krummstab und Wedel in den Händen, sondern ein Kompositszepter, gestreift und unten
gegabelt, oben zusammengesetzt aus Djed-Pfeiler und Was-Szepter, wie es sonst vom Gott Ptah
getragen wird[5]. Außerdem ist die Atefkrone
nicht auf das waagerecht gewundene Hörnerpaar gesetzt. Diese beiden Abweichungen treten
stets in Kombination miteinander auf[6].

[1] LÄ I, Sp. 28 ff., s. v. »Abydos«.
[2] William Kelly Simpson, The Terrace of the Great God at
Abydos: the Offering Chapels of Dynasties 12 and 13, New
Haven/Philadelphia 1974.
[3] LÄ I, Sp. 42 ff., s. v. »Abydosfahrt«.
[4] Vgl. Kat. 64, 84.
[5] Silvio Curto, L'antico Egitto nel Museo Egizio di Torino,
Torino 1984, 121.
[6] Auktionskatalog Sotheby's, New York, 11. 12. 1980, Nr. 270;
S. Guichard, Collection Egyptienne, Ville de Beaume, Paris
1985, 23, Nr. 20; Petits guides des Musées de Cannes 1.
L'Egypte ancienne, Cannes 1984, 15, Nr. 14; Daressy, Statues, pl. 14, CG 38247 (mit Anchzeichen); München ÄS 3005
(unpubliziert).

112 Nechbet

Bein
H. 2,4 cm; B. 0,9 cm; T. 2,5 cm
Neues Reich, 2. Hälfte 2. Jtsd. v. Chr.
Bibliographie: unpubliziert.

Die Geiergöttin Nechbet ist nicht nur die Hauptgottheit von Elkab in Oberägypten, als »die Weiße von Hierakonpolis« wurde sie bereits in der Frühzeit Herrin des dortigen Reichsheiligtums und Landesgöttin von Oberägypten[1]. Ihr Gegenpart war die schlangengestaltige Uto von Unterägypten[2].

Durch ihre Rolle als Landesgottheit war sie auch eng mit dem Königtum verbunden: In den Reliefs der Tempel schwebt sie schützend über dem König[3], sie umfängt die Krone[4] und erscheint in Schmuckstücken[5], die Königin trägt einen Geierbalg über der Perücke[6].

Das Amulett aus dem für diese Objektgruppe ungewöhnlichen Material Bein zeigt einen geduckt hockenden Geier mit angelegten Schwingen über einer längsrechteckigen Basisplatte. Die tief gebohrten Augen waren ursprünglich eingelegt, im Rücken wächst eine Öse aus der Umrißlinie des Körpers. Während zweidimensionale Darstellungen des Nechbet-Geiers sehr häufig sind[7], finden sich rundplastische Ausführungen nur selten. Neben Amuletten[8] und den schon erwähnten königlichen Schmuckstucken erscheinen Geier auch unter dem goldenen Mumienschmuck der griechisch-römischen Zeit[9] sowie vereinzelt als Bronzefiguren[10]. Außerdem können sie als Bekrönung oben auf dem Naos eines Sistrums hocken[11].

[1] LÄ IV, Sp. 366f., s. v. »Nechbet«; Bonnet, RÄRG, 507f.

[2] LÄ VI, Sp. 906ff., s. v. »Uto«.

[3] Z. B. Medinet Habu V, pl. 290, 296.

[4] Brunner-Traut, in: ZÄS 97, 1971, 18ff.

[5] Cyril Aldred, Jewels of the Pharaohs, London 1971, pl. 54, 92, 102, 103, 111.

[6] LÄ II, Sp. 515, s. v. »Geierhaube«.

[7] Vgl. Anm. 4; darüber hinaus Dekoration von Decken in Tempeln und Gräbern, oft alternierend mit Falke, geflügelter Sonnenscheibe und geflügeltem Skarabäus, z. B. Erik Hornung, Zwei ramessidische Königsgräber, Mainz 1990, Tf. 26–28.

[8] Petrie, Amulets, pl. 42, Nr. 245 u. 248a; Reisner, Amulets II, pl. 12, CG 12950.

[9] Emile Vernier, Bijoux et orfèvreries, Catalogue général des antiquités égyptiennes du Musée du Caire, Le Caire 1927, pl. 102, CG 53420–427.

[10] Roeder, Bronzefiguren, 405.

[11] R. D. Anderson, Catalogue of Egyptian Antiquities in the British Museum III, Musical Instruments, London 1976, 53, fig. 95; 55, fig. 100.

Einzig er allein, Amun,
zusammen mit Re und Ptah,
zu dreien verbunden.

Zahlensymbolik

»Sei gegrüßt, Sokar-Osiris, jener erstgeborene Sohn des Geb, … der aus dem Urwasser kam, … ältester Erstgeborener seines Vaters Re« heißt es im 183. Kapitel des Totenbuchs. Daß diese offenkundige Widersprüchlichkeit der Textaussage nicht auf einem Versehen beruht, beweist der nahezu gleich lautende Text auf einer Stele aus Abydos: »Sei gegrüßt, Osiris, jener erstgeborene Sohn des Geb, … der aus Nut hervorging, der gewaltige Älteste seines Vaters Re«.

Zahlreich, fast zahllos sind solche Äußerungen, die unserer Logik zuwiderlaufen und durch die Umschreibung des nicht Vereinbaren eine Realität ganz besonderer Qualität erzeugen. Umschreibung, nicht Beschreibung ist einer der Wesenszüge des altägyptischen Weltbilds. Erst aus der Verbindung verschiedener Perspektiven entsteht ein gültiges Bild eines Sachverhalts.

Die ägyptische Kunst steht ganz unter dem Diktat dieser elementaren Struktur ägyptischen Denkens. In seinem formalen Aufbau verbindet ein ägyptisches Wandbild mehrere Ansichten eines Motivs in einem Bild; bei der Darstellung des Menschen fließen Frontal- und Profilansicht ineinander, bei Architekturdarstellungen der Grundriß und Aufriß. Das Produkt dieser Mehrschichtigkeit des Bildes ist ein Grad von Vollständigkeit und Gültigkeit der Darstellung, der von einem einzigen Betrachtungspunkt aus nicht zu gewinnen wäre.

Die Komplexität der Gotteserfahrung bedarf in ganz besonderer Weise solch vielschichtiger Beschreibungen. In der Götterikonographie nehmen sie nicht nur in den vielfältigen Elementen einer Einzelfigur Gestalt an, sondern auch in der Vervielfachung der Einzelfigur zu mehrfigurigen Darstellungen, die sich in das Raster einer klaren Zahlensymbolik einordnen lassen.

Die Zweiheit, die Dualität ist gewissermaßen die Mindestforderung an die Darstellung der Einheit Gottes. Im Medium der Sprache findet die Dualität ihren Ausdruck in Namensbildungen, die zwei Namen zu einem Doppelnamen fügen, Amun-Re, Ptah-Sokar, Osiris-Apis, Chons-Thoth, Hathor-Tefnut. Die Ikonographie findet für die Dualität das Motiv der Dyade, der Zweifigurengruppe, die inhaltlich häufig mit der Familienstruktur göttlicher Ehe- oder Geschwisterpaare zusammenfällt. Die Dyade findet aber auch eine Analogie in der Dualität des Landes Ägypten, dessen übliche Bezeichnung als »die Beiden Länder« sowohl die geographische Aufgliederung in Ober- und Unterägypten als auch die ethnische Unterschiedlichkeit der Bevölkerung widerspiegelt, die die moderne Sprachwissenschaft im Terminus des afro-asiatischen Sprachcharakters des Altägyptischen formuliert. Horus und Seth als männliches, Nechbet und Wadjet als weibliches Götterpaar repräsentieren die beiden Landeshälften.

Umfassender sind Anspruch und Aussage der Dreizahl. In der Hieroglyphenschrift steht die dreifache Setzung eines Zeichens für den Plural, für die unbegrenzte, nach oben offene Viel-zahl. Diese nicht phonetische, sondern ideographische Notierung entspricht unmittelbar einer Regel der ägyptischen Kunst. Wenn in Wandbildern eine große Zahl von Menschen, von Tieren, von Gegenständen dargestellt werden soll, genügt es, jeweils drei Exemplare zu zeigen und sie – falls eine präzise Zahl gemeint ist – mit einer schriftlichen Zahlenangabe zu versehen.

Auch die Vielfalt der Erscheinungsformen Gottes ist in der Dreiheit angemessen dargestellt, in der Triade. Häufig entspricht ihre Zusammensetzung dem Vater-Mutter-Kind-Schema, so daß sich beide Aspekte, der generelle Plural der Dreizahl und die Familienstruktur, gegenseitig ergänzen und stützen. Das primäre Strukturmodell scheint dabei die Pluralbedeutung der Zahl Drei zu sein, die aus ihrer Abstraktheit konkretisiert wird zu einer personhaften Kleingruppe (Kat. 115) – die Personifizierung der Zahlensymbolik.

In den nubischen Tempeln Ramses' II. sind solche Göttertriaden als überlebensgroße Grup-penstatuen aus dem Felsen gemeißelt. Im Allerheiligsten des bekanntesten dieser Tempel, des Großen Tempels von Abusimbel, sitzen nebeneinander Amun, Re und Ptah, zu denen sich als vierter der König selbst gesellt. Den theologischen Kommentar zu dieser Göttergesellschaft liefert ein ramessidischer Hymnus:

> Drei sind alle Götter:
> Amun, Re und Ptah, denen keiner gleichkommt.
> Der seinen Namen verbirgt als Amun,
> er ist Re im Angesicht,
> sein Leib ist Ptah.
> Ihre Städte auf Erden
> stehen fest auf immerdar:
> Theben, Heliopolis
> und Memphis allezeit.

Der Text sieht die Natur Gottes in drei Ebenen: Für den Namen steht Amun, in dem alle Namen verborgen sind; für die Wirkungsweisen Gottes in der Welt steht Re, der in Licht und Wärme wirkende Sonnengott; für die Gott darstellenden Bilder steht Ptah. Ihre Dreiheit repräsentiert mit den Kultorten Theben, Heliopolis und Memphis gleichzeitig die Gesamtheit des Landes Ägypten.

Dem unbegrenzten Plural der Dreizahl steht die Zahl vier als die klar definierte Vollständigkeit zur Seite; in der Theologie tritt sie in vier Götterpaaren in Erscheinung, in der Achtheit, die als Gesamtheit der Götter den »König der Götter« Amun begleiten:

> Die »Acht« waren deine erste Verkörperung,
> damit du sie vollzählig machst,
> der du doch Einer bist.

Als Urgötter aus der Zeit der Weltentstehung treten sie bildlich oft mit Froschköpfen auf; die religiöse Ikonographie hat ihnen aber noch eine Gestalt (Kat. 116) gegeben, auf die im großen Leidener Amun-Hymnus angespielt wird:

> Ta-tenen, der sich selbst formte als Ptah,
> die Zehen seines Leibes sind die »Acht«.

Die Zehen des Gottes sind als tiergestaltige Köpfe gebildet, und dieses Bild dient auch als Darstellungstypus für die allumfassende Göttergemeinschaft der Neunheit, des potenzierten Plurals der Dreizahl:

Du hast die Neunheit vereinigt in deinen Händen,
als Gott ausgezeichnet in deinen Fingern,
als Gott ausgezeichnet in deinen Zehen.

Die Neunheit ist über ikonographische Muster hinausgewachsen; ihr bildlicher Ausdruck ist die Summe aller vorstellbaren Gestalten oder der Verzicht auf jegliche gestaltete Form:

Die Neunheit ist in deinem Leibe vereinigt;
jeder Gott ist ein Abbild von dir,
vereinigt in deinem Wesen.

So ist es nur selbstverständlich, daß die Zusammensetzung der Neunheit nicht einem festgelegten Schema folgt, sondern von Fall zu Fall wechseln kann. In Totenbuch-Vignetten ist diese neunköpfige Göttergemeinschaft als Gerichtshof des Osiris beim Totengericht dargestellt und bringt damit zum Ausdruck, daß die Gesamtheit der Götter, Gott in seinem umfassendsten Wesen, über den Verstorbenen zu Gericht sitzt.

Ein weiteres Richterkollegium im festen Motivbestand der Bilder des Totengerichts lädt zur zahlensymbolischen Deutung ein, das Kollegium der 42 Totenrichter. Möglicherweise ist ihre Zahl eine idealisierte Version der von Epoche zu Epoche wechselnden Zahl der Gaue Unter- und Oberägyptens, also ein bildlicher Ausdruck der Präsenz der Götter aus allen Landesteilen Ägyptens beim Totengericht vor Osiris.

113 Hathor und Mut

Fayence
H. 8,2 cm; B. 1,8 cm; T. 1,7 cm
Spätzeit, 25./26. Dynastie, 700–600 v. Chr.
Bibliographie: unpubliziert.

Die Figur zeigt in der Frontalansicht eine in
kleiner Schrittstellung stehende Frau auf einer
rechteckigen Basis, die vorn sowie hinten abgebrochen ist. Der rechte Arm hängt mit zur Faust
geballter Hand am Körper herab; der linke Arm
ist angewinkelt, die linke Hand hält ein Papyrusszepter vor den Leib. Dieses reicht oben bis
zur Taille, sein Schaft läuft in die Schrittstellung hinein und setzt auf der Basis auf. Die
Frau trägt ein knöchellanges Gewand, Schmuckstücke sind nicht angegeben. Über der Strähnenperücke sitzt eine massige Doppelkrone,
vor der Stirn die Uräusschlange.
Auffällig ist der überlängte Unterkörper mit
weit hochgezogener Taille; die Kürze des Oberkörpers wird durch die kräftigen Brüste betont.
Durch das Volumen der hochragenden Doppelkrone sowie den ebenfalls großen Kopf werden
die Proportionen der gesamten Figur jedoch
wieder ausbalanciert und in ein Gleichgewicht
gebracht.
Die in der Vorderansicht wie ein Umhang wirkende Umrahmung, in die die Göttin wie in
eine Nische hineingestellt erscheint und die
von den Oberarmen bis zur Basis reicht, wird
erst verständlich, wenn man die Figur von der
Seite betrachtet: Bei der Umrahmung handelt
es sich um die vordere Kante eines Flügelpaa-
res, das eine zweite Göttin ausbreitet. Diese ist
in kräftigem Relief bzw. als dünne Platte im
oberen Teil gegen den Rücken der rundplastischen Frauenfigur gesetzt. Sie steht nach rechts
gewendet und umarmt die vor ihr stehende
Göttin; unterhalb der Arme setzen die Flügel
an, die in Hüfthöhe im rechten Winkel ab-
knicken und bis zur Basis herabreichen. Ihre
Fiederung ist oben horizontal, dann durch
diagonale Streifung angegeben. Sie trägt gleichfalls ein langes Gewand sowie die Strähnenperücke mit Uräus; darüber sitzt auf einem Un-

tersatz das Kuhgehörn mit Sonnenscheibe. Dieser Kopfputz endet bereits in halber Höhe der Doppelkrone; in der Seitansicht wird deutlich, daß Kopf und Hörnerkrone der hinteren Göttin frei gearbeitet und durch eine Öse mit der Hauptfigur verbunden sind. Die vordere, rundplastisch gestaltete Göttin ist als Mut zu identifizieren durch ihr Attribut, die Doppelkrone, die sie als Gemahlin des Götterkönigs Amun trägt[1]. Die im Relief ausgeführte zweite Göttin ist wohl als Hathor zu benennen wegen des Kuhgehörns, das zunächst ihr zu eigen ist und auf ihre Erscheinungsform als Kuh verweist[2], bevor es von anderen Göttinnen übernommen wurde.

Die Verbindung dieser beiden Göttinnen zu einem Paar ist ebenso ungewöhnlich wie die Komposition dieser Figur. Sie ist im Kontext der Bestrebungen der Spätzeit zu sehen, mög-lichst viele Götter zusammenzustellen, um ihre Wirksamkeit zu erhöhen, indem verschiedenste ikonographische Elemente zu einem neuen Götterbild zusammengesetzt wurden[3]. Das Motiv der im rechten Winkel nach unten abgeknickten Flügel ist häufig bei geflügelten Göttinnen im kuschitisch-napatanischen Kulturkreis zu finden[4]. Daher ist eine Datierung in das Umfeld der 25. Dynastie wahrscheinlich, wozu die bereits geschilderten stilistischen Beobachtungen gut passen.

[1] Vgl. Kat. 100.
[2] Vgl. 91, 92.
[3] Vgl. Kap. VII »Pantheistische Gottheiten«; besonders Kat. 120.
[4] Katalog Africa in Antiquity II, Brooklyn 1978, 186 ff., Nr. 103–105.

114   Isis und Osiris

Steatit
H. 1,4 cm; Dm. 10,1 cm
Römerzeit, 2. Jh. n. Chr.
Bibliographie: Katalog München 1976, 199; Katalog
Götter Pharaonen, München/Mainz 1978, Nr. 148;
Schoske, in: Dietrich O. A. Klose/Bernhard Over-
beck, Ägypten zur Römerzeit, München 1989, 102,
Nr. A 24.

Das klassische Götterpaar des alten Ägypten bilden Isis und Osiris[1], das über die Vermittlung
von Alexandria in hellenistischer Zeit als Isis
und Serapis[2] seinen Siegeszug durch das Römische Imperium antritt und bis in die Neuzeit
auch in die europäische Kultur hinein fort-
wirkt[3].
Dem alexandrinischen Kult des Götterpaares
entstammen kleine Votivschälchen aus Steatit,
die im Inneren figürliche Szenen in Hochrelief
zeigen, besonders häufig erscheinen Büsten von
Isis und Osiris[4]. Die Göttin ist kenntlich an
ihrem Gewand mit dem Knoten zwischen den
Brüsten, dem »Isis-Knoten«, der Haartracht mit
den Korkenzieherlocken sowie einem winzigen
Kopfputz, bestehend aus Kuhgehörn mit Sonnenscheibe. Auch Serapis zeigt sein typisches
Erscheinungsbild als Mann mit Vollbart, dem

Lockenwirbel (Anastole) über der Stirn und
dem Kalathos auf dem Haupt. Die Köpfe der
beiden Götter sind nicht frontal ausgerichtet,
sondern in einer leichten Drehung einander
zugeneigt: So verbinden sich hellenistischer
Stil und Tracht mit altägyptischen Elementen
(Kopfputz).
Das Innenbild ist von einem Federmuster auf
dem flachen Rand der Schale gerahmt; die beiden Griffe sind an der Oberseite von zwei ge-
genständigen Voluten geschmückt, unten sitzt
eine kleine Ausgußtülle. Die Unterseite ziert
eine zentrale Rosette, um die ein tordiertes
Band gelegt ist, darauf folgt ein Streifen mit
Weinranken und Trauben, der äußere Kreis
schließlich weist ein stilisiertes Blattmotiv auf[5].

[1] Vgl. Kat. 83, 84.
[2] LÄ V, Sp. 870 ff., s. v. »Serapis«.
[3] Siegfried Morenz, Die Begegnung Europas mit Ägypten,
Zürich 1969, 82 ff.
[4] Parlasca, in: Das römisch-byzantinische Ägypten, AegTrev 2,
1983, 151 ff. Das vorliegende Stück wurde vor längerer Zeit
für die Staatliche Sammlung Ägyptischer Kunst München
erworben (ÄS 5972).
[5] Enge Parallele: Parlasca, op. cit., Tf. 26.6.

115 Isis – Harpokrates – Nephthys

Fayence
H. 4,2 cm; B. 3,1 cm; T. 1,1 cm (mit Öse 1,3 cm)
Ptolemäerzeit, 4. Jh.–1. Jh. v. Chr.
Bibliographie: unpubliziert.

Neben der Zweiheit des Götterpaares stellt die Dreiheit der Triaden das am häufigsten in die Bildersprache übernommene Ordnungsschema der ägyptischen Götterwelt dar. In der Dreiheit ist als Formulierung des Plurals die Vielzahl und Vielfältigkeit der göttlichen Erscheinungsform ausgedrückt; darüber hinaus ist sie teilweise einem anderen Ordnungsprinzip, der göttlichen Familie, deckungsgleich, die in den meisten Fällen aus drei Gottheiten – Vater, Mutter, Kind – besteht[1].
Eine Abweichung von der üblichen Besetzung der Triaden liegt in der Konstellation Isis – Harpokrates – Nephthys vor, die in zahlreichen Amuletten seit der Spätzeit erscheint[2]: Auf einer querrechteckigen Basisplatte stehen vor einer gemeinsamen Rückenplatte drei gleich große Figuren in Schrittstellung. Die Mittelposition wird von einem nackten Knaben mit Jugendzopf und Uräusschlange (abgebrochen) einge-

nommen, er wird flankiert von zwei Frauen in langen, eng anliegenden Gewändern, die über der Strähnenperücke ihre Namenshieroglyphe als Kopfputz tragen. Der Knabe in der Mitte ist Harpokrates, »*Horus-das-Kind*«, zu seiner Rechten steht seine Mutter Isis, zu seiner Linken seine Tante Nephthys[3], die ihn jeweils an den Händen halten[4]. Auf der Rückenplatte sitzt in Nackenhöhe der Figuren eine quer durchbohrte Öse.
Die Zweiheit des Schwesternpaares Isis und Nephthys ist hier erweitert um den kindlichen Horus, den sie schützend in die Mitte nehmen. Als vierter tritt der zu Osiris gewordene Tote hinzu, der das Amulett trägt und teilhaben möchte an Schutz und Schicksal des wiederbelebten Osiris.

[1] Vgl. Kapitel IV »Götterfamilien«
[2] Katalog Frankfurt 1990, 214 ff., Nr. 170–174; Petrie, Amulets, pl. 27, 152 a, b.
[3] Harpokrates: Kat. 29–31, 85; Isis: Kat. 36, 37, 68, 83; Nephthys: Kat. 87.
[4] Manchmal sind die Positionen der beiden Göttinnen vertauscht: Daressy, Statues, pl. 59, CG 39262; Otmar Keel/ Christoph Uehliger, Altorientalische Miniaturkunst, Mainz 1990, Tf. 8.

116 Thoth

Fayence
H. 10,1 cm; B. 2,4 cm; T. 4,2 cm
Spätzeit – frühe Ptolemäerzeit, 400–200 v. Chr.
Bibliographie: Katalog Christie's, London, 12. 12.
1989, Nr. 111.

Der Gott Thoth ist in dieser Statuette in einer
ikonographischen Variante seiner Mischgestalt[1]
dargestellt: Über einer längsrechteckigen Basis
steht in Schrittstellung eine nackte, männliche
Figur mit von der dreiteiligen Strähnenperücke
gerahmtem Ibiskopf. Ein breiter Rückenpfeiler
reicht bis zum Hinterkopf; in seinem unteren
Teil ist eine annähernd kartuschenförmige Vertiefung sorgfältig ausgespart, die vielleicht zur
Aufnahme eines kleinformatigen Amuletts oder
auch zur Befestigung der Statuette diente und
sich auch bei Parallelen findet[2]. Zwei kleine
Ausbrüche in der Perücke zu beiden Seiten des
Kopfes sind wahrscheinlich die Ansatzstelle
zweier großer Ösen[3]. Die Arme sind frei gearbeitet und am Körper ausgestreckt, ebenso
die Hände mit nach vorn weisenden Handrücken[4].
Zwischen den Strähnen der Perücke wird ein
mehrreihiger Halskragen sichtbar. Das interes-
santeste Detail findet sich an den Füßen: Statt
der Zehen sind jeweils vier, insgesamt also acht
Schakalsköpfe zu erkennen[5]. Neben dem Typus
mit acht Tierköpfen[6] gibt es die Variante mit
nur zwei Köpfen, die den Anschein erweckt, als
steckten die Füße in schakalsköpfigen Pantof-
feln[7]. Die dritte Version schließlich zeigt zwei
Schakalsköpfe unmittelbar vor den Füßen des
Thoth[8].
Diese »Schuhe« in Schakalsgestalt sind ein ikonographisches Merkmal der Urgötter der Achtheit von Hermopolis[9], als deren Herr Thoth in
seiner Eigenschaft als Ortsgott von Hermopolis
auftreten kann[10]. Die Nacktheit ist ein Hinweis
auf seine Funktion als Schöpfergottheit und kann
zu einer androgynen Erscheinungsform gesteigert werden[11]. Die Zweigeschlechtlichkeit ist
auch in dieser Figur angedeutet: Den schlanken
Proportionen der Gesamtfigur sind üppige Ein-

zelformen gegenübergesetzt in den massigen
Oberschenkeln und breiten Hüften, dem vorquellenden Bäuchlein und den angedeuteten Brüsten.

1 Vgl. Kat. 5.
2 Katalog Museo archeologico di Asti, La collezione egizia,
Torino 1986, 92 f., Nr. 44; W. M. Flinders Petrie, The Palace
of Apries (Memphis II), BSAE 17, 1909, 12, pl. 15 (heute London, University College 30110: Bourriau, in: JEA 66, 1980,
138, Nr. 30, pl. 18).
3 Zusätzlich zu den in Anm. 2 genannten Vergleichsstücken
etwa auch bei der Statuette im Katalog Ancient Egyptian
Art, Burlington Fine Arts Club, London 1922, 68, Nr. 17,
pl. 18.
4 Diese Handhaltung findet sich ebenso bei den Parallelen,
während die mit einem Schurz bekleideten Statuetten des
Thoth häufiger die Hände zur Faust geballt haben.
5 Zusammenfassend zu diesem Typus Jan Quaegebeur, Les
pantoufles du dieu Thot, in seinem Referat beim 6. Inter-
nationalen Ägyptologen-Kongreß 1991 in Turin. Der Autor
hat dankenswerterweise das Manuskript seines Vortrages,
das in den Kongreßakten publiziert werden soll, vorab zur
Verfügung gestellt.
6 Parallelen: Katalog Entdeckungen, 122, 124, Nr. 105; ebenso
das Exemplar aus Memphis (Anm. 2).
7 Parallelen: Auktionskatalog Sotheby's, London, 11. 7. 1988,
33, Nr. 54; Leipzig 998: Bodil Hornemann, Types of Ancient
Egyptian Statuary I, 1951, 181; ebenso die Figur in Asti
(Anm. 2) sowie die in Anm. 3 und 11 genannten Exemplare.
8 Katalog Robert S. Bianchi, Egyptian Treasures from the Collections of the Brooklyn Museum, New York 1978, Nr. 26.
9 Naos aus Bubastis: Edouard Naville, Bubastis, EEF 8, 1891,
pl. 48; Naos Louvre D 29: Lanzone, Dizionario, tav. 17; Tempel aus Hibis: Norman de Garis Davies, The Temple of Hibis
in el Khargeh Oasis III, New York 1953, pl. 33; Ipet-Tempel
in Karnak: Constant de Wit, Les inscriptions du temple
d'Opet à Karnak II, BiAeg 12, 1962, pl. 4 und Richard Lep-
sius, Über die Götter der vier Elemente bei den Ägyptern,
Abh. kgl. Akad. Wiss. Berlin 1856, Tf. II = Lanzone, Dizionario I, tav. 171. In Dendera erscheinen die Schakale als um-
gebundener Fußschmuck: Emile Chassinat, Le temple de
Dendara V, Le Caire 1947, pl. 336.
10 Vgl. Kat. 109.
11 Auktionskatalog Parke-Bernet Galleries, New York, 15./16. 10.
1947, Nr. 93 (mit Fundort Tuna el-Gebel).

Er hat seinen Namen verborgen als Amun;
er fliegt auf als Falke,
der geheime Ba mit widderförmigen Antlitzen,
mit vier Köpfen auf einem Hals,
mit siebenhundertsiebenundsiebzig Ohrenpaaren,
mit Millionen und Abermillionen Augen,
mit hunderttausend Hörnern.

Pantheistische Götter

In jedem altägyptischen Tempel konkretisiert sich Gott nicht nur in den Namen und in den Gestalten der jeweiligen Hauptgottheit. Götter mit ganz anderen kulttopographischen Schwerpunkten, Gottheiten aus ganz Ägypten, geben sich in den Heiligtümern des Landes ein Stelldichein. In einem ausgeklügelten theologischen System, das mit gutem Grund als »Grammatik des ägyptischen Tempels« bezeichnet wird, schließen sie sich auf funktionaler und genealogischer Ebene zu in sich stimmigen Konzepten zusammen, die in wohlüberlegter Komposition das Programm der Wandreliefs und der hieroglyphischen Inschriften bestimmen. Mit wechselnden Schwerpunktbildungen gruppieren sich die Gottheiten um die jeweilige Hauptgottheit, um Horus in Edfu und Hathor in Dendera, um Amun in Karnak und Ptah in Memphis. Selbst wenn sie in keinem für uns erkennbaren Zusammenhang zur Hauptgottheit stehen, erweitern sie inhaltlich und geographisch deren Wirkungskreis und tragen zur Steigerung ihrer Wirksamkeit bei. Jeder Tempel hat auf diese Weise sein eigenes Pantheon, seine Göttergemeinschaft.

Außen und innen bieten die ägyptischen Tempel auf ihren Wänden und Decken, auf Säulen und Pfeilern, Toren und Obelisken, Altären und Statuen fast unbeschränkten Raum, in Bildern und Texten den Gottesbegriff in weitverzweigter Breite und immer wieder neuer Sicht darzustellen. Dieser in der Theologie der großen Tempel extensive Ausdruck des Göttlichen intensiviert sich in der religiösen Praxis zu Gottwesen, die in hoher Konzentration Elemente verschiedener Gottheiten in sich verbinden. Der Effekt beider Darstellungsweisen ist der gleiche: den Gottesbegriff durch eine Vielzahl von Umschreibungen zu erfassen.

Die seit der Spätzeit als Grabbeigabe beliebte Darstellung des mumiengestaltigen falkenköpfigen Gottes mit Widderhörnern und Federkrone (Kat. 117) wird als Ptah-Sokaris-Osiris bezeichnet und führt durch die Verschmelzung der Mumiengestalt des Osiris, des Falkenaspekts des Sokaris und der Federkrone des Ptah-Tatenen abydenische und memphitische Götter zusammen. Die Zahlensymbolik der Triadenstruktur ist bei dieser Komposition sicherlich ein nicht unwichtiger Faktor der vielschichtigen Wirkungsmacht dieses Gottes. Die verschiedenartigen Bildelemente sind zu einer geschlossen wirkenden Gesamtdarstellung verbunden; ihre formale Einheit ist der Ausdruck einer ganzheitlich erlebten Gottheit.

Ähnlich geschlossen ist trotz seines Detailreichtums der Aufbau der Götterfiguren, die wegen ihrer reichen Ikonographie als »pantheistische« Darstellungen bezeichnet werden. Weit über die Mischgestalt des tierköpfigen menschengestaltigen oder menschenköpfigen tiergestaltigen Typus hinausgehend, setzen sie heterogene Elemente zu absonderlich wirkenden Fabelwesen zusammen, in denen sich die Vorderansicht eines Menschen mit der Rückansicht eines Vogels verbindet (Kat. 118,119), an zwei- oder vierfache Köpfe zahlreiche kleinformatige Tierköpfe angesetzt werden, der Phallus zu einem Löwenkopf wird und der ganze Körper mit Augen bedeckt ist. Besonders hohe Effizienz wird diesen komplexen Gottesdarstellungen zugeschrieben; in ihrer geballten Konzentration göttlicher Macht finden sie häufig im Bereich des spätzeitlichen Zaubers Verwendung. Als Amulette (Kat. 120) versichern sie ihre Träger des Schutzes aller dargestellten Götter und illustrieren diese Schutzfunktion oft durch die Darstellung der Vernichtung des Bösen, indem sie auf Krokodilen stehen, Erscheinungsformen des Götterfeindes Seth.

Wie wenig diese pantheistischen Gottheiten mit der Theologie, wie viel sie aber mit der praktizierten, geglaubten Religion zu tun haben, das wird deutlich in den »Gliedervergottungstexten«:

> Mein Haar ist Nun,
> mein Gesicht ist Re.
> Meine Augen sind Hathor,
> meine Ohren sind Upuaut.
> Meine Nase ist der Gebieter von Letopolis,
> meine Lippen sind Anubis.
> Meine Zähne sind Selkis,
> mein Nacken ist die göttliche Isis.
> Meine Arme sind der Ba von Mendes,
> meine Brust ist Neith, die Herrin von Sais.
> Mein Rücken ist Seth,
> mein Penis ist Osiris.
> Mein Fleisch sind die Herren von Cheraha,
> meine Brust ist Der mit großer Autorität.
> Mein Leib und mein Rückgrat sind Sachmet,
> mein Hintern ist das Horusauge.
> Mein Schenkel und meine Waden sind Nut,
> meine Füße sind Ptah.
> Meine Finger und meine Zehen sind lebendige Uräen,
> kein Glied an mir ist ohne einen Gott.
> Thoth ist der Schutz meines ganzen Körpers,
> Re bin ich allezeit.

Die Bindung der pantheistischen Götter an die Volksreligion spricht auch aus ihrer häufigen Assoziierung mit dem Patäken (Kat. 120) und mit Bes (Kat. 121) und bleibt noch erkennbar in den Bildern der magischen Gemmen der nachpharaonischen Zeit. Sie sind wahrhafte Mehrzweckgötter, die in extremer Verdichtung ein breites Spektrum göttlicher Funktionen an sich tragen.

117 Ptah-Sokar-Osiris

Holz, stuckiert und bemalt
H. 79,2 cm; B. 22,5 cm; T. 12 cm
spätes Neues Reich bis Dritte Zwischenzeit, um
1200–900 v.Chr.
Bibliographie: unpubliziert.

Die mumiengestaltige Standfigur mit Falkenkopf ist bis auf eine kleine Beschädigung an
der Federkrone vollständig erhalten; sie war ursprünglich in einen Holzsockel eingezapft.
Der ungegliederte Körper ist weiß bemalt; zwischen Körper und Falkenkopf vermittelt eine
dreiteilige Zopfperücke mit schwarz aufgemalten Strähnen auf weißem Grund. Zwischen den
Zöpfen der Perücke ist ein Halskragen im Farb-
wechsel Gelb-Blau aufgemalt. Quer über die
Brust verläuft ein Farbleiterband (blau-weiß-
gelb), an dem ein den ganzen Oberkörper be-
deckender halbkreisförmig strukturierter Brustschmuck aufgehängt ist; auf den Außenseiten
der Schultern als Schließe dieses Schmucks je
ein nach hinten blickender Falkenkopf mit gelber Sonnenscheibe als Kopfputz. Die Augen-
umrahmung und der Schnabel des Falkenkop-
fes sind schwarz bemalt. Auf dem Scheitel sitzt
ein Kronenaufbau aus waagerecht gedrehten
Widderhörnern, über deren Mitte eine Sonnenscheibe und ein Straußenfederpaar sitzen, dessen Fiederung durch weiße, gelbe und blaue
Diagonalstriche angegeben ist. In der Mittelachse der Vorder- und Rückseite der Figur läuft
schwarz aufgemalt je eine senkrechte Inschriftzeile bis zu den Füßen:
Vorderseite: »*Der Verstorbene, der Königsschreiber
und Schreiber des Opfertisches des Herrn der Beiden
Länder, der Vorsteher der beiden Kornkammern, der
Vorsteher des Schatzhauses des Amun (namens) Ij, der
Gerechtfertigte*«.
Rückseite: »*Ein königliches Opfer für Osiris, den
Herrn von Busiris, den großen Gott, den Herrn von
Abydos, Wenen-nefer, damit er gebe ein Totenopfer aus
Brot, Bier, Rindern, Vögeln und allen guten und rei-
nen Dingen für den Ka des Ij, des Gerechtfertigten*«.
Die Figur gehört zu einer sehr häufig belegten
Gattung von Grabbeigaben, zu den Ptah-Sokar-
Osiris-Figuren. Drei Götter verschmelzen in die-

sem Darstellungstypus zur Einheit. Die Körpergestalt greift auf das Erscheinungsbild des mumiengestaltigen Osiris zurück[1]; der Falkenkopf nimmt Bezug auf die Falkengestalt des Sokar[2]; die Krone ist der spezifische Kopfputz des Ptah-Tatenen. Alle drei Götter sind eng mit der Nekropole von Memphis verbunden. Der moderne Name des Ortes Sakkara geht auf den Namen des Gottes Sokar zurück; Ptah ist der seit frühester Zeit belegte memphitische Hauptgott; Osiris als der Auferstehungsgott schlechthin hat auch im memphitischen Bereich seine Heiligtümer.

Die Ptah-Sokar-Osiris-Figuren bilden in Form und Format eine homogene Objektgruppe, deren zeitliche Verbreitung wohl das Ende des 2. Jahrtausends und das ganze 1. Jahrtausend v. Chr. abdeckt[3]. Die Figuren des Neuen Reiches und der Dritten Zwischenzeit sind häufig innen hohl und enthalten Papyrusrollen mit Texten und Vignetten des Totenbuches und des Amduat, des Buchs von dem »was in der Unterwelt ist«. Die Gottheit, die in ihrem dreigliedrigen Namen und ihrer aus drei Komponenten gebildeten Gestalt ein Konzentrat jenseitigen göttlichen Beistands für den Verstorbenen verheißt, birgt in sich die schriftliche Aufzeichnung der Jenseitshoffnung.

Die Figuren der zweiten Hälfte des 1. Jahrtausends enthalten statt der Papyrusrolle oft eine kleine Mumienfigur, die aus mit Gerstenkörnern vermengtem ungebranntem Ton besteht[4]. Damit wandeln diese Figuren die Tradition des Kornosiris ab, einer Holz- oder Ziegelform, die mit Erde gefüllt werden kann und Saatkorn aufnimmt; ins Grab gestellt, sprießt neues Leben aus dem Leib des Auferstehungsgottes – ein außergewöhnlich eindrucksvolles Bild der Jenseitshoffnung auf ein ewiges Leben[5]. In Tempelreliefs der Ptolemäer- und Römerzeit ist bisweilen die Mumie des verstorbenen Osiris dargestellt, aus der hoch das junge Korn aufsprießt, und bei den Osirismysterien wird dieser Vorgang sogar rituell vollzogen[6].

Drei Namen, drei Gestalten und verschiedene Funktionen sind in einer Gottheit zusammengeführt, die mit ihrem breiten Wirkungsspektrum repräsentativ für eine Vielzahl von einzelnen Namen, Gestalten und Funktionen steht.

[1] Vgl. Kat. 64, 84, 111.
[2] Vgl. Kat. 27.
[3] Raven, in: OMRO 59–60, 1978–79, 152–296.
[4] Raven, in: OMRO 63, 1982, 7–34; Katalog Mummies and Magic, Boston 1988, 265, Nr. 211, 212.
[5] Katalog Heidelberg 1986, 140, Nr. 312.
[6] Emile Chassinat, Le mystère d'Osiris au mois de Khoiak, Le Caire 1966, I, 53 ff.; LÄ IV, Sp. 630, s. v. »Osiris«, X. »Osirisbett«.

118 Widderköpfiger Patäke

Steatit, glasiert
H. 2,4 cm; B. 1,1 cm; T. 2,2 cm
Spätzeit, 26.–30. Dynastie, 600–400 v. Chr.
Bibliographie: unpubliziert.

Hart an der Vorderkante der ovalen Basisplatte steht die nackte Zwergenfigur mit Widderkopf und Vogelflügeln. In der Vorderansicht zeigt sie die typischen Körperformen des Patäken[1], leicht angehockte Stummelbeine mit winzigen Füßen, einen kugeligen Bauch und Stummelarme, die hier leicht angewinkelt nur bis zur Taille reichen, so daß die Händchen oben auf dem Bauch liegen. Der überdimensionierte Kopf ist ein weit nach vorn ragender Widderkopf; seine Hörner legen sich halbkreisförmig um die horizontal abstehenden Ohren, so daß ihre Spitzen beiderseits der Schnauze liegen. Auf dem Kopf saß eine Sonnenscheibe; von ihr und von einer unmittelbar hinter ihr angebrachten Öse sind nur noch Ansatzspuren erhalten. Eine glatte Perücke fällt in zwei Zöpfen auf die Brust der Figur und liegt breit auf dem Nacken und zwischen den Schultern. An den Schultern setzt ein Vogelgefieder an, dessen überkreuzte Flügelspitzen auf dem hinteren

Rand der Basisplatte aufstehen. Der Raum zwischen Beinen und Vogelschwanz ist durchbrochen gearbeitet.

Die Unterseite der Basis trägt eine tief eingeschnittene Inschrift, die wohl als *Amun, der sehr große*, zu übersetzen ist. Drei ikonographische Elemente fügen sich zu einem Mischwesen, Zwerg, Widder und Vogel. Es liegt auf der Hand, in ihnen Erscheinungsformen des Ptah als Patäke, des Amun und des Re-Harachte zu sehen, also der Hauptgötter der wichtigsten religiösen Zentren Ägyptens, der Städte Memphis, Theben und Heliopolis. Der schon zitierte ramessidische Hymnus[2] setzt dieses Bild in Sprache um:

Drei sind alle Götter: Amun, Re und Ptah, denen keiner gleichkommt. Der seinen Namen verbirgt als Amun, er ist Re im Angesicht, sein Leib ist Ptah. Ihre Städte auf Erden stehen fest auf immerdar: Theben, Heliopolis und Memphis allezeit ... Einzig er allein,

Amun, zusammen mit Re und Ptah, zu dreien verbunden. Was hier in der Sprache der Theologen ausgedrückt ist, äußert sich in der kleinen Figur in Bildelementen, die den drei Gottheiten populare Erscheinungsformen verleihen. Ptah ist nicht die fast amorphe Mumie, sondern der zwergenhafte Patäke; Amun ist nicht der Verborgene mit seinem himmelshohen Federpaar, sondern der Widder; Re ist nicht die unnahbare Sonnenscheibe, sondern der Falke. Die »Reichstriade« hat in diesen Figürchen eine volkstümliche Ausdeutung erfahren, die sich, wie die vielen Parallelstücke zeigen[3], offenbar großer Beliebtheit erfreute.

[1] Vgl. Kat. 34, 120.
[2] S. o. S. 165.
[3] Katalog Frankfurt 1990, 256 f.; Daressy, Statues, pl. 42, Nr. 38829–38831; Brunton, Mostagedda, pl. 83; Auktionskatalog Sotheby's, London, 11. 7. 1988, Nr. 26; Auktionskatalog Sotheby's, New York, 29. 11. 1989, Nr. 156.

119 Mann mit Doppelkopf

Bronze, Elektrum; Vollguß, Basis hohl
H. 18,7 cm; B. 3,7 cm; T. 9,4 cm
Spätzeit – Ptolemäerzeit, 2. Hälfte 1. Jtsd. v. Chr.
Bibliographie: Katalog Entdeckungen, 142, 144,
Nr. 124.

»Der Eine und die Vielen«, dieses von Erik Hornung[1] geprägte Schlagwort für einen Grundzug der altägyptischen Religion hat in dieser Figur unmittelbar Gestalt gewonnen. Zu einer in sich geschlossenen Komposition verbunden, treten hier vielfältige ikonographische Elemente in Erscheinung, Ausdruck der Einheit in der Vielzahl.

Auf einem rechteckigen Sockel hocken parallel zu den Längsseiten zwei Krokodile, deren Schwänze sich an der Rückseite des Sockels berühren und zum Halbkreis schließen. Auf ihren Körpern steht mit gespreizten, leicht angehockten Beinen eine unbekleidete männliche Figur. Aus ihrem Gesäß wächst ein Vogelleib, dessen Schwingen sich überkreuzend bis zur hinteren Sockelkante verlaufen und auf den Schwanzspitzen der Krokodile aufsitzen. Die Arme sind in den Ellbogen angewinkelt, so daß die Unterarme nach vorn vom Körper abstehend leicht schräg aufwärts verlaufen.

Auf den Schultern sitzt ein doppelgesichtiger Kopf. Nach vorn blickt der langschnäuzige Kopf eines Schakals, nach hinten ein Widderkopf. Zwischen den Köpfen ragt auf dem Scheitel ein zylindrischer Untersatz auf; er trägt über waagerecht gedrehten Widderhörnern (Hörnerspitzen abgebrochen) eine Atefkrone (Kronenspitze fehlt).

Diese aus Mensch, Falke, Schakal und Widder zusammengesetzte Figur weist weitere ikonographische Elemente auf: Der Phallus hat die Gestalt eines Löwenkopfes. Die beiden Fäuste hielten Schlangen gepackt, von denen nur noch ein Rest in der rechten Faust erhalten ist. Die Übergänge zwischen Menschenleib und Tierköpfen sind durch eine Strähnenperücke überspielt. Das Gehörn des Widderkopfes umzieht die Ohren und läuft bis zum Maul nach vorn,

typisch für das Gehörn des Amun-Widders *(Ovis platyra)*. Über dem Hörneransatz sind Reste einer Uräusschlange erkennbar.

Die Profilansicht zeigt die spannungsvolle Haltung der Figur, deren Körper gleichermaßen auf den menschlichen Beinen und dem Vogelschwanz ruht. Trotz eines ikonographisch klaren Vorn und Hinten richtet sich die latente Dynamik der Figur nach beiden Seiten. Der lebendige Blick der Gesichter wird durch die mit Elektrum eingelegten Augen verstärkt.

Bei den zahlreichen Parallelstücken[2] finden sich stets – wenn auch in unterschiedlicher bildlicher Komposition – die Elemente Mensch, Vogel, Schakal und Widder. Es liegt auf der Hand, hierin die Anthropomorphisierung von Horus als Falke, Anubis als Schakal und Amun als Widder zu sehen und diese drei Götter als eine spätzeitliche Variante der »Reichstriade« Amun – Re – Ptah in ihren Kultorten Theben, Heliopolis und Memphis zu verstehen. Wenn hier der Schakalsköpfige für Memphis und Ptah steht, so weist dies auf die wichtige Rolle des Anubis im späten Memphis hin, wo in Sakkara das Anubieion ein wichtiges Heiligtum war. Es widerspräche nicht einer solchen Erklärung, wenn gleichzeitig auf Chontamenti, den *»Ersten der Westlichen«* angespielt würde, einen schakalsgestaltigen Vorläufer des Osiris in Abydos, der sich hier die typische Osiriskrone, die Atefkrone aufgesetzt hätte. Repräsentativ für alle Götter Ägyptens steht diese komplexe Gestalt als gebündelte göttliche Macht, die die Feinde der Götter und Menschen bezwingt, dargestellt in den Schlangen und Krokodilen.

1 Erik Hornung, Der Eine und die Vielen, Darmstadt 1973.
2 Daressy, Statues, CG 38696–38699; zusammenfassend Roeder, Bronzefiguren, §§ 147, 148.

120   Patäke

Fayence
H. 8,4 cm; B. 3,4 cm; T. 2,4 cm
Spätzeit, 600–400 v. Chr.
ehemals Sammlung v. Bissing
Bibliographie: unpubliziert.

Auf der rechteckigen, hinten abgerundeten Basis hocken zwei Krokodile, deren Körper und Schwänze sich nahezu zu einem Kreis schließen. Auf ihnen steht eine zwergenhafte unbekleidete Figur; ihre Arme sind vor die Brust gelegt; die Hände halten je eine Schlange gepackt. Den proportional sehr großen Kopf bedeckt ein Skarabäus. Bis zur Schulterhöhe reichend, steht beiderseits der Hauptfigur je eine Frauenfigur, rechts Isis mit Kuhgehörn und Sonnenscheibe, links Nephthys mit dem Schriftzeichen ihres Namens als Kopfputz. Auf beiden Schultern der Hauptfigur hockt ein nach vorne blickender Falke.
Die Rückansicht zeigt eine stelenähnliche Rückenplatte, in die die Figur einer nach rechts

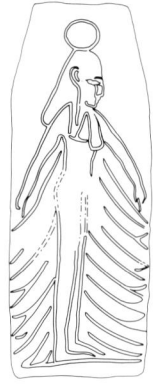

blickenden Göttin mit Flügelarmen eingeritzt ist.
Der Typus ist mit zahlreichen, aber nur wenig abweichenden Varianten sehr oft belegt[1]. Die traditionelle Bezeichnung der Hauptfigur als Patäke, als kindliche Darstellungsform des Gottes Ptah, muß gerade in der hier belegten Komposition in Zweifel gezogen werden. Die Gemeinschaft mit Isis und Nephthys läßt an

die Isis-Harpokrates-Nephthys-Triaden[2] denken; auch die funktionale Nähe zum jugendlichen Horus auf den Krokodilen[3] legt es nahe, die Zwergenfigur nicht als Zwerg, sondern als Kleinkind zu bezeichnen und sie als jugendlichen Horus zu identifizieren. Die Frauenfigur auf der Rückenplatte unterstützt diese Deutung: Es ist Isis in ihrem von Hathor entlehnten Kopfputz; sie schützt mit ihren Flügelarmen ihren Sohn Horus, der schon im Kleinkindalter als der Rächer seines von Seth ermordeten Vaters auftritt und die Tiere des Seth, die Krokodile, vernichtet.

Die Querbohrung zwischen Kopf und Rückenplatte zeigt, daß die kleine Figur als Amulett getragen wurde oder getragen werden sollte, in dem sich auf kleinstem Raum nicht weniger als neun verschiedene Götterdarstellungen zusammenfinden und damit eine komprimierte multifunktionale Schutzeinheit bilden.

In einem der Texte der Metternichstele[4] heißt es: »*O Isis, Isis, komm zu deinem Horus, komm zu deinem Sohn. Möge Isis kommen, nachdem sie ihre Hände ausgebreitet hat (und sagen): Hier bin ich, mein Sohn Horus. Fürchte dich nicht, fürchte dich nicht, du Sohn einer Geistermächtigen. Nichts Böses soll gegen dich geschehen.*« Der jugendliche Gott wird als Schützer angerufen[5]: »*Komm zu mir eilends! Mögest du mir alle Löwen in der Wüste abwehren und alle Krokodile auf dem Wasser und alle beißenden Schlangen in ihren Höhlen.*«

Der mythische Präzendenzfall, der Schutz, den Isis ihrem Sohn Horus gewährt, wird in den irdischen Bereich übertragen. Der von Isis Geschützte wird selbst zum Beschützer der Menschen.

[1] Daressy, Statues, pl. 59, CG 39.241–39.244; Enrico Acquaro, Amuleti egiziani ed egittizzanti del Museo Nazionale di Cagliari, Roma 1977, Nr. 599–607; Katalog Osiris, Kreuz, Halbmond, 71–74, Nr. 59; Katalog Frankfurt 1990, 263–266, Nr. 236–237.
[2] Vgl. Kat. 115.
[3] Seele, in: JNES 6, 1947, 43–52.
[4] C. E. Sander-Hansen, Die Texte der Metternichstele, AnAe VII, Kopenhagen 1956, 45.
[5] Op. cit., 53.

121 Sistrum

Bronze; Vollguß
H. 20,5 cm; B. 6,2 cm; T. 4,1 cm
Römerzeit, 1. Jh. n. Chr.
ehemals Sammlung Föhr, Kairo–Bonn
Bibliographie: Auktionskatalog Sotheby Parke Bernet, New York, 1. 12. 1972, Nr. 79; Auktionskatalog Sotheby Parke Bernet, New York, 21. 5. 1977, Nr. 374; Katalog Carnegie Institute, The Heckett Collection, Nr. 62.

Von dem ursprünglich als Bügelsistrum gearbeiteten Kultinstrument[1] ist nur der untere Teil erhalten, der differenziert ausgestaltete Griff und der Naos. Auf einer flachen rechteckigen Basisplatte liegen nebeneinander zwei Löwen. Zwischen ihnen erhebt sich eine Papyrusdolde, auf der eine Besfigur[2] steht. Deren Palmblattkrone trägt ein doppelseitig gearbeitetes Hathorgesicht mit Schulterkragen, flankiert von zwei Uräen. Darüber erhebt sich ein Naos mit den seitlichen Ansätzen des Sistrumbügels.

Ikonographisch bemerkenswert ist die Gestaltung der beiden Außenseiten des Naos: Auf der linken Seite, als Kopfputz des Uräus ausgebildet, eine Krone aus Kuhgehörn, Sonnenscheibe und Doppelfeder, rechts in analoger Anordnung eine Atefkrone. Der Naos selbst zeigt eine mehrfach gegliederte Kapellenfassade mit in der Mitte unterbrochener Hohlkehle, eine typische Architekturform der Ptolemäer- und Römerzeit.

Die Bedeutung dieser komplexen Komposition ist bewußt vielschichtig. Die beiden Löwen sind gleichermaßen Schu und Tefnut, Luft und Wasser, aus denen Papyrus als die lebendige Welt wächst, aber auch der Doppellöwe[3] Aker als Bild der beiden Horizonte, zwischen denen die Sonne steht. Bes als Handgriff des Sistrums setzt das theologische Konzept in religiöse Realität um. Die beiden Sistrumseiten mit ihren Kronen stehen eindeutig für Isis und Osiris. Isis als eine der Zentralfiguren der spätägyptischen Religion klingt ebenso im Hathorkopf wie in den Katzen der Bastet an, die oben auf dem Sistrumbügel dargestellt waren[4].

Sistren dieses Typus[5] sind mehrfach in Heiligtümern ägyptischer Götter in römischen Städten außerhalb des Niltals gefunden worden, galten also als ganz typische ägyptische Kultgeräte.

[1] Auktionskatalog Sotheby Parke Bernet, New York, 1. 12. 1972, noch in vollständigem Zustand.
[2] Vgl. Kat. 75–78.
[3] Vgl. Kat. 44.
[4] Siehe Anm. 1.
[5] Zusammenfassend zum Sistrum: Christiane Ziegler, Catalogue des instruments de musique égyptiens, Musée du Louvre, Paris 1979, 31–61; zum hier belegten Typus die Nummern IDM 76–80; Roeder, Bronzefiguren, Tf. 63.

Imhotep, der Große, Sohn des Ptah,
geboren von der schönen Sängerin Cheredet-anch,
der die Glieder von jedermann gesund macht.

Vergöttlichte Menschen

Die Ursprünge altägyptischer Götter bleiben in der zeitlichen Tiefe der Vor- und Frühgeschichte und in der geographischen Weite des Niltals und seiner Randgebiete unbestimmbar. Mehr noch als eine geographische Strukturierung der ägyptischen Götterwelt muß der Versuch einer historischen Ordnung bruchstückhaft bleiben. Zu sehr hängt jegliche Interpretation von den Zufälligkeiten der augenblicklichen Quellenlage ab, die sich durch Neufunde jederzeit ändern kann, zu sehr widerspricht ein Fragen nach dem »Woher« und »Seit wann« dem auf ewige Wiederholung angelegten altägyptischen Weltbild. Zwar sind auch ägyptische Götter geboren worden und mögen dereinst sterben, aber diese Ereignisse liegen außerhalb der Dimensionen der historischen Zeit in einer mythischen Vorzeit oder unfaßbaren Zukunft.
Aus dieser Zeitlosigkeit und räumlichen Ungebundenheit fällt eine Gruppe göttlicher Wesen heraus, die in allen Epochen der ägyptischen Religionsgeschichte nachgewiesen werden können. Es sind historische Persönlichkeiten, die Eingang finden in den Kreis der Götter. Königliche und nicht-königliche Personen können diesen Schritt in eine Göttlichkeit tun, die unabhängig ist von der generellen Verklärung des Sterblichen zum Unsterblichen. Die Gottwerdung dieser Personen ist eine Vergöttlichung, die sich aus deren individueller Lebensgeschichte ableitet und deshalb auch im ikonographischen Bereich die Individualität dieser vergöttlichten Menschen erkennbar läßt.
Auf einer ersten Stufe des Weges zur Vergöttlichung sind zu allen Zeiten und an vielen Orten Ägyptens herausragende Persönlichkeiten von ihrer Umwelt und für geraume Zeit von ihrer Nachwelt als Heilige verehrt worden, ohne daß sich daraus ein dauernder Kult und eine spezifische Ikonographie entwickelt hätten. Wenig beachtete Spuren solcher Verehrung sind die Abreibungen an Tempelstatuen, die durch unzählige Berührungen durch die Hände von Tempelbesuchern entstanden sind, dem Fuß des Heiligen Petrus im Petersdom durchaus vergleichbar. Bisweilen äußert sich solche Heiligenverehrung inschriftlich, wenn in normierten Textformularen an die Stelle von Göttern Menschen gesetzt werden, so in der Opferformel.
Den Schritt in den Kreis der Götter tun nur wenige Menschen. Sie sind durch innovative Leistungen zu Kulturheroen geworden und schließlich Göttern gleich kultisch verehrt worden. Zwei Baumeister repräsentieren diesen Typus des vergöttlichten Menschen, Imhotep, der um 2650 v. Chr. die Stufenpyramide des Djoser in Sakkara errichtete, und Amenophis-Sohn-des-Hapu, der unter dem König Amenophis III. zwischen 1400 und 1350 v. Chr. tätig war. Die Zeugnisse ihres Wirkens sind Bauten übermenschlich erscheinender Monumentalität, aus Stein gefügt, der die Zeit überdauert. Zehntausende von Menschen unterstanden ihrem Befehl, nicht

nur das Heer der Arbeiter, sondern auch die Staatsverwaltung, die Wirtschaft, das Militär, die Handwerker und Künstler. Sie waren Persönlichkeiten des öffentlichen Lebens, die durch effektive Amtsführung für Zehntausende Arbeit und Brot schufen, zu Idealbildern wurden und offenbar durch ihre Menschlichkeit Vertrauen weckten. Ohne ihre irdische Individualität zu verlieren, rückten sie in übermenschliche Bereiche auf, wurden zu Kulturheroen, fanden ihre »Gemeinde« und überdauerten im Bewußtsein der Nachwelt als Individuen die Zeit. Imhotep wird im Neuen Reich erstmals »Sohn des Ptah« genannt und tritt damit in die Familienstruktur der Götterwelt ein; aus Amenophis' irdischem Vater Hapu wird der Gott Hapi (Apis). Ihre irdische Vergangenheit bleibt jedoch ein Spezifikum ihrer Göttlichkeit, und so findet die ägyptische Kunst die ikonographischen Mittel zur Darstellung dieser gottgewordenen Menschen. Imhotep zeigt sich als Sitzfigur, die auf dem Schoß eine Papyrusrolle hält, Zeichen der Weisheit (Kat. 122). Amenophis bewahrt den knöchellangen Schurz des Neuen Reiches und seine schulterlange Perücke bis in die Reliefbilder der Ptolemäerzeit, die ihn meist zusammen mit Imhotep zeigen, dem über seine memphitische Heimat hinaus gesamtägyptisch gewordenen Gott.

Ägyptische Könige tun den Schritt zur vollen Göttlichkeit einer individuellen Person nicht häufiger als nicht-königliche Persönlichkeiten. Zwar eignet dem Königtum eine generelle Gottnähe, die sich seit dem Alten Reich in der Gottessohnschaft des Pharao äußert; sie ist jedoch eine institutionelle, nicht eine individuelle Göttlichkeit. Der König als Amtsträger ist Mittler zwischen Mensch und Gott, Statthalter Gottes auf Erden und Repräsentant der Menschen bei Gott.

Wie bei Imhotep und Amenophis-Sohn-des-Hapu bedarf es jedoch besonderer Wertschätzung eines Königs seitens seiner Umwelt und Nachwelt, um als historisches Individuum göttliche Verehrung zu genießen. Snofru, der erste Herrscher der 4. Dynastie um 2600 v. Chr., in dessen Zeit die ersten klassischen Pyramidenbauten fallen, galt noch im Neuen Reich als Gründerkönig und wurde als Falkengott verehrt. Amenophis I., um 1500 v. Chr. einer der Begründer des Neuen Reiches, ist den Handwerkern und Künstlern in Theben noch drei Jahrhunderte später ihr Ortsgott. Ihm errichten sie kleine Tempel und setzen ihn in Götterreihen mitten unter die »großen« Götter. Mit seiner Mutter, der Königin Ahmes-Nefertari, bildet er oft eine Dyade, eine Zweiergruppe.

Ikonographisches Merkmal dieser vergöttlichten Mitglieder des Königshauses ist ihre zeittypische Tracht, die in Darstellungen der Ramessidenzeit (Kat. 123) nicht zuletzt durch ihr Zusammentreffen mit ramessidischer Stilistik widersprüchlich und anachronistisch wirkt und gerade damit die Altehrwürdigkeit dieser Persönlichkeiten unterstreicht.

Auf einer völlig anderen Funktionsebene liegt die Darstellung mehrerer Könige des Neuen Reiches als Götter in Statuen und Tempelreliefs in Nubien und dem Sudan sowie in den Grenzgebieten des Deltas. Sie ist nicht Ausdruck der frommen Verehrung seitens der Umwelt, sondern Mittel der Selbstdarstellung dieser Könige, die sich göttliche Attribute und Beinamen geben, um – insbesondere gegenüber dem Ausland – ihr übermenschliches Wesen zu zeigen. Der kolossalen Göttlichkeit Ramses' II. in Abusimbel fehlt das Gegenüber einer gläubigen Beterschar.

122 Statuenträger

Steatit
H. 9,5 cm; B. 3,6 cm; T. 4,4 cm
Spätzeit, 27.–30. Dynastie, um 500–350 v. Chr.
ehemals Ernest Brummer Collection
Bibliographie: Auktionskatalog Sotheby's, London,
16./17. 11. 1964 (Ernest Brummer Collection), Nr. 93;
Dietrich Wildung, Imhotep und Amenhotep, MÄS
36, 1977, 40, § 18, Tf. 4. 3; Katalog Entdeckungen,
125, 128, Nr. 107.

Die kleinformatige männliche Standschreitfigur mit flachem, schulterhohem Rückenpfeiler ist unter den Knien gebrochen. Unterschenkel, Füße und Basis fehlen. Die Arme sind leicht nach vorne genommen; beide Hände halten eine Sitzfigur, deren Basisplatte sich in Bauchhöhe des Mannes befindet und die mit ihren Schultern bis zu seiner Brust reicht. Der Kopf dieser Sitzfigur ist abgebrochen; er war durch einen Steg mit der Brust des Mannes verbunden.

Der Mann trägt einen wadenlangen glatten Schurz, der unter der Brust ansetzt und von einem über der linken Schulter verknoteten Träger gehalten wird. Den Kopf bedeckt eine Haarbeutelperücke, die die sehr hoch angesetzten Ohren frei läßt.

Die vor den Körper gehaltene Sitzfigur, auf einen kubischen Hocker mit niederer Rückenlehne und Schraffurmuster auf seinen Seitenflächen gesetzt, ist mit einem plissierten Schurz bekleidet. Sie hält vor sich auf dem Schoß mit ausgestreckten Händen ein beiderseits eingerolltes Papyrusblatt. Es ist mit einer vom Betrachter aus zu lesenden zweizeiligen Inschrift beschrieben: »Imhotep«.

Die Sitzfigur mit Papyrusrolle auf dem Schoß ist nur für Imhotep belegt und eine Weiterentwicklung aus dem Statuentypus der Schreiberfigur[1]. Beide sind charakterisiert durch die Papyrusrolle, das Statussymbol des Gelehrten,

des Weisen; während der Schriftkundige im täglichen Leben am Boden auf seiner Matte hockt, thront diese Figur und ist damit der profanen Welt entrückt. Aus dem weisen Sterblichen ist ein göttlicher Weiser geworden[2].

Die Trägerfigur entspricht in ihrer Perücke und ihrer Schurztracht völlig dem Erscheinungsbild eines anderen göttlichen Weisen, Amenophis-Sohn-des-Hapu, wie es in Tempelreliefs und Stelenbildern der ptolemäischen Zeit mehrfach belegt ist[3]. Von einer rundplastischen Darstellung aus der 26. Dynastie ist nur die Basis erhalten[4].

Fast eineinhalb Jahrtausende trennen die beiden Persönlichkeiten: Imhotep lebte im frühen Alten Reich, zu Beginn der Pyramidenzeit; zu Amenhoteps Zeit regierte der Vater Echnatons, Amenophis III. Ihre berufliche Karriere als Oberbaumeister eint sie jedoch, und einheitlich verläuft ihr Aufstieg zum Berufspatron, Ortsheiligen und schließlich Gott. Während Imhotep über seine Heimat Memphis hinaus in ganz Ägypten als zum Gott gewordener Mensch verehrt wird, bleibt Amenhotep ein Thebaner.

Als Heiliger trägt er hier das Bild des ihm wesensverwandten Gottes, fungiert als Mittler, der eine Votivfigur in ein Heiligtum des Imhotep trägt, das im thebanischen Bereich gelegen haben dürfte.

[1] Gerry Scott III, The History and Development of the Ancient Egyptian Scribe Statue, Diss. Yale University 1989.
[2] Wildung, op. cit.; id., Egyptian Saints – Deification in Ancient Egypt, New York 1977.
[3] Wildung, op. cit., §§ 142, 144, 145.
[4] Brooklyn Museum 65.47, Wildung, op. cit., 277, § 179.

123 König und Königin

Kalkstein
H. 13,3 cm; B. 13 cm; T. 5,3 cm
Neues Reich, Ramessidenzeit, um 1250–1150 v. Chr.
Bibliographie: Wildung, in: MJbK 34, 1983, 204 ff.,
Abb. 5–6; Katalog München 1985, 46 ff., Nr. 30.

Nur von den Hüften aufwärts sind die beiden
Figuren dieser Gruppenstatue erhalten. Ein
schräg verlaufender Bruch hat einen Teil der
linken Schulter des Königs und des rechten
Armes der Königin zerstört. Vor einer oben
flach überwölbten Rückenplatte sitzen nebeneinander eine Königs- und Königinnenfigur auf
einem Sitz mit niederer Rückenlehne (links
Reste erhalten). Der rechts sitzende König legt
seinen linken Arm um den Rücken der Königin,
so daß seine linke Hand auf deren linkem Ober-
arm liegt; die Königin erwidert diese Geste in
entsprechender Weise mit ihrer rechten Hand.
Der König trägt eine kugelige, schulterlange
Perücke, deren Löckchen radial von der Mitte
des Oberkopfes ausgehen. Über der Stirn ist
die Perücke tief unterschnitten und springt
dadurch weit vor; in ihrer Mitte eine Uräusschlange, deren Leib sich in vier Windungen bis
zum Scheitel und dann in gerader Linie bis zum
Hinterkopf zieht.
Die Perücke der Königin reicht in zwei dicken
Strähnen bis in Achselhöhe; eine dritte Strähne
fällt breit auf den Rücken. Ihre Zöpfchen sind
in feinem Flechtmuster gegliedert. Über der
Perücke liegt ein Vogelbalg; seine Schwingen
bedecken den vorderen Teil der Perücke bis
unter die Schulterlinie. Über der Stirnmitte
sitzt der Rest eines Geierkopfes. Zwischen den
gerade abgeschnittenen Strähnen der Perücke
ist ein dreireihiger Schulterkragen sichtbar, am
rechten Handgelenk sitzt ein Armreif. Das Gewand der Königin liegt so eng am Körper an,
daß die Figur nackt wirkt.
Die Ikonographie der beiden Figuren weist auf
das frühe Neue Reich. Die kugelige, tief un-
terschnittene Perücke ist für den Prinzen
Ahmose[1] belegt, die massige Frauenperücke ist
geradezu ein ikonographisches Merkmal der

frühen 18. Dynastie[2]. Der Stil der Gesichter
und die unausgewogene Proportionierung der
Figuren mit ihren zu kleinen Köpfen lassen sich
jedoch mit dieser Datierung nicht in Einklang
bringen. Die Gesichtszüge sind schematisch, für
beide Figuren nahezu identisch gestaltet und
wirken leblos; statt der schwellenden Plastizität
des frühen Neuen Reiches zeigen sie flach auf-
gesetzte Einzelformen. Ihr Formalismus läßt an
die Kunst der Ramessidenzeit denken.
Der Widerspruch zwischen Ikonographie und
Stil löst sich durch die Benennung des Paares
als Amenophis I. und Ahmes-Nefertari als ver-
göttlichte Herrscherfiguren. Der Kult Amenophis' I. und seiner Mutter, aber auch anderer
Angehöriger der Königsfamilie der späten 17.
und frühen 18. Dynastie ist in der Ramessidenzeit in Theben-West, vor allem in Deir el-Medina,
sehr beliebt[3]. Sie werden in den Malereien der
Gräber abgebildet, ihnen werden Stelen und
Votivstatuen geweiht und sogar kleine Heiligtümer errichtet. Das kleine Format der Gruppenstatue erklärt sich wohl aus dieser Funktion
als Votivgabe in eines dieser thebanischen Heiligtümer oder aber auch als Heiligenfigur, die
in einem Privathaus aufgestellt war.

1 Louvre E. 15682, Vandier, Manuel III, pl. 96.3; im Relief bei
  Amenophis I., Karol Myśliwiec, Le portrait royal dans le bas-
  relief du Nouvel Empire, Varsovie 1976, fig. 22–25.
2 Cyril Aldred, New Kingdom Art, London 1961, 44, fig. 8.
3 Černý, in: BIFAO 27, 1927, 159–203; Michel Gitton,
  L'épouse du dieu Ahmes Néfertari, Paris 1975.

Verrichte den Kult,
sorge für Opfergaben,
das ist nützlich für den, der es tut.

Priester und Kult

Eine quantitative Analyse der Motivgruppen in den Reliefbildern altägyptischer Tempelwände führt schnell zu einem eindeutigen Ergebnis. Die Mehrzahl aller Darstellungen zeigt den König beim Vollzug des Kultes vor einer Gottheit. Es ist das vertraute Bildschema der Begegnung gleichrangiger Partner, die sich auf derselben Ebene unmittelbar gegenübertreten, in gleicher Größe, Aug in Aug, gewissermaßen auf du und du. Der gegenseitige Umgang ist ehrfurchtsvoll, aber Berührungsängste gibt es nicht. Der König bekleidet und salbt die Gottheit, der Gott umarmt den König, die Göttin reicht ihm die Brust. Bild und Text beschreiben den wechselseitigen Austausch vielfältiger Gaben; sie sind auf seiten des Königs meist recht konkreter Natur, Speisen, Getränke, Salben, Blumen und Weihrauch, während die Gottheit mit abstrakteren Gegengeschenken antwortet, den Zeichen für Leben und Dauer, Gesundheit und Gerechtigkeit und den Insignien der Königsherrschaft.

Die einfachen Bilder des Verkehrs zwischen König und Gott stehen als Chiffren für eine geordnete Welt. Sie erzeugen ein gegenseitiges Abhängigkeitsverhältnis, das die Gottheit an die Versorgung durch den König bindet und den König durch die göttlichen Geschenke leben läßt. Menschen- und Götterwelt sind aufeinander angewiesen und unlösbar miteinander verknüpft. Drei Jahrtausende lang beschränkt sich im Bildthema Gott – Mensch die Darstellung der menschlichen Seite auf die Gestalt des Königs. Er ist der Repräsentant der gesamten Menschheit, er allein ist legitimiert, mit Gott in direkten Kontakt zu treten. Der tägliche Kult an den Götterbildern in den Tempeln des ganzen Landes geht von der Fiktion aus, der König als Hoherpriester sei persönlich gegenwärtig. Wenn de facto nicht-königliche Priester den Kult vollziehen, so handeln sie doch stets nur in Vertretung des Königs und finden deshalb auch kaum Eingang in die bildlichen Darstellungen der Tempelreliefs, die ja nicht den realen, sondern einen idealen Kultvollzug schildern. Zur Präsenz des Königs in den Reliefbildern der Tempelwände treten seine Darstellungen in Statuen, die in verschiedenen Materialien, Formaten und formalen Typen die Höfe und Räume der Tempel bevölkern.

Die Kontinuität der Rolle des Königs als Ordnungsfaktor äußert sich in seiner über drei Jahrtausende in ihren Elementen nur wenig veränderten Ikonographie, in seinen Kronen und Insignien. Seine Stellung in der Welt legitimiert sich aber nicht nur aus der Tradition, sondern bedarf der laufenden Aktualisierung im historischen innerzeitlichen Wirken, im politischen Handeln. Diesen aktuellen Aspekt setzt die ägyptische Kunst ins Bild um, indem sie den Darstellungen des Königs die individuellen Züge des jeweiligen Amtsträgers verleiht und in den Beischriften seine Namen nennt. Mit jedem Regierungsantritt konstituiert sich das Verhältnis

Gott – Mensch von neuem, nimmt buchstäblich ein neues Gesicht an, das Porträt des regierenden Herrschers (Kat. 124–127).

Zaghaft noch im Mittleren Reich, häufiger seit dem Neuen Reich begegnen Bilder, die die direkte Zuwendung des Menschen zu Gott zeigen, ohne daß der König als Mittler eingeschaltet wäre. Auf den Votiv- und Grabbildern treten Männer und Frauen betend und opfernd vor Gott in seinen vielen Gestalten. Tempelstatuen zeigen seit dem Neuen Reich Betende, die vor sich ein Bild der angerufenen Gottheit halten, eine Stele, einen Naos, eine Statue (Kat. 128) oder ein Kultsymbol. Diese Götterbilder sind Zeichen des Wunsches nach Nähe der dargestellten Gottheit, die letztlich nur dem König unmittelbar gegenwärtig wird.

»Gottesdiener« ist eine der Bezeichnungen der altägyptischen Sprache für »Priester«. Letztlich ist jeder Mensch ein solcher Gottesdiener, sei es im allerallgemeinsten Sinne des Verhältnisses zwischen Gott und Mensch, sei es als Monatspriester, der in regelmäßigem Turnus zum Tempeldienst als »Laie« herangezogen wird, oder als der typische Priester der Spätzeit Ägyptens, als Angehöriger eines Berufsstandes, der in strenger Familientradition vererbt zum Hort der Tradition und Träger des geistigen Lebens Ägyptens wird. Wenn die ägyptische Kunst der Spätzeit dem Porträt dieser Persönlichkeiten besondere Aufmerksamkeit widmet (Kat. 134–136), zeigt sich darin der Übergang der hohenpriesterlichen Funktion des Königs als der primären Kontaktperson zu Gott auf den Priesterstand, dessen herausragende Vertreter die Theologen und Philosophen ihrer Zeit gewesen sind.

Bis hinein in die Gestaltung des Alltags ist die Pflege des Kontakts zwischen Gott und Mensch ein Grundthema des altägyptischen Lebens. In einer für den modernen Menschen schwer nachvollziehbaren Weise sind geistige und materielle Potenz auf die Schaffung und Sicherung der Weltordnung gerichtet, die sich im Kult täglich neu konkretisiert. Während für das tägliche Leben geringer Aufwand getrieben wird, werden für kultisches Gerät zur Versorgung der Götter kostbare Materialien in edelsten Formen verarbeitet (Kat. 137–142) – eine Investition in eine Zukunft, die in Gottes Hand liegt.

Die Präsenz der ägyptischen Götter im Kult bleibt lebendig bis in die Zeit der Christianisierung des Niltals. Bevorzugte Plätze für christliche Kirchen werden die Tempel der alten Götter. Mit neuen Inhalten gefüllt, leben altvertraute Formen des Umgangs zwischen Mensch und Gott fort und tragen altägyptisches Gedankengut bis in unsere Tage.

124 Königskopf

Obsidian
H. 4,1 cm; B. 2,0 cm; T. 3,3 cm
Neues Reich, frühe 18. Dynastie, um 1500 v. Chr.
Bibliographie: Katalog Entdeckungen, 50, Nr. 36.

Die Legitimation des Königs zum Hohenprie-
steramt, zum unmittelbaren Umgang mit der
Gottheit, äußert sich ikonographisch im Königsornat, der in drei Jahrtausenden seine Grundzüge kaum verändert hat, wenn er auch bestän-
diger Erweiterung und Aktualisierung unterlag.
Die Doppelkrone, die das Obsidianköpfchen
trägt, vereinigt in sich die beiden seit der Vorgeschichte belegten Kronen des Königs von
Ober- und Unterägypten, deren Ursprünge
wohl wie der Tierschweif der Königstracht auf
eine Tierverkleidung zurückgehen, in der sich
männliche und weibliche Fruchtbarkeit mani-
festieren und ihrem Träger ewige Fortexistenz
garantieren[1]. Göttlichen Schutz gewährt ihm
die Stirnschlange, die sonst nur Göttern zusteht.
Der gedrungene, kurze Hals, die rechteckige

Gesichtsform, der kleine Mund, die weit aus-
einanderstehenden Augen und die hohe, aus-
ladende Form der unterägyptischen Krone finden Parallelen in Königsbildnissen der frühen
18. Dynastie[2]. Die Umschließung der Ohren
durch den unteren Kronenrand ist mehrfach
bei Reliefbildern Amenophis' I. belegt[3]. Eine
Datierung des Köpfchens ins frühe Neue Reich
liegt nahe.
Der Statuentypus kann nicht rekonstruiert werden. Reste eines bis zur Kronenspitze reichenden Rückenpfeilers weisen am ehesten auf eine
kleine Standfigur.

[1] Wildung, in: Studien zu Sprache und Religion Ägyptens
(Festschrift W. Westendorf), Göttingen 1984, 967–980.
[2] Ingegerd Lindblad, Royal Sculpture of the Early Eighteenth
Dynasty in Egypt, Stockholm 1984, passim.
[3] Karol Myśliwiec, Le portrait royal dans le bas-relief du
Nouvel Empire, Varsovie 1976, fig. 8–11, 14, 16–18.

125 Königskopf

Kalzit-Alabaster
H. 17,7 cm; B. 9,8 cm; T. 7,5 cm
Neues Reich, späte 18. Dynastie, um 1320–1290 v. Chr.
ehemals Brummer Collection
Bibliographie: unpubliziert.

Ein hinter den Ohren senkrecht durch den Kopf führender Bruch hat das Gesicht des Statuenkopfes nahezu unbeschädigt gelassen. Der obere Teil des rechten Ohres und der rechte Teil des Schädels fehlen. Die Kopfbedeckung ist trotzdem eindeutig zu identifizieren; es ist das Königskopftuch. Ein 4 cm tiefes, senkrecht in den Scheitel gebohrtes Loch diente zur Befestigung eines Kopfputzes, wohl eines Kronenaufsatzes, der auf der abgeflachten Oberseite des Königskopftuchs aufsaß. Über der Stirn saß ein Uräus, dessen aufgebäumter Leib in einer senkrechten Bohrung befestigt war, also wohl aus anderem Material gefertigt war. Der am Kinn ansetzende lange Bart mit ovalem Querschnitt und an der unteren Bruchkante noch erkennbarer Einrollung ist der Götterbart.

Weist dieses ikonographische Detail auf eine Götterdarstellung, so sind die Gesichtszüge des Kopfes doch ganz die des Königsbildnisses der unmittelbaren Nachamarnazeit. Das »sfumato eye« erinnert an Porträts Echnatons[1], dessen extreme Gesichtszüge hier jedoch durch traditionelle Proportionen ersetzt sind. So ist das Ende der 18. Dynastie als Entstehungszeit dieses Kopfes anzunehmen, wo auch der Kronenaufsatz auf dem Kopftuch als königliche Kopfbedeckung gut belegt ist[2]; wie so viele Phänomene der Nachamarnazeit ist diese Kronenform schon bei Amenophis III. bezeugt[3] und findet sich auch noch unter Ramses II.[4], insbesondere in monumentalen Darstellungen wie den Kolossalfiguren vor dem Großen Tempel von Abusimbel, den Sphingen vor dem Tempel von Wadi es-Sebua, den Sitzfiguren im Zweiten Hof des Ramesseums, vor dem Pylon und im Ersten Hof des Luxor-Tempels, den Kolossalstatuen in und aus Mitrahina. Diese Statuen (einige von ihnen mit Eigennamen versehen)

propagieren das übermenschliche Wesen des regierenden Königs, seine Nähe zu Gott[5], lassen aber, da das Königskopftuch in die Ikonographie der ägyptischen Götter keinen Eingang gefunden hat, den Abstand zwischen König und Gott sichtbar.

Auch der Götterbart des Kalzit-Kopfes ist als ein Hinweis auf die Gottnähe des Königs zu verstehen, auf eine amtsgebundene Gottähnlichkeit, jedoch nicht auf eine personengebundene Vergöttlichung[6]. Sehr deutlich wird der enge Umgang zwischen König und Gott auch in einem Statuentypus visualisiert, der sich seit der Nachamarnazeit großer Beliebtheit erfreut, in der Gruppenstatue, die König und Gott oder Götter zur Einheit zusammenschließt[7]. Der Verlauf des Bruches an dem Kalzit-Kopf könnte darauf hindeuten, daß der Kopf nicht frei gearbeitet oder durch einen Steg mit einem Rückenpfeiler verbunden, sondern aus einer Rückenplatte herausgearbeitet war, wie dies für Gruppenstatuen typisch ist.

1 Vgl. Kat. 61.
2 Boston MFA 11. 1533 (Tutanchamun), Vandier, Manuel III, pl. 117. 2; Berlin 1479 (Eje), op. cit., pl. 119.1; Kairo CG 603 (Haremhab), op. cit., pl. 124.6; Wien 8301 (Haremhab), op. cit., pl. 120.5.
3 Kairo CG 42083, op. cit., pl. 106.5; Hannover 1935. 200.112, Katalog Echnaton-Nofretete-Tutanchamun, Hildesheim 1976, Nr. 81.
4 Karol Myśliwiec, Le portrait royal dans le bas-relief du Nouvel Empire, Varsovie 1976, fig. 224, 237, 238, 240. Auch bei Statuen Ramses' II.: Baltimore, 22.114, Katalog Baltimore, pl. 18, Nr. 100.
5 Labib Habachi, Features of the deification of Ramesses II, ADAIK 5, Glückstadt 1969, 40–52.
6 Vgl. Kat. 123.
7 Auswahl bei Vandier, op. cit., 372–373.

126 Königskopf

Rotes Glas
H. 4,0 cm; B. 4,0 cm; T. 3,1 cm
Neues Reich, frühe 19. Dynastie, um 1290 v.Chr.
Bibliographie: Auktionskatalog Sotheby's, London,
3./4. 7. 1978, Nr. 60; Katalog Entdeckungen, 74, 77,
Nr. 57.

Der als selbständiges Werkstück gearbeitete
Kopf schließt über der Stirn in einer waagerechten, hinter den Ohren in einer senkrechten Fläche ab und endet in einem halbrunden Halsabschluß. Die Ohren sind beschädigt, das Kinn
ist auf der rechten Seite bestoßen.
Der untere Rand einer Kopfbedeckung ist tief
in die Stirn gezogen; von ihren Lappen vor den
Ohren ziehen sich tief eingeschnittene Kerben
zum Kinn, die die Einlagen eines Bartbandes
trugen. Der Bart war in einer Bohrung an der
Unterseite des Kinns befestigt. Die großen, weit
geöffneten Augen und die Brauenbögen sind
nur als Höhlungen erhalten, in denen ebenfalls
Einlagen saßen. Spuren grüner Patina sind ein
sicheres Indiz dafür, daß der Glaskopf in eine
Bronzestatue eingelassen war.
Der Stil des Kopfes wird durch die breite Gesichtsform, die abstehenden Ohren (die ebenso
wie die Patinaspuren hinter den Ohren für eine
Ergänzung der Kopfbedeckung zum Königskopftuch sprechen), den geraden, breiten
Mund und die großen Augen mit ihren ornamentalen Brauenbögen bestimmt. Die Grundtendenz des Stils ist von klassischer Strenge,
akademischer Klarheit, überpersönlicher Idealisierung – Stilkriterien, die in die restaurative
Zeit der frühen Ramessiden weisen und sich am
reinsten unter Sethos I. ausprägen. Die Andeutung von Bohrungen in den Ohrläppchen und
die Querfalten am Hals bestätigen diese Datierung, ohne sie weiter zu präzisieren.
Die Einlagentechnik, in der Amarnazeit in verschiedenen Gesteinsarten häufig angewendet,
wird in der Ramessidenzeit gerne in Fayence
und Glas ausgeführt[1]. Die Material- und/oder
Farbwahl ist ikonographisch definiert; sie
nimmt auf kanonisierte Farbregeln Bezug, hier
auf das Braunrot der männlichen Haut, während für Frauendarstellungen gelegentlich gelber Jaspis Verwendung findet[2].

[1] Cooney, in: Journal of Glass Studies II, 1960, 21–29.
[2] Gesichtsfragment New York MMA 26.7.1396, William C.
Hayes, The scepter of Egypt II, New York 1959, 259–260, fig.
156.

127 Königskopf

Hämatit
H. 5,6 cm; B. 4,5 cm; T. 4,0 cm
3. Zwischenzeit, 22. Dynastie, um 850 v. Chr.
ehemals Stansfeld Collection
Bibliographie: Auktionskatalog Sotheby Parke Bernet, New York, 7. 12. 1973, Nr. 209; Sotheby Parke Bernet, New York, 16. 5. 1980, Nr. 368; Sotheby's, New York, 2. 12. 1988 (Stansfeld Collection), Nr. 48.

Der über den Schultern von einer Statue gebrochene kleine Kopf weist an der rechten Wange und Schläfe, über der Stirn und an den Kopftuchkanten Beschädigungen auf. Die Nasenspitze fehlt, von einer Krone sind nur noch Ansatzspuren auf dem Scheitel erhalten.
Der Kopf ist mit dem Königskopftuch bekleidet, dessen Oberfläche weist keinerlei Musterung aufweist; über dem Nacken ist der Ansatz des Kopftuchzopfes erkennbar. Die nur wenig breiten Seitenflügel des Kopftuchs steigen hinter den Ohren in steiler Schräge zum Oberkopf an. Die runde Bruchfläche auf dem Scheitel läßt auf einen Kronenaufsatz in Form der Doppelkrone schließen[1]. Ungewöhnlich ist, daß trotz der ursprünglich hoch aufragenden Krone ein Rückenpfeiler fehlt. Am Kinn saß ein Bart, der nur noch an der Bruchfläche am Hals erkennbar ist.
Das schmale, zum Kinn spitz zulaufende Gesicht ist durch den kleinen Mund und die kräftig modellierten Nasolabialfalten geprägt. Die Wangen wirken schlank, fast hager. Die Augen mit eingeritzter Iris sind von breiten, graphisch markierten Lidrändern gerahmt und von scharf gezeichneten, bandartig aufgesetzten Brauen überwölbt, die ebenso wie der Lidstrich weit zu den Schläfen ausgezogen und gerade abgeschnitten sind.
Ließe die markante Mundpartie an die »Kuschitenfalten« der Königsköpfe der 25. Dynastie[2] denken, so widerspricht dem die sehr schlanke Gesichtsstruktur. Stilistische Analogien finden sich an einem Kopf Osorkons II. in Philadelphia[3], die indes kein völlig überzeugender Datierungsanhalt sind.

Der Schwerpunkt des künstlerischen Schaffens liegt in der Dritten Zwischenzeit stilistisch wie technologisch auf dem Gebiet der Metallskulptur. Größerformatige Bronzefiguren von höchster handwerklicher Meisterschaft sind zahlreich belegt, und zu den bemerkenswerten Schöpfungen der Kunst dieser Epoche gehören die Edelmetall-Särge und -Masken aus der Königsnekropole von Tanis[4]. Es mögen Eigenheiten des Materials, aber auch stilistische Ähnlichkeiten sein, die den kleinen Hämatitkopf in dieses Umfeld stellen.

[1] Vgl. Kat. 125.
[2] Vgl. Kat. 128.
[3] Karol Myśliwiec, Royal Portraiture of the Dynasties XXI–XXX, Mainz 1988, 16, pl. 21. Der zugehörige Körper in Kairo, CG 1040, Bothmer, in: JEA 46, 1960, 3–11, pl. 1–6.
[4] Henri Stierlin/Christiane Ziegler, Tanis, München/Fribourg 1987, passim.

128 Kniefigur mit Affe

Steatit
H. 29 cm; B. 10,2 cm; T. 16,3 cm
Aus Karnak, Statuencachette (25. 4. 1904)
Neues Reich, frühe 19. Dynastie, um 1300 v. Chr.
Ehemals Sammlung Omar Pascha Sultan, Kairo
Bibliographie: Georges Legrain, Statues et statuet-
tes de rois et de particuliers, II, Catalogue Général
des antiquités du Musée du Caire, Nos. 42139–42191,
Le Caire 1909, 54 ff., pl. 49, CG Nr. 42187 (JE 36999);
Katalog Collection Feu Omar Pacha Sultan, Le
Caire 1929, Nr. 400, pl. 61; Vandier, Manuel III,
465 f., 499, 534, 663, pl. 156.3; PM II, ²1972, 162.

Über einem rechteckigen Basisblock mit abgerundeten Ecken kniet eine männliche Figur.
Bündig mit der Rückseite der Basis erhebt sich
ein schmaler, in der Vorderansicht der Statue
nicht sichtbarer Rückenpfeiler bis in Höhe des
Hinterkopfs der Figur. Der Kniende hält vor
sich einen bis zur Höhe seiner Hüften reichenden Naos, der vor ihm auf der Basis steht und
zwischen seine Knie und Oberschenkel eingreift. Auf dem Naos hockt ein Pavian.
Der Kniende ist kahlköpfig. Er trägt um den
Oberkörper ein Pantherfell, das die rechte
Schulter frei läßt. Zwei Panthertatzen liegen
beiderseits des Rückenpfeilers auf dem Gesäß
des Knienden, die beiden anderen auf dem
Bauch. Der Pantherschweif läuft über die rechte
Gesäßbacke und unter dem rechten Oberschenkel bis zur Schwanzquaste in der rechten Knie-
kehle. Die Musterung des Pantherfells ist zu
fünfzackigen Sternen stilisiert, die teils von
einem Kreis umzogen sind und sich mit kurzen
Strichen und kleinen Ovalen mischen. Ein plis-
sierter Schurz, von einem dreireihigen Gürtel
gehalten, bedeckt Unterkörper und Beine bis zu
den Waden. Ein Überwurf mit Fransensaum
steht über den Oberschenkeln schräg nach
oben ab und umhüllt den oberen Teil der
Rückseite des Naos. Über den rechten Oberschenkel fällt zur rechten Wade eine von vier
Schnüren gehaltene quadratische Tasche[1]. Die
Füße tragen große Sandalen mit quergerippter
Sohle und über den Rist gefährtem Bügel.
Die senkrechte Wandung des Naos schließt

oben mit Rundstab und Hohlkehle ab. Seine
Oberseite ist an der Rückseite abgerundet und
folgt damit der Gesäßlinie des auf dem Naos
hockenden Mantelpavians. Zwischen den extrem
langen Zehen der Hinterpfoten sind Phallus
und Hoden plastisch angegeben; der Schweif
folgt der rechten hinteren Oberkante des Naos
bis zur rechten Hinterpfote. Die zottelig gemu-
sterte Schultermähne hüllt den ganzen Oberkörper ein. Unter ihrem Rand werden die auf
die angezogenen Knie gelegten Vorderpfoten
sichtbar. Die Kopfmähne steht quergestreift
beiderseits weit von den Schläfen ab. Über
die Schultermähne ist auf die Brust ein zweireihiger Schmuckkragen mit einem breiten
Rand aus tropfenförmigen Perlen gelegt. Die
Augen des Pavians sind durch hoch gewölbte
Brauenwülste betont; seine Schnauze ragt weit
nach vorn aus der Mähnenumrahmung heraus.
Die Höhe der auf dem Naos hockenden Affen-
figur ist so bemessen, daß das Gesicht des
Knienden bei reiner Frontalansicht von der
Nase aufwärts sichtbar bleibt. Seine schrägge-
stellten Augen liegen weit auseinander; die
bandartig aufgesetzten Augenbrauen setzen
dicht an der Nasenwurzel an und laufen zu den
Schläfen spitz aus. Die Ohren mit gebohrten
Ohrläppchen sind weit hinten am Schädel
plaziert.
Der hoch erhobene Kopf weicht mit den
Schultern stark nach links aus der Mittelachse
der Figur ab. Die Arme und die seitlich an
den Rundstab gelegten, gerade ausgestreckten
Hände halten mit festem Griff den Naos. Die
Spannung der Beine läuft bis in die übergroß
wiedergegebenen Füße und die langen, gespreizten Zehen.
Der Statuentypus des Naophoren, des Naos-
trägers, ist eine Neuschöpfung der hohen
18. Dynastie[2], die wohl – wie mehrere andere
formale Innovationen – auf Senenmut, den
Oberhaushofmeister der Königin Hatschepsut,
zurückzuführen ist[3]. Bereits vor der Amarnazeit ist der Typus mehrfach belegt, findet jedoch
weite Verbreitung erst in der Ramessidenzeit.
In den Anfang dieser Epoche, in die frühe
19. Dynastie um 1300 v. Chr., ist die Kniefigur

mit dem Affennaos zu datieren. Sie verbindet stilistisch den strengen Klassizismus der ramessidischen Renaissance mit der sensiblen Model-

lierung der Oberflächen, die ein Erbe der Amarnakunst darstellt.

Einen weiteren Datierungsanhalt scheinen die Inschriften der Statue zu bieten. Sie enthalten zwar keine Königsnamen, aber in ihrer epigraphischen Ausführung, also der Form und Anordnung der Hieroglyphen, und in den Titeln und Personennamen sind sie aussagekräftig.

Auf der Vorderseite des Naos stehen in zwei senkrechten Zeilen Titel und Name des Dargestellten:

Der Gottesvater des Amun und Sem-Priester (namens) Ipui, der Gerechtfertigte.

Die einzeilige Inschrift des Rückenpfeilers wiederholt und präzisiert diese Angaben:

Für den Ka des Verstorbenen, des Gottesvaters des Amun, des Sem-Priesters im Königshaus (namens) Ipui.

Rings um den Basisblock läuft, in der Mitte der Vorderseite beginnend, beiderseits eine einzeilige Inschrift, die an der rechten hinteren Ecke endet; rechtsläufig um die linke Basisseite:

Gemacht hat es für ihn sein Sohn, der seinen Namen leben läßt, der Wab-Priester der Amaunet [der Sohn des?] Ipui [. . .] der Wab-Priester und Vorlesepriester (namens) Iu-ef-en-Amun.

Linksläufig um die rechte Basisseite:

Gemacht hat es für ihn sein Sohn, der seinen Namen leben läßt, der Wab-Priester und Vorlesepriester der Amaunet, die zu Gast ist in Karnak, (namens) Iu-ef-en-Amun, sein Sohn.

Die Statue ist also vom Sohn des Dargestellten für seinen Vater gestiftet worden. Der Name des Sohnes Iu-ef-en-Amun, »er-gehört-dem-Amun«, ist nach einem formalen Schema gebildet, das typisch ist für die späte Ramessidenzeit und die Dritte Zwischenzeit[4]. So ergibt sich ein Widerspruch zwischen der stilistisch begründeten Datierung der Statue um 1300 v. Chr. und der Abfassungszeit der Inschrift um 1200–1100 v. Chr. Dieser Widerspruch drängt sich aber

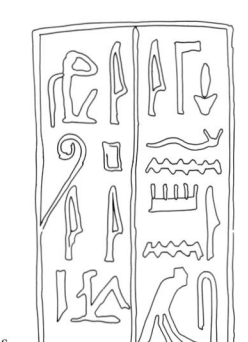

Naos

Rückenpfeiler

Basis

auch beim Vergleich der handwerklichen und künstlerischen Qualität der Statue mit der epigraphischen und sprachlichen Qualität der Inschrift auf. Während die Statue eine sehr gute Arbeit ist, ist die Inschrift sehr nachlässig ausgeführt und weist sprachliche Mängel auf, so die Wiederholung des »sein Sohn« am Ende des Textes. Offensichtlich ist die frühramessidische Statue erst Generationen später mit Inschriften versehen worden.

Ein weiterer Widerspruch findet nun seine Erklärung: Bildaussage und Textaussage stimmen nicht überein. Während nach Aussage der Texte Ipui und sein Sohn Priesterämter für Amun und Amaunet in Karnak ausüben, setzt die Statue den Knienden mit einer affenköpfigen Gottheit in Verbindung. Die thebanische Herkunft der Statue macht es sehr unwahrscheinlich, daß in diesem Affen Thoth dargestellt ist. Vielmehr dürfte es sich um eine Erscheinungsform des Gottes Chons handeln, des Sohnes des Amun und der Amaunet.

Der funktionale Ort dieses Statuentypus ist der Tempelhof. Als Votivgaben wurden diese Figuren dort aufgestellt, so zahlreich, daß es immer wieder nötig wurde, Platz zu schaffen und ältere Statuen abzuräumen. Der Fundort der Kniefigur, die »Cachette« im Amuntempel von Karnak, diente über Jahrhunderte als Sammelbecken solchen Abraums; Georges Legrain fand in den Jahren 1903/04 in dieser Grube etwa 17000 Statuen und Statuetten[5].

Zur Bedeutung des Bildtypus des Naophoren geben spätzeitliche Inschriften zwei sich ergänzende Auskünfte, wenn der Dargestellte zur Gottheit spricht: *Ich umarme dich mit meinen Armen, damit du mein Schutz seist*, in einem anderen Text aber steht: *Der NN hat seine Arme um dich gelegt als Schutz.*[6] Der Stifter der Statue schützt die Gottheit und erbittet gleichzeitig ihren Schutz – eine Übertragung des gegenseitigen Abhängigkeitsverhältnisses zwischen König und Gott in die nicht-königliche Sphäre.

1 Vergleichbar die Tasche des Anen, Sergio Donadoni, in: Anna Maria Donadoni Roveri (Hg.), Civiltà degli Egizi. Le arte della celebrazione, Milano 1989, 103, Abb. 159.
2 LÄ IV, Sp. 341, s.v. »Naophor«.
3 Kairo CG 42117: Christine Meyer, Senenmut – Eine prosopographische Untersuchung, Hamburg 1982, 81 f.; Peter F. Dorman, The Monuments of Senenmut, London 1988, 134.
4 Ranke, PN I, 14.13.
5 PM II, ²1972, 136–167. Walther Wolf, Funde in Ägypten, Göttingen 1966, 247–255.
6 Eberhard Otto, Die biographischen Inschriften der ägyptischen Spätzeit, Leiden 1954, 173, 169.

129   Frauenfigur

Anorthositgneis
H. 20,7 cm; B. 9,5 cm; T. 6,3 cm
Mittleres Reich, 12. Dynastie, um 1900 v. Chr.
ehemals Sammlung Altonian
Bibliographie: Katalog Entdeckungen, 31, 33, Nr. 22;
Katalog Ägyptische und moderne Skulptur, 148 f.,
Nr. 76.

Die Frauenfigur bildete den Teil einer Gruppenstatue. Von einer zweiten, links neben der
Frau stehenden Gestalt sind nur der Ansatz der
rechten Schulter und des rechten Oberarms,
der rechte Unterarm und der hintere Teil einer
von der rechten Faust gehaltenen Tuchschleife
erhalten – genug, um daraus eine stehende
männliche Figur zu erschließen, deren Körper-
maße etwas größer als die der Frau waren.
Beide Figuren sind durch eine glatte rechteckige Rückenplatte verbunden, deren oberer
Abschluß hinter dem Kopf der Frau erhalten
ist. Die Frauenfigur ist oberhalb der Knie gebrochen, Unterschenkel, Füße und Basis fehlen.
Eine Bruchfläche zieht sich von der rechten
Schläfe diagonal durch das Gesicht zur linken
Schulter, so daß vom Gesicht nur Teile der rechten Gesichtshälfte erhalten sind.
Die Frau ist mit geschlossenen Beinen stehend
dargestellt; die Arme sind seitlich eng an den
Körper gelegt, die Hände liegen ausgestreckt
an den Außenseiten der Oberschenkel. Das den
Körper hautnah umschließende Kleid der Frau
endet unter den Brüsten, die von zwei breiten
Schulterträgern bedeckt sind. Eine durch senkrecht eingeritzte Strähnen gegliederte Perücke
wölbt sich beiderseits des Gesichtes voluminös
und läuft in zwei gerade Zöpfe aus, die über den
Brüsten waagerecht abgeschnitten sind. Eine
breite Haarmasse auf dem Rücken – neben der
Rückenplatte teilweise sichtbar – reicht nahezu
bis zur Taille herab.
Die erhaltenen Reste des Gesichts der Frau lassen eine kräftige Plastizität erkennen. Die Lippen sind voll, eine tief eingekerbte Nasola-
bialfalte begrenzt die schwellenden Wangen.
Augenbrauen und Oberlidfalte sind eingeritzt.
Das große Ohr steht nahezu im rechten Winkel

von der Schläfe ab und liegt vor der Perücken-
bauschung[1]. Der wuchtig wirkende Kopf mit
seinem kurzen, gedrungenen Hals steht in stili-
stischem Gegensatz zum überaus schlanken
Körper mit eng eingezogener, sehr hoch sitzen-
der Taille und extrem lang ausgezogenen
Hüften.
Zwischen den beiden
Figuren steht auf der
Vorderseite der Rük-
kenplatte der Anfang
einer senkrechten, von
seitlichen Begrenzungs-
linien gerahmten In-
schrift in flach versenk-
tem Relief: »*Priester(in)
der Hathor, der Herrin
[…]*«.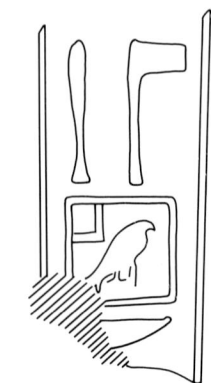
Zur Datierung der Statue liefert die Stilistik ein-
deutige Kriterien. Die überaus schlanken Körperformen und die mit ausgestreckten Händen
an den Körper gelegten, langen Arme sind
Charakteristika der Frauendarstellungen der
12. Dynastie. Insbesondere die gelängte Hüft-
partie begegnet vielfach in Statuen dieser
Zeit[2].
Die Art der Ergänzung des Fragments zu einer
Gruppenstatue muß theoretisch bleiben; sowohl Zweiergruppen von Mann und Frau als
auch Mehrfigurengruppen sind mehrfach belegt[3].
Die kultische Funktion der Frau als Priesterin
der Göttin Hathor steht repräsentativ für die
Rolle der ägyptischen Frau im Kult. Seit ältester
Zeit ist sie im Tempeldienst für weibliche Gottheiten tätig[4].

1 Vgl. New York MMA 18.2.2, Statue der Sat-Snofru, William
   C. Hayes, The scepter of Egypt I, New York 1953, 215,
   fig. 132; Brooklyn 59.1, Katalog Ägyptische Kunst aus dem
   Brooklyn Museum, Berlin 1976, Nr. 26.
2 Extrem bei Louvre E. 14697, Vandier, Manuel III, pl. 89.2.
3 Dietrich Wildung, Sesostris und Amenemhet, München
   1984, 162, Abb. 141. Typologie bei Vandier, Manuel III,
   240–246.
4 LÄ IV, Sp. 1100–1105, s. v. »Priesterin«; Golvin, in: JEA 70,
   1984, 42–49.

130 Kopf einer Gottesgemahlin

Gelbbrauner Stein
H. 4,1 cm; B. 3,9 cm; T. 2,5 cm
Spätzeit, 25. Dynastie, um 700 v. Chr.
Bibliographie: unpubliziert.

Als selbständiges Werkstück ist dieser Kopf gearbeitet, um in eine Kompositfigur aus verschiedenen Materialien eingesetzt zu werden. Er ist
über der niederen Stirn abgeflacht, weist vor
den Ohren tiefe Einkerbungen auf, in die die
Schläfenlappen einer Kopfbedeckung eingrei-
fen sollten, und ist hinter den Ohren senkrecht
abgeschnitten, so daß vom Hals nur die Vorderseite als dünne Scheibe vorhanden ist.

Das breite, prall gerundete und zum Kinn spitz
zulaufende Gesicht ist geprägt durch die hoch
angesetzten, kräftig hervortretenden Jochbeine,
die stumpfe Nase (an der Nasenspitze etwas
abgerieben), die markanten Nasolabialfalten
und die vollen, wulstigen Lippen mit tief ein-
gesenkten Mundwinkeln. Das niedere, zum Hals
zu volle Kinn ist gegen die Unterlippe durch
eine tiefe Kerbe abgesetzt. Die weit geöffneten,
verschieden hoch angesetzten Augen sind von
scharf gezeichneten bandartigen Lidrändern
umzogen, die als waagerechte, an ihrem Ende
senkrecht abgeschnittene Schminkstriche bis
zur Schläfe verlängert sind, parallel zu den plastisch aufgesetzten, scharf gezeichneten Brauenlinien, die sich flach über den hervortretenden
Oberlidern bis zur Nasenwurzel wölben. Der
geradeaus gerichtete Blick und die stark vortretende untere Gesichtshälfte verleihen dem
Gesicht einen negroiden Ausdruck, der auf eine
Datierung in die Kuschitenzeit weist, in die

25. Dynastie, in der Könige aus dem Nordsudan über ganz Ägypten herrschten[1].

Einer näheren Identifizierung der dargestellten Person muß die Entscheidung vorausgehen, ob eine Frau oder ein Mann dargestellt ist – eine in der ägyptischen Kunst immer dann schwer zu lösende Frage, wenn zeittypische stilistische Grundzüge so dominant sind, daß ihnen nicht nur personengebundene individuelle Züge, sondern sogar geschlechtsspezifische Darstellungsformen untergeordnet werden. Die weiche Modellierung der Wangen, das spitz zulaufende Kinn und der sehr schmale Mund weisen auf eine Frauendarstellung, und die gelbliche Farbe des Steins bestätigt diese Zuweisung. Da aus den Einkerbungen vor den Ohren auf einen Kopfputz geschlossen werden kann, ist entweder eine Göttin oder eine Angehörige des Königshauses dargestellt. Da gerade in der Kuschitenzeit Frauen aus der Herrscherfamilie bedeutende politische und kultische Funktionen wahrnehmen, liegt es nahe, das Köpfchen einer von ihnen zuzuschreiben. Als »Gottesgemahlinnen des Amun« sind sie nicht nur Oberpriesterinnen des Götterkönigs von Karnak, sondern gleichzeitig politische Repräsentantinnen des Königs, der von seiner sudanesischen Residenz Napata aus ganz Ägypten bis zum Mittelmeer beherrscht und im ägyptischen Niltal, also im pharaonischen Stammland, in der »Gottesgemahlin« eine loyale Vertreterin besitzt. In Theben residierend, setzen die Gottesgemahlinnen ihre Namen in die Königskartusche und nehmen königliche Titulaturen an; ihre Grabstätten werden als kleine Tempelanlagen im Tempelbezirk von Medinet Habu errichtet[2]. Die Stellung der Gottesgemahlinnen des Amun gründet sich auf ihre theologische und kultische Funktion. Im Zölibat lebend, weihen sie sich ganz dem Gott; ihn zufriedenzustellen garantiert die Weltordnung, und ihr Titel »Hand des Gottes« weist recht drastisch auf diese Funktion, nimmt er doch auf die Selbstbefriedigung des Urgottes Bezug. So ist ihre Rolle viel umfassender als die kultische Funktion des Königs als Hoherpriester; während er die tägliche Versorgung der Gottheit gewährleistet,

stellen sie eine dauerhafte, auf eine Heilige Ehe gegründete Verbindung zwischen Gott und Mensch her.

Die zahlreichen Darstellungen der Gottesgemahlinnen sowohl in Relief[3] als auch in der Rundplastik[4] bieten überzeugende stilistische Parallelen zu dem kleinen Kopf, der allerdings als Teil einer Kompositfigur aus verschiedenen Materialien bislang für die Kuschitenzeit ohne Vergleichsstücke steht.

[1] Zur Kunst der 25. Dynastie: Edna Russman, The Representation of the King in the XXVth Dynasty, MRE 3, 1974; Karol Myśliwiec, Royal Portraiture of the Dynasties XXI–XXX, Mainz 1988, 30–45, pl. 28–48.

[2] LÄ II, Sp. 792–812, s. v. »Gottesgemahlin«. Ders., Recherches sur les monuments thébains de la XXVe dynastie dite éthiopienne, Le Caire 1965.

[3] Übersicht bei Myśliwiec, op. cit., pl. 36–39.

[4] Katalog Egyptian Sculpture of the Late Period, Brooklyn 1960, 1–2, Nr. 1; Claude Vandersleyen, Das alte Ägypten (Propyläen Kunstgeschichte), Berlin 1975, 264, Abb. 210; Aldred, in: Jean Leclant (Hg.), Ägypten, III – Spätzeit und Hellenismus, München 1981, 136–141, Abb. 117–119.

131 Opferträger

Bronze, Vollguß
H. 9,2 cm; B. 5,2 cm; T. 3,2 cm
Spätzeit, 1. Jtsd. v. Chr.
Bibliographie: unpubliziert.

Unterhalb des rechten Knies und am rechten
Oberschenkel gebrochen, ist die männliche
Figur trotzdem in Schrittstellung stehend zu erkennen. Ihre ungleich langen Arme sind beiderseits hoch über den Kopf erhoben und halten
mit nach unten gewendeten Handflächen den
Rand eines kreisrunden Tabletts. Der Mann
trägt einen dreiteiligen Schurz mit quergestreif-
tem Mittelteil und schmalem glatten Gürtel. Jegliche Angabe von Haar fehlt. Auf dem Tablett
liegen in drei Schichten übereinander neun
runde, flache Objekte, wohl Fladenbrote.
Der Körper ist schlank, fast zierlich durch die
hoch angesetzte, schmale Taille, der Kopf dagegen massig über dem gedrungenen Hals. Das
Gesicht ist wenig differenziert.
Der funktionale Kontext der Darstellung ist die
Darbringung von Opferbroten vor einer Gottheit, ein kultischer Akt, der ursprünglich nur
dem König zusteht, aber seit dem Neuen Reich
mehr und mehr auch von nicht-königlichen
Personen im direkten Kontakt zu Gott vollzogen wird[1]. Die Figur dürfte wegen ihres relativ
großen Formats nicht zu einer Gruppe gehören,
in der sie vor einer maßstäblich erheblich größeren Götterfigur auf einer gemeinsamen Basis
gestanden hätte[2]. Sie wird vielmehr als selbständige Votivfigur in ein Heiligtum gestiftet
worden sein, den Namen des Opfernden auf
ihrer Basis.

[1] Stelenbild eines Opfernden mit Brot-Tablett auf dem Kopf:
el-Banna, in: Mélanges Gamal Eddin Mokhtar, I, BdE 97,
1985, 247-253, pl. 1-2.
[2] Ähnliches Format: München ÄS 6285, MJbK 32, 1979, 205:
11,6 cm; Katalog Geschenk des Nils, 92 f., Nr. 322: 8,8 cm;
Auktionskatalog Sotheby's, New York, 29. 5. 1987, Nr. 39:
16 cm (alle an den Unterschenkeln gebrochen, also ursprünglich höher). Toronto, ROM 910-17-18, Hornemann,
Types II, 335: 13,2 cm; Paris, Louvre E. 10785, Hornemann,
op. cit., 336: 6,2 cm. Katalog Memminger, 99, Nr. 63: 9 cm
(weitere Belege des Typus: op. cit., 172 f., Nr. 63).

132 Opferträger

Bronze; Vollguß
H. 5,2 cm; B. 3,6 cm; T. 2,5 cm
Spätzeit, 2. Hälfte 1. Jtsd. v. Chr.
ehemals Sammlung Burges, München
Bibliographie: unpubliziert.

Auf einer flachen Basisplatte kniend, von einem schmalen, bis zum Kopf reichenden Rückenpfeiler gestützt, ist die kleine Figur in der gleichen Armhaltung dargestellt wie der schreitende Opferträger Kat. 131. Der dreiteilige Schurz ist nur durch die Angabe des Mittelteils über den Knien angedeutet. Körper und Gesicht sind wenig detailliert gearbeitet. Die mit weit vom Körper abgespreizten Ellbogen erhobenen Arme sind zu einem runden Tablett geführt, auf dem Fladenbrote liegen. Die einzeilige Inschrift auf dem Rückenpfeiler ist so grob eingeritzt, daß sie sich einer Lesung und Übersetzung widersetzt.

Von der ikonographisch ähnlichen Figur Kat. 131 unterscheidet sich die Kniefigur im Format. Sie ist deutlich kleiner und damit wohl weniger eine selbständige Votivgabe, sondern Teil eines größeren Zusammenhangs.
Eine Parallele[1] zeigt den kleinen Opferträger am Rande eines Opferbeckens – Kat. 133 vergleichbar – kniend, umgeben von weiteren Opfergaben, eine Darstellung, die an den von Opfergaben umgebenen Gott Ka[2] erinnert und dazu anregt, in der Haltung der erhobenen Arme des Opferträgers auch eine Anspielung auf die *ka*-Hieroglyphe zu sehen, auf die Schreibung eines der Wörter für »Nahrung«.
Zahlreicher sind aber Vergleichsstücke, bei denen kleinformatige Figuren von Opfernden oder Betenden gegenüber einer maßstäblich größeren Götterfigur auf einer gemeinsamen Basisplatte angebracht sind[3]. In einen derartigen Kontext sind wohl auch die Knienden mit Brot-Tablett auf dem Kopf zu setzen[4].
Die ursprünglich dem König vorbehaltene un-mittelbare Begegnung mit der Gottheit ist zwar seit dem Mittleren Reich aufgehoben und findet längst direkt zwischen Mensch und Gott statt. Dennoch bleibt ein fundamentaler Unterschied in der Ikonographie dieser Begegnungen Gott-König und Gott-Mensch. Zwischen Gott und König findet ein Austausch statt, ihr Verhältnis ist auf Gegenseitigkeit aufgebaut, beide sind aufeinander angewiesen. Im Gegenüber von Gott und Mensch bleibt die Gottheit passiv; sie empfängt die Gaben der Opfernden, läßt aber das Ob und Wie ihrer Reaktion offen. Die gleiche Größe von König und Gott in den Tempelbildern ist daher in diesen Figurengruppen durch das Maßstabsgefälle zwischen der Gottheit und dem kleinen Beter ersetzt. *Sei mir gnädig*, lautet die Umsetzung dieses Bildtypus in die Sprache der Gebete.

[1] Berlin 2749, Katalog Berlin 1967, 81, Nr. 818 (mit Abb.)
[2] Kat. 67.
[3] Müller, in: ZÄS 94, 1967, 125–128, Tf. 6; Spiegelberg, in: JEA 16, 1930, 73, pl. 19; Kat. 17.
[4] Roeder, Bronzefiguren, Tf. 47 (Berlin 13126); weitere Belege op. cit., 308.

133 Opferbecken

Bronze; Vollguß

H. 3,6 cm; B. 5,2 cm; T. 7,3 cm

Spätzeit, 2. Hälfte 1. Jtsd. v. Chr.

Bibliographie: Katalog Galerie Nefer 3, Zürich 1985, Nr. 47.

Eine quadratische Platte mit niederer Randleiste bildet ein flaches Becken. Auf einer Seite kniet eine männliche Figur auf dem Beckenrand, auf der gegenüberliegenden Seite wird die Randleiste von einer Ausflußrinne durchbrochen, die weit über den Rand nach außen

ragt. Über ihr hockt die Figur eines Frosches, mit dem Rücken zum Becken gewandt. Beiderseits der Kniefigur sitzen am äußeren Rand zwei massive Ringösen, in denen sich Metallringe befinden.

Die kahlköpfige Kniefigur hält vor sich auf den Oberschenkeln schräg nach vorn geneigt eine maßstäbliche sehr große Situla mit zwei Randösen. Unterhalb der Gefäßöffnung führen auf dem Beckenboden zwei in kräftigem Relief gegossene Streifen V-förmig zum oberen Ende zweier ebenfalls in Relief wiedergegebener schlanker Wassergefäße. Ein Zickzackmuster auf den Streifen bezeichnet sie als Wasserstrahlen, die aus der Situla ausfließen. Zwischen ihnen sind zwei kreisrunde Fladenbrote in Relief dargestellt. Die Fischgrätmusterung der Oberseite des Beckenrandes ist als Hieroglyphe für »Wasser« zu verstehen.

Über die Längsseiten des Beckenrandes läuft außen eine hieroglyphische Inschrift:

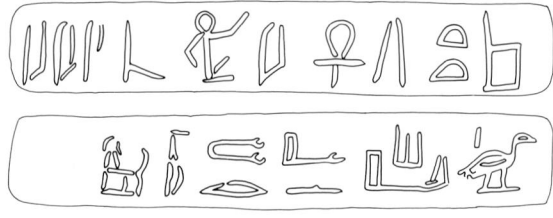

Isis möge Leben geben dem Ibsi, dem Sohn des Padi-Astarte.

Dieser mit dem Namen der vorderasiatischen Göttin Astarte gebildete Personenname könnte auf Memphis als Herkunftsort des Opferbeckens weisen[1].

Die Weihung an Isis und die auch bei Vergleichsstücken[2] belegte Froschfigur deuten auf eine Verwendung dieser kleinen Opferbecken im Kult von Muttergottheiten, denen sie als Votive gestiftet wurden, als bildgewordenes Opfer *en miniature.*

[1] LÄ I, Sp. 499–509, s. v. »Astarte«.

[2] Roeder, Bronzefiguren, § 598–599, Tf. 61 (Berlin 2747–9).

134 Porträtkopf

Roter Quarzit
H. 22,5 cm; B. 13,2 cm; T. 16,9 cm
Spätzeit, 25.–26. Dynastie, 700–600 v. Chr.
Bibliographie: Katalog Ägyptische und moderne
Skulptur, 172, Nr. 1, Abb. vorderer und hinterer
Vorsatz.

Der Kopf ist am Hals von einer Statue gebrochen; die Bruchfläche steigt schräg nach hinten zum Nacken an, wo unter dem Hinterkopf die Ansatzstelle des oberen trapezförmigen Endes eines Rückenpfeilers erkennbar ist. Das rechte Ohr ist stark beschädigt, das linke fast völlig abgebrochen. Die Nase fehlt bis auf die Nasenwurzel; das linke Auge und die Augenbraue sind bestoßen. Der völlig kahlköpfige Schädel ist anatomisch sehr exakt durchgebildet. Die Schläfen sind flach eingesenkt; der Oberkopf wölbt sich in einem ausgeprägten Wulst aus der Stirn. Der nahezu rein kugelförmig gebildete Schädel sitzt auf einem massiven Nacken und gedrungenen Hals. Unter dem ausgeprägten Doppelkinn ziehen sich über die Vorderseite des Halses zwei eingeritzte Falten, zwischen denen sich ein Hautwulst bildet. Über dem hohen, halbkugeligen Kinn sitzt der schmale, streng geformte Mund mit stark unterhöhlter Unterlippe und nach unten gezogenen Mundwinkeln. Oberhalb der schmalen Nasenflügel, die nur an der Bruchfläche erkennbar geblieben sind, treten zwei markante Falten hervor. Die sehr kleinen Augen sind leicht schräg gestellt; ihre äußeren Augenwinkel senken sich tief in den Schädel ein. Augenlider und Brauen sind mit rein plastischen Mitteln gestaltet; Schminkstriche und Brauenlinien fehlen. Besonders markant sind die tief unterhöhlten Winkel zwischen Brauen und Nasenwurzel. Alle Gesichtsdetails drängen sich eng auf der Vorderseite des Kopfes zusammen, die abrupt zu den Seitenflächen des Kopfes abknickt. Diese streng gerichtete Flächigkeit des Aufbaus kontrastiert zur prallen Rundung des Kopfes, dessen plastisches Volumen unter der glatt polierten Haut an die Oberfläche drängt. Mühsam gebändigte Energie lauert hinter der nur scheinbar ruhigen Oberfläche dieses außergewöhnlichen Gesichts, das seine latente Unruhe nicht zuletzt aus den Asymmetrien des Stirnansatzes und zweier ungleich breiter Gesichtshälften bezieht.

Datierungskriterien liefert die Proportionierung des Kopfes, dessen Gehirnschädel gegenüber dem Gesichtsschädel extrem klein ist, ferner der Stiernacken und die vortretende untere Gesichtshälfte. All diese Kriterien weisen in die Kuschitenzeit, in die 25. Dynastie um 700 v. Chr. Die Herkunft des Königshauses dieser Dynastie aus dem Sudan schlägt sich in der bildenden Kunst im deutlich afrikanischen Charakter der Gesichter nieder, am ausgeprägtesten in den Darstellungen der Könige[1] und der Mitglieder des Herrscherhauses[2]. Die typisch kuschitischen Züge werden jedoch auch von Ägyptern übernommen. Montemhet, der Bürgermeister von Theben, zeigt sich in kuschitischem Stil als loyaler Gefolgsmann der sudanesischen Herrscher[3].

So eindeutig die Datierung dieses Kopfes ist, so unmöglich ist die Identifizierung des Dargestellten. Nur seine Zugehörigkeit zum gehobenen Priesterstand läßt sich aus seiner Kahlköpfigkeit und der hohen Qualität der Skulptur erschließen.

[1] Edna Russman, The Representation of the King in the XXVth Dynasty, Bruxelles/Brooklyn 1974.
[2] Königssohn Horemachet, Kairo CG 42204: Katalog Götter – Pharaonen, München 1978, Nr. 68. Vgl. Kat. 128.
[3] Katalog Egyptian Sculpture of the Late Period, Brooklyn 1960, pl. 12–15; Jean Leclant, Montouemhat, Le Caire 1961.

135 Oberteil eines Naophors

Grauwacke
H. 20,3 cm; B. 10,2 cm; T. 8,2 cm
Spätzeit, 26. Dynastie, um 600–525 v. Chr.
ehemals Sammlung Stein, New York
Bibliographie: Auktionskatalog Sotheby's, New York, 30. 5. 1986, Nr. 71.

Der Torso ist an einer diagonal von der rechten Schulter zur linken Hüfte verlaufenden Bruchfläche vom nicht erhaltenen unteren Teil einer Statue gebrochen. Vom linken Arm sind nur Spuren erhalten, der Rückenpfeiler ist bis auf einen Rest in Gürtelhöhe verloren.
Die stehende männliche Figur hielt die Unterarme schräg nach vorne, ist also zu einem Naophoren zu ergänzen, der vor sich einen Götterschrein, eine Statue oder ein Götteremblem hielt. Vom Schurz ist nur ein Rest des Gürtels an der linken Hüfte erhalten. Den Kopf bedeckt eine Haarbeutelperücke, die die hoch angesetzten Ohren frei läßt. Über dem kräftig modellierten Oberkörper sind die Schlüsselbeine deutlich herausgearbeitet. Der breite, scharf gezeichnete Mund, die breiten Nasenflügel, die weit geöffneten Augen über hoch angesetzten Jochbeinen verleihen dem Gesicht hohe Plastizität. Das Fehlen der Oberflächenpolitur, die unbearbeitete Umrahmung der Ohren und die unpräzise Ausführung von Brauen und Schminkstrichen an den Schläfen weisen darauf hin, daß die Statue nicht ganz fertiggestellt ist.
Die Verbindung von idealisierender Gesichtsstruktur und verinnerlichtem Ausdruck datiert den Naophoren in die zweite Hälfte der 26. Dynastie[1].

[1] Vergleichsmaterial im Katalog Egyptian Sculpture of the Late Period, Brooklyn 1960, Nr. 44–48, pl. 40–45.

136 Porträtkopf

Basalt
H. 7,4 cm; B. 5,6 cm; T. 7,9 cm
Spätzeit, 26./27. Dynastie, um 550–500 v. Chr.
aus der Sammlung A. Lehmann-Lefranc, Paris;
ehemals Hilton Price Collection, Nr. 4414
Bibliographie: Auktionskatalog Sotheby's, Wilkin-son & Hodge, London, 12.–21. 7. 1911, Nr. 73; Auk-tionskatalog Sotheby's, London, 13./14. 12. 1982,
Nr. 172; Katalog Entdeckungen, 148, Nr. 131.

Der Kopf ist unmittelbar unter dem Kinn von einer Statue gebrochen. Die Bruchkante am Übergang vom Nacken zum Hinterkopf zeigt noch Reste des waagerechten oberen Abschlus-ses eines Rückenpfeilers.
Die geschlossen wirkende Form des kahlköpfi-gen Schädels ist anatomisch genau beobachtet und differenziert modelliert. Die Schläfen sind leicht konkav eingezogen; unter ihnen treten die Jochbeine markant hervor und ziehen sich bis an die Nasenflügel der langen, schmalen Nase, von denen tief eingeschnittene Nasola-bialfalten steil zu den Mundwinkeln abfallen. Die Lippen des breiten Mundes sind von einem scharf abgesetzten Grat umzogen. Das Kinn tritt halbkugelig hervor. Die Brauen sind nur schwach modelliert; an den wenig tief in den Augenhöhlen liegenden Augen ist die Iris durch dunklere Farbe markiert. Über dem Rückenpfeilerrest zeichnet sich ein stark her-vortretender Nackenwulst ab.
Alle bildwichtigen Teile des Gesichts konzen-trieren sich auf die Vorderansicht, an die die Kopfseiten in klaren Kanten flächig angesetzt sind[1]. Die ausgeprägte Frontalität des Kopfes und das klare geometrische Gerüst aus Vertika-len (Nase) und Horizontalen (Augen, Mund) ste-hen in einem dynamischen Spannungsverhält-nis zur vollen Rundung des trotz seines kleinen Formats wuchtig wirkenden Schädels.

---

[1] Zur Schädelstruktur vgl. die Statue des Psametich-Sa-Neith, Kairo CG 726, Katalog Egyptian Sculpture of the Late Period, Brooklyn 1960, 78 f., Nr. 65, pl. 61–62.

137 Becher

Kalzit-Alabaster
H. 11,2 cm; Dm. 9,5 cm
Frühes Neues Reich, um 1500 v. Chr.
Bibliographie: unpubliziert.

Dinge des täglichen Lebens – Werkzeuge und Geräte, Gefäße und Möbel, Kleidung und Schmuck – treten in Altägypten in zwei völlig verschiedenen Ausführungen auf, als wirkliche Gebrauchsgegenstände und als Luxusgüter für kultischen Gebrauch. Diese funktionsbedingte Zweiteilung betrifft Form und Qualität, vor allem aber die Materialwahl: Aus einer einfachen Steinaxt wird eine Prunkaxt aus Bronze, aus einem hölzernen Hocker ein vergoldeter Thron, aus einem Fayenceanhänger ein goldenes Amulett.

Besonders offensichtlich zeigt sich die vom Verwendungszweck abhängige Auswahl des Materials bei Gefäßen. Gebrauchswaren, also Vorrats- und Kochtöpfe, Trinkbecher und Eßnäpfe, sind aus einfacher, dickwandiger, schwach gebrannter, also billig zu produzierender Keramik, schnellem Verschleiß unterworfen und meist nur noch in Scherben erhalten. Wenn Gefäße nicht für das irdische, sondern das ewige Leben dienen sollen, als Grabbeigaben, bestehen sie aus dünnwandigem, hart gebranntem Ton oder werden gar aus Stein gefertigt.

In den Kontext von Grabbeigaben oder von Opfergefäßen im Tempelkult ist der Becher zu setzen, dessen bis zur Transparenz dünne Wandung in ihrer leicht konkaven Linienführung höchste formale und stilistische Perfektion verrät, durchaus einer Skulptur vergleichbar. Der weit ausschwingende Fuß – typisch für die Becher des frühen Neuen Reiches[1] – verleiht dem Becher Standfestigkeit. Auf dem flachen Rand lag ursprünglich ein glatter Deckel auf.

Die charakteristische Form dieses Bechers hat Eingang in die Hieroglyphenschrift gefunden, wo sie als Deutzeichen für verschiedene Wörter der Bedeutungsgruppe »Salbe« dient, eine klare Information zum Inhalt solcher Luxusgefäße.

138 Becher

Obsidian
H. 9,4 cm; Dm. 6,9 cm
ehemals Sammlung Schmidt, Solothurn
Mittleres Reich, 1900–1750 v. Chr.
Bibliographie: unpubliziert.

In hieroglyphisch klaren Grundmustern kodiert, wandeln sich die in der Frühzeit und im Alten Reich gefundenen Formen der altägyptischen Ikonographie in den folgenden drei Jahrtausenden nur wenig. Ihre Evolution liegt nicht im formalen, sondern im stilistischen Bereich.

Die Form des Salbgefäßes des frühen Neuen Reiches[1] findet sich ganz ähnlich schon ein Jahrtausend früher. Auch in dem Obsidian-Gefäß wird sie aufgenommen, aber doch im Stil stark variiert. Die Proportionen sind schlanker, der ausgeprägte Fuß ist durch ein kaum merkliches Ausschwingen des unteren Gefäßteils ersetzt, die Spannung der Kontur ist gesteigert. Die stilistische Perfektion verbindet sich mit der samtartig matten Oberfläche und dem kostbaren Material zu einem außergewöhnlichen Meisterwerk.

Unmittelbar vergleichbare Obsidianbecher sind in verschiedenen Bestattungen von Mitgliedern der Königsfamilie der 12. Dynastie in Dahschur und Illahun gefunden worden. Sie tragen um den Gefäß- und Deckelrand sowie um den Gefäßfuß Montierungen aus hauchdünnem Goldblech[2].

Obsidian wurde in Ägypten selbst nicht gefunden, sondern mußte importiert werden, wohl vor allem aus Anatolien und Armenien, Abessinien und Südwest-Arabien[3]. Seine Verwendung scheint weitgehend dem königlichen Hof vorbehalten gewesen zu sein.

◁

[1] Vgl. William C. Hayes, The Scepter of Egypt, II, New York 1959, 67, fig. 35. Die ganz ähnlichen Formen des Alten Reiches öffnen sich weniger weit und haben kegelförmige Füße: Katalog Berlin 1967, Nr. 238–240.

[1] Kat. 137.
[2] William C. Hayes, The Scepter of Egypt, I, New York 1953, 243, fig. 155; Friedrich Wilhelm v. Bissing, Steingefäße, Catalogue général des antiquités égyptiennes du Musée du Caire, Nos. 18065–18793, Vienne 1907, Tf. 1, CG 18722, 18755; Herbert E. Winlock, The Treasure of El Lahun, New York 1934, 67, pl. 16 A; Dietrich Wildung, Sesostris und Amenemhet, München 1984, 92f., Abb. 82.
[3] LÄ IV, Sp. 549–550, s.v. »Obsidian«.

139 Zylindergefäß

Anorthositgneis
H. 5,6 cm; Dm. 3,9 cm
Frühzeit, 1.–2. Dynastie, um 3100–2800 v. Chr.
Bibliographie: unpubliziert.

Miniaturgefäße erfüllen trotz ihres kleinen Formats generell die gleichen Funktionen wie große Gefäße. Entscheidend für ihre Funktionsfähigkeit ist die Form, die als Bedeutungszeichen verstanden werden kann, einem Schriftzeichen vergleichbar, eine »lesbare« Form.
Das noch nahezu zylindrische Gefäß ist typisch für die Frühzeit[1], deutet aber in der leicht konkaven Linienführung des Umrisses bereits den stilistischen Wandel an, der seine Vollendung in den Obsidiangefäßen des Mittleren Reiches findet und sich in späteren Epochen fortsetzt[2]. Das Material des kleinen Steingefäßes ist Anorthositgneis, der sogenannte »Chephren-Diorit«, so benannt nach der Sitzfigur des Chephren in Kairo, die aus dem gleichen Stein besteht. Das Gestein wird in der nubischen Wüste abgebaut, südwestlich von Abu Simbel. Das kostspielige und schwer zu beschaffende Gestein erhöhte und unterstrich den Wert des Gefäßinhalts, Salben und aromatische Harze.

[1] Ali el-Khouli, Egyptian Stone Vessels. Predynastic Period to Dynasty III, Mainz 1978, Nr. 483, 737–742, 748, 894, 937.
[2] Kat. 137, 138.

140 Napf

Fayence
H. 3,5 cm; Dm. 4,6 cm
Spätzeit, um 600–300 v. Chr.
Bibliographie: Auktionskatalog Sotheby's, London, 22. 5. 1989, Nr. 147.

Der kleine konisch geformte Napf war, wie Parallelstücke zeigen, mit einem flachen Deckel verschlossen. Er gehörte zu einem Satz von sieben gleich geformten Näpfchen[1], in denen heilige Öle aufbewahrt wurden. Auf der Außenwandung des türkis glasierten Näpfchens steht in blauer Farbe »gib Schutz und Leben«. Wenn in dieser kurzen Aufschrift die Salbe, der Inhalt des Gefäßes, direkt angesprochen wird, so entspricht das den Aufschriften ähnlicher Gefäße[2]. Dort liest man »Isis«, »Schutz der Isis«, »Herr der Ewigkeit«, »Glanz der Ewigkeit«, also Namen und Epitheta von Göttern, die in den Salben wirksam werden. Der Wohlgeruch ist eines der Zeichen der Göttlichkeit und des ewigen Lebens. Amun gibt sich bei der Heiligen Hochzeit seiner irdischen Gemahlin dadurch als Gott zu erkennen, daß »der Palast flutete vom Duft des Gottes«[3].
So werden Salbentöpfchen zu rituellen Geräten, ja mehr als das: zu Garanten der Präsenz Gottes im Alltag der Menschen.

[1] Elisabeth Riefstahl, Ancient Egyptian Glass and Glazes in the Brooklyn Museum, New York 1968, 66, 108, Nr. 64.
[2] Vgl. Anm. 1; zu den Aufschriften: Hilton Price, in: PSBA 25, 1903, 326–328.
[3] Zur Rolle des Wohlgeruchs im Kult: Sylvia Schoske, Schönheit, Abglanz der Göttlichkeit – Kosmetik im Alten Ägypten, SAS 5, 1990, 32–39.

141 Becher

Fayence
H. 5,6 cm; Dm. 4,1 cm
Spätzeit, 600–400 v. Chr.
Bibliographie: unpubliziert.

Die Anfänge der Fayence-Produktion in Ägypten reichen in die späte Vorgeschichte zurück.
Eine jahrtausendealte Erfahrung auf diesem
Gebiet erlaubt es den Fayence-Werkstätten der
Spätzeit, eine breite Palette verschiedener Farben herzustellen, deren Auswahl nicht primär
ästhetisch-künstlerischen Kriterien gehorcht,
sondern kultisch determiniert ist.
Die blau-grüne Farbe der Fayenceglasur des
kleinen, konisch geformten Bechers assoziiert
Wasser und Luft, die neben Licht und Wärme
grundlegende Voraussetzungen des Lebens
sind. Die Form des Bechers ist eine späte Ab-
leitung aus den Becherformen des Alten, Mittleren und Neuen Reiches[1], und man wird aufgrund dieser Vergleichsformen annehmen dür-

fen, daß auch dieser Becher mit einem Deckel
verschlossen war und zur Aufbewahrung von
Salben gedient hat, sei es als Grabbeigabe für
einen Verstorbenen, sei es für den Kult eines
Gottes, »um ihm seine Augen mit der Salbe des Got-
tesrituals zu füllen, um seinen Leib mit heken-
Öl zu salben, der Salbe, der sein Herz entgegen-
jauchzt.«[2]

1 Kat. 137, 138.
2 Inschrift im Horustempel in Edfu: Edfou I, 555, 13–15.

142 Spitzbodiges Gefäß

Amethyst
H. 11 cm; Dm. 4,8 cm
Spätes Altes bis Mittleres Reich, 2200–1800 v. Chr.
Bibliographie: unpubliziert.

Altägyptische Gefäße weisen oft Formen ohne
Standfläche auf. Um sie in aufrechter Position
zu halten, werden sie entweder in den Sand-
boden gesteckt oder auf Gefäßständer oder
Standringe gesetzt. Das Amethystgefäß greift
eine Keramikform größerer Dimensionen auf,
die seit der Ersten Zwischenzeit, seit dem späten
3. Jahrtausend v. Chr., belegt ist[1].
In Stein übertragen, meist in kleineren Formaten, kommt sie im Mittleren Reich sowohl
in Kalzit-Alabaster als auch in Amethyst vor,
einem Stein, der in dieser Epoche sehr häufig
verwendet wird, insbesondere für Schmuck.
Das Rohmaterial wurde im Wadi el-Hudi östlich
von Assuan abgebaut, wo Inschriften den
Abbau für die Zeit von der 11. bis zur 13. Dynastie belegen[2]. Im Anschluß an den zeitlich be-
fristeten Abbau an dieser dem Niltal nahe gele-
genen Stelle wird Amethyst im Neuen Reich aus
Syrien eingeführt.[3]

- [1] Stefan Seidlmayer, Gräberfelder aus dem Übergang vom
  Alten zum Mittleren Reich, SAGA 1, 1990, 177, Abb. 77.
- [2] Ashraf Sadek, The Amethyst Mining Inscriptions of Wadi el-
  Hudi, Warminster 1980.
- [3] LÄ I, Sp. 223–224, s. v. »Amethyst«.

143 Königskopf

Bronze, Gold, Leinen; Hohlguß
H. 10 cm; B. 8 cm; T. 6,8 cm
Spätes Neues Reich, um 1200–1100 v. Chr.
ehemals Sammlung Moise Levi de Benzion, Kairo
Bibliographie: Katalog Entdeckungen, 84 f., Nr. 66;
Dietrich Wildung, Die Kunst des alten Ägypten,
Freiburg 1988, 206, Abb. 87.

Die unterhalb der Schultern verlaufende Bruchfläche läßt zunächst daran denken, der Kopf sei von einer Figur gebrochen. Die glatt abgeschnittenen Schulteransätze, die horizontalen Rücksprünge unter den Schultern und der Ansatz eines rechteckigen Zapfens unter dem Kopf verbieten jedoch eine solche Ergänzung. Auffällig sind Reste eines Blattgoldüberzugs, die sich am Kopftuch erhalten haben, und eine dünne Schicht aus Leinen, die die Rückseite des Kopfes und der Schultern bedeckt.

Der Kopf trägt das Königskopftuch, das mit Seitenflügeln und Brustlappen einheitlich gestreift ist. Über der Stirn schließt das Kopftuch mit einem glatten Band ab. Über der Stirnmitte sitzt eine Uräusschlange. Ihr Leib legt sich in eine kreisrunde Windung und verläuft dann in einer regelmäßigen Wellenlinie bis zur Mitte des Hinterkopfes. Der Kopf der Uräusschlange ist abgebrochen.

Das Gesicht ist von sehr starken Asymmetrien geprägt. Die Ohren mit gebohrten Ohrläppchen sind ungleich groß. Während die linke Augenbraue zur Nasenwurzel abfällt, verläuft die rechte Braue fast waagerecht zur Stirnmitte. Die plastisch aufgesetzten und von scharfen Begrenzungslinien umzogenen Brauen und Schminkstriche verlaufen beim linken Auge waagerecht zur Schläfe und senken sich beim rechten Auge deutlich nach unten. Der innere Augenwinkel des linken Auges ist nach unten gezogen, das Unterlid des rechten Auges verläuft dagegen nahezu gerade. Die durch Niello schwarz abgesetzte Iris ist bei beiden Augen so unterschiedlich orientiert, daß das Gesicht zu schielen scheint. Der Mund ist stark zur rechten Gesichtshälfte hin verschoben.

Der idealisierende Eindruck des Gesichtes wird durch diese Unregelmäßigkeiten differenziert. Eine in der Struktur des Kopfes angelegte maskenhafte Strenge erfährt dadurch eine individualisierende Auflockerung. Der Vorschlag einer Datierung in die späte Ramessidenzeit liegt nahe, ist aber im Zusammenhang mit der funktionalen Einbindung des Kopfes zu sehen.

Die Ausformung der Unterseite des Kopfes, die außergewöhnlich geringe Tiefe des Oberkörpers und die steil abfallende Rückenlinie machen es wahrscheinlich, daß der Kopf als in sich geschlossenes Objekt auf eine Standarte aufgesetzt war[1]. Standarten mit Götter- und Königsköpfen waren feste Bestandteile der Ritualgeräte, die im täglichen Kultbildritual[2] und bei Tempelfesten[3] verwendet wurden. In Verbindung mit Königsköpfen sind Standarten aber auch eine häufig belegte Darstellungsform des Königska, der als bleibende, den Tod überdauernde Wesenheit des Herrschers in programmatischen Szenen hinter ihm steht[4]. Die Häufigkeit solcher Darstellungen in der Ramessidenzeit legt zusammen mit der Stilistik des Kopfes eine Datierung in die Zeit um 1200 bis 1100 v. Chr. nahe.

An der Schnittstelle zwischen König und Gott macht dieser Kopf in seinen idealisierenden Komponenten das Göttliche im Menschen sichtbar und setzt zugleich in seinen individualisierenden Unregelmäßigkeiten die Menschlichkeit Gottes ins Bild um.

[1] Ähnlicher Befund bei Hannover, Kestner-Museum 1935.200.737, Führungsblatt Kult- und Tempelgerät 3, ohne Datum, Nr. 1.
[2] William M. Flinders Petrie, Qurneh, BSAE 16, London 1909, pl. 44 (Tempel Sethos' I. in Qurna).
[3] Beim Minfest in Medinet Habu: Eberhard Otto, Osiris und Amun , München 1966, Abb. 48 (PM II, ²1972, 499 f., [96]–[98], 3).
[4] Kleiner Tempel von Abu Simbel: Le petit temple d'Abou Simbel, Le Caire 1968, pl. 36; großer Tempel von Abu Simbel: LD III, Bl. 186, 194; Tempel Ramses' III. in Karnak: op. cit. III, Bl. 207 d; Tempel Ramses' III. in Medinet Habu: op. cit. III, Bl. 209 d, 210.

Anhang

Metallanalyse der Bronzestatuetten

Von 69 Objekten aus Kupferlegierungen wurden Metallanalysen nach dem Atomabsorptionsverfahren ausgeführt. Diese Methode der quantitativen chemischen Analyse wurde in den vergangenen Jahren so verfeinert, daß nur noch Proben von ca. 10 mg entnommen werden müssen. Die Probenentnahme erfolgt mit einem feinen Bohrer, dessen ohnehin kaum sichtbarer Einstich in den Zapfen, den Sockel oder eine ähnlich unauffällige Stelle mit Wachs so verschlossen werden kann, daß der Eingriff nicht mehr erkennbar ist. Der Vorteil des Atomabsorptionsverfahrens ist die hohe Nachweisempfindlichkeit, so daß an der winzigen Probe 13 Haupt- und Nebenelemente quantitativ mit besonderer Genauigkeit nachgewiesen werden können.

Die Ergebnisse der Analysen sind in der folgenden Tabelle zusammengestellt. Die Gehalte der Elemente Kadmium und Gold, die ebenfalls gemessen wurden, lagen bei allen Stücken unter der Nachweisgrenze des Atomabsorptionsverfahrens, die für das Kadmium bei 0.001%, für das Gold bei 0.05% liegt. Im Anschluß an die Tabelle folgt eine Definition der zur Herstellung dieser Objekte verwendeten Legierungen und eine Betrachtung der Konzentrationen der einzelnen Elemente. Daraus ergibt sich ein erster Eindruck von der Homogenität oder der Heterogenität des Materials.

	Cu	Sn	Pb	Zn	Fe	Ni	Ag	Sb	As	Bi	Co
1	81.03	5.13	12.86	0.003	0.16	0.09	0.08	0.09	0.55	< 0.025	0.01
2	88.98	7.02	3.11	0.002	0.04	0.02	0.10	0.02	0.10	0.614	< 0.01
3	80.11	8.73	10.06	0.051	0.76	0.06	0.03	< 0.01	0.13	< 0.025	0.07
4	83.81	1.80	12.74	1.030	0.04	0.08	0.09	0.08	0.31	< 0.025	0.01
5	85.73	9.88	3.23	0.183	0.84	0.01	0.04	< 0.01	0.10	< 0.025	< 0.01
6	76.05	7.05	15.68	0.025	0.16	0.08	0.13	0.35	0.40	< 0.025	0.08
7	77.21	9.98	12.42	0.007	0.01	0.08	0.04	0.03	0.19	< 0.025	0.04
8	90.30	9.13	0.19	0.046	0.10	0.01	0.05	0.02	0.16	< 0.025	< 0.01
9	88.48	3.24	7.87	0.006	0.14	0.09	0.03	0.01	0.09	< 0.025	0.03
10	78.83	4.32	8.64	5.780	0.07	2.13	0.05	0.03	0.12	< 0.025	0.03
11	83.09	7.30	8.76	0.013	0.02	0.05	0.05	0.11	0.59	< 0.025	0.01
12	88.48	10.28	0.30	0.197	0.51	0.09	0.01	0.02	< 0.05	< 0.025	0.12
13	89.77	6.47	3.33	0.004	0.05	0.05	0.06	0.13	0.07	< 0.025	0.06
14	78.08	4.88	16.13	0.004	0.07	0.05	0.04	0.72	< 0.05	< 0.025	0.03
15	83.91	8.80	5.98	0.012	0.14	0.04	0.12	0.01	0.19	0.772	0.01
16a	86.91	3.35	8.64	0.005	0.04	0.03	0.10	0.11	0.39	0.428	< 0.01
16b	81.17	4.62	13.53	0.005	0.03	0.11	0.12	0.05	0.30	0.039	0.02
17	82.44	3.29	13.44	0.014	0.07	0.05	0.11	0.13	0.47	< 0.025	< 0.01
18	72.74	1.93	18.42	5.760	0.05	0.02	0.09	0.19	0.80	< 0.025	< 0.01
19	88.28	10.99	0.29	0.008	0.22	0.06	0.02	0.02	0.08	< 0.025	0.03
20a	76.28	4.98	18.27	0.027	0.13	0.05	0.07	0.03	0.16	< 0.025	0.02
20b	73.58	4.39	21.58	0.029	0.14	0.05	0.07	0.03	0.12	< 0.025	0.02
21	80.09	11.51	8.24	0.005	0.03	0.04	0.02	< 0.01	< 0.05	< 0.025	0.07
22	89.75	9.56	0.03	< 0.001	0.34	0.02	0.02	0.02	0.26	< 0.025	0.01
23	79.91	4.35	15.03	0.013	0.03	0.04	0.06	0.11	0.47	< 0.025	< 0.01
24	84.62	7.67	6.78	< 0.001	0.05	0.04	0.08	0.16	0.60	< 0.025	< 0.01
25	87.09	5.75	6.75	0.002	0.09	0.07	0.05	0.19	0.11	0.068	0.02

	Cu	Sn	Pb	Zn	Fe	Ni	Ag	Sb	As	Bi	Co
26	57.87	7.53	34.31	< 0.001	0.01	0.03	0.04	0.21	< 0.05	< 0.025	< 0.01
27	89.00	10.12	0.79	0.001	0.04	0.04	0.01	< 0.01	< 0.05	< 0.025	0.01
28a	88.71	4.65	6.35	0.002	0.11	0.01	0.01	< 0.01	0.12	< 0.025	0.03
28b	89.87	5.55	4.22	0.002	0.09	0.02	0.01	< 0.01	0.12	< 0.025	0.03
28c	91.75	5.59	2.42	0.002	0.09	0.01	0.01	< 0.01	0.09	< 0.025	0.03
29	86.25	11.50	1.83	0.007	0.09	0.16	0.04	< 0.01	0.11	< 0.025	0.02
30	85.45	7.84	5.15	0.002	0.11	0.05	0.11	0.02	0.69	0.573	< 0.01
31	85.43	8.05	5.11	0.055	0.32	0.03	0.09	0.17	0.74	< 0.025	< 0.01
32a	73.19	5.60	17.73	2.770	0.61	0.05	0.05	0.03	0.51	< 0.025	0.01
32b	86.95	9.40	3.11	0.005	0.20	0.08	0.04	0.04	0.11	< 0.025	0.05
33	90.66	1.88	7.00	0.007	0.14	0.01	0.01	0.02	0.13	< 0.025	0.13
34a	87.42	3.61	8.09	0.131	0.02	0.09	0.16	0.13	0.34	< 0.025	0.01
34b	84.72	3.81	10.22	0.563	0.06	0.08	0.13	0.11	0.28	< 0.025	0.02
35	71.77	2.90	23.35	0.103	0.19	0.03	0.08	0.22	1.34	< 0.025	0.01
36	69.42	5.33	23.05	0.006	0.01	0.03	0.11	0.41	1.63	< 0.025	0.01
37	91.05	2.03	1.73	4.870	0.20	0.06	0.03	0.03	< 0.05	< 0.025	< 0.01
38	76.08	9.91	13.66	0.004	0.04	0.01	0.03	0.04	0.22	< 0.025	< 0.01
39	87.65	9.78	2.23	0.012	0.10	0.04	0.05	0.03	0.09	< 0.025	0.01
40	71.39	6.05	21.72	0.001	0.01	0.02	0.11	0.03	0.12	< 0.025	< 0.01
41	72.48	4.53	22.43	0.003	0.06	0.10	0.06	0.05	0.27	< 0.025	0.02
42	85.97	3.75	9.68	0.081	0.04	0.09	0.07	0.10	0.21	< 0.025	0.01
43	89.14	7.47	2.68	0.004	0.31	0.05	0.03	0.02	0.25	< 0.025	0.04
44	88.03	2.15	8.10	0.228	0.10	0.03	0.16	0.21	0.97	< 0.025	0.01
45	82.48	5.11	11.46	0.010	0.02	0.04	0.17	0.12	0.61	< 0.025	< 0.01
46	77.65	5.45	16.35	< 0.001	0.01	0.05	0.02	0.12	0.33	< 0.025	0.01
47	83.22	2.49	13.45	0.001	0.01	0.03	0.06	0.12	0.62	< 0.025	< 0.01
48	95.34	< 0.20	1.67	0.020	1.82	0.23	0.21	0.08	0.36	< 0.025	0.03
49	87.89	6.04	5.66	0.010	0.08	0.10	0.04	0.04	0.12	< 0.025	0.04
50	74.29	22.40	2.81	0.015	0.16	0.05	0.04	0.04	0.18	< 0.025	0.02
51	88.59	1.35	8.86	0.006	0.01	0.04	0.12	0.13	0.77	< 0.025	< 0.01
52	83.15	6.00	9.89	0.023	0.22	0.09	0.03	0.41	0.12	< 0.025	0.07
53	87.82	6.88	4.93	0.004	0.07	0.05	0.03	0.03	0.16	< 0.025	0.02
54	83.50	3.61	11.77	0.025	0.08	0.04	0.14	0.14	0.70	< 0.025	< 0.01
55	87.37	9.05	2.95	0.046	0.10	0.19	0.01	0.03	< 0.05	< 0.025	0.26
56	84.48	9.50	5.82	0.002	0.04	0.03	0.07	0.05	< 0.05	< 0.025	0.01
57	78.40	6.02	13.86	0.007	0.02	0.07	0.07	1.40	0.09	0.036	0.02
58	82.16	4.53	12.34	0.009	0.06	0.04	0.10	0.20	0.54	< 0.025	0.02
59	87.49	1.09	0.30	10.890	0.17	0.03	0.02	< 0.02	< 0.05	< 0.025	< 0.01
60	84.39	5.54	9.62	0.024	0.07	0.06	0.03	0.06	0.19	< 0.025	0.01
61	85.04	7.30	6.69	0.100	0.14	0.04	0.04	0.08	0.55	< 0.025	0.01
62	81.72	7.71	10.45	0.030	0.02	0.03	0.03	< 0.02	< 0.05	< 0.025	0.01
63	81.76	4.41	13.19	0.003	0.01	0.08	0.09	0.32	0.11	< 0.025	0.02
64	83.13	7.48	8.89	0.005	0.01	0.07	0.03	0.17	0.17	< 0.025	0.04
65	86.86	6.84	5.67	0.001	0.25	0.08	0.09	0.04	0.14	< 0.025	0.02
66a	82.23	4.22	12.70	0.016	0.01	0.06	0.19	0.15	0.42	< 0.025	0.02
66b	89.16	3.07	6.95	0.045	0.01	0.09	0.12	0.11	0.44	< 0.025	0.01
67	90.04	7.63	1.84	0.011	0.07	0.06	0.05	0.02	0.22	< 0.025	0.04
68	87.84	10.60	0.88	0.012	0.29	0.13	0.04	< 0.02	0.16	< 0.025	0.05
69	87.28	7.95	4.10	0.010	0.12	0.10	0.14	0.07	0.15	< 0.025	0.05

Die wichtigste Information, die wir aus diesen Analysedaten erhalten, ist ein Einblick in die Vielfalt der Legierungen, die im antiken Ägypten verwendet wurden. Ursache dieser Vielfalt sind erstens regionale Unterschiede. Indizien aus früheren Untersuchungen zur Metalltechnik der Ägypter deuten darauf hin, daß es sowohl orts- bzw. werkstattabhängige Legierungen gibt, die traditionsbedingt sind, und daß es zweitens großräumige Unterschiede der in Ober-, Mittel- und Unterägypten verwendeten Legierungen gibt, die auf die unterschiedliche Erzversorgung der verschiedenen Landesteile zurückzuführen sind. Hier fehlt aber noch die statistische Auswertung eines relativ großen Zahlenmaterials, die solche Zusammenhänge deutlicher werden ließe. Neben den regionalen Gründen für die Verwendung sehr unterschiedlicher Legierungen gibt es auch zeitliche Gründe, da in der ägyptischen Spätzeit die traditionellen Legierungen durch typisch römische Bronzen abgelöst werden, die sich durch sehr hohe Bleigehalte auszeichnen.

In der archäologischen Literatur hat sich bei der Beschreibung der Werkstoffe von Objekten aus Kupferlegierungen eine Nomenklatur durchgesetzt, die den pauschalen und häufig auch unrichtigen Begriff Bronze durch genauere Materialangaben ersetzt. Diese Nomenklatur verwendet Begriffe wie Kupfer, Zinnbronze, Bleibronze, Blei-Zinn-Bronze, wobei angegeben wird, ob die Beimengungen Zinn, Blei und Zink in geringer, hoher oder mittlerer Konzentration enthalten sind. Der Sinn dieser Präzisierung wird klar, wenn man sich erinnert, daß eine Zinnbronze mit 10% Zinn, die zum Guß von Statuetten verwendet wurde, völlig andere Materialeigenschaften hat als zinnreiche Zinnbronzen mit 20%, die man zu Glocken oder Spiegeln verarbeitete.

Kupfer

In Ägypten war das reine Kupfer der bevorzugte Werkstoff der frühen Perioden, ehe allmählich und in einem relativ langen Zeitraum das Kupfer von Zinnbronzen als Material zur Herstellung von Statuetten abgelöst wurde. Unter den hier untersuchten Objekten, die aus einer Zeit stammen, in der kaum mehr reines Kupfer verwendet wurde, gibt es lediglich ein Objekt, den Königskopf Nr. 48, der dem Kupfer nahesteht, da er kein Zinn, nur 1.6% Blei und 1.8% Eisen enthält.

Zinnbronzen

Reine Zinnbronzen enthalten als Legierungsbestandteil nur Zinn in unterschiedlichen Konzentrationen, so daß Zinnbronzen mit geringen (1–5%), mittleren (5–10%) und hohen (> 10%) Zinngehalten zu unterscheiden sind, während alle anderen Legierungsbestandteile in Konzentrationen unter 1% enthalten sind.

Von den untersuchten 69 Objekten sind lediglich sechs aus einer reinen Zinnbronze hergestellt, und zwar vier aus einer Zinnbronze mit hohem und zwei aus einer Zinnbronze mit mittlerem Zinngehalt. Tatsächlich liegen aber die Zinngehalte in dem engen Bereich von 9–10%, so daß hier die Trennung nicht gerechtfertigt ist. Bei den sechs Objekten handelt es sich um einen Osiris (Nr. 8 mit 9.1% Sn), um einen Mann mit Doppelkopf (Nr. 22 mit 9.6% Sn), um eine Situla (Nr. 27 mit 10.1% Sn), um einen Stier (Nr. 12 mit 10.3% Sn), um ein Kind mit Doppelkrone (Nr. 68 mit 10.6% Sn) und eine Frau mit Löwenkopf (Nr. 19 mit 11% Sn).

Bleibronzen

Reine Bleibronzen, die nur Blei als Legierungsbestandteil des Kupfers enthalten, gibt es nicht.

Blei-Zinn-Bronzen

Die überwiegende Mehrzahl der Objekte dieser Sammlung ist aus einer Blei-Zinn-Bronze hergestellt. Da bei dieser Gruppe die Zinngehalte im Bereich von 1–11%, in einem Einzelfall sogar bis 22% und die Bleigehalte zwischen 1 und 34% schwanken, muß hier weiter unterteilt werden. Die Ähnlichkeiten der Legierung lassen sich am anschaulichsten in einem Dreiecksdiagramm darstellen.

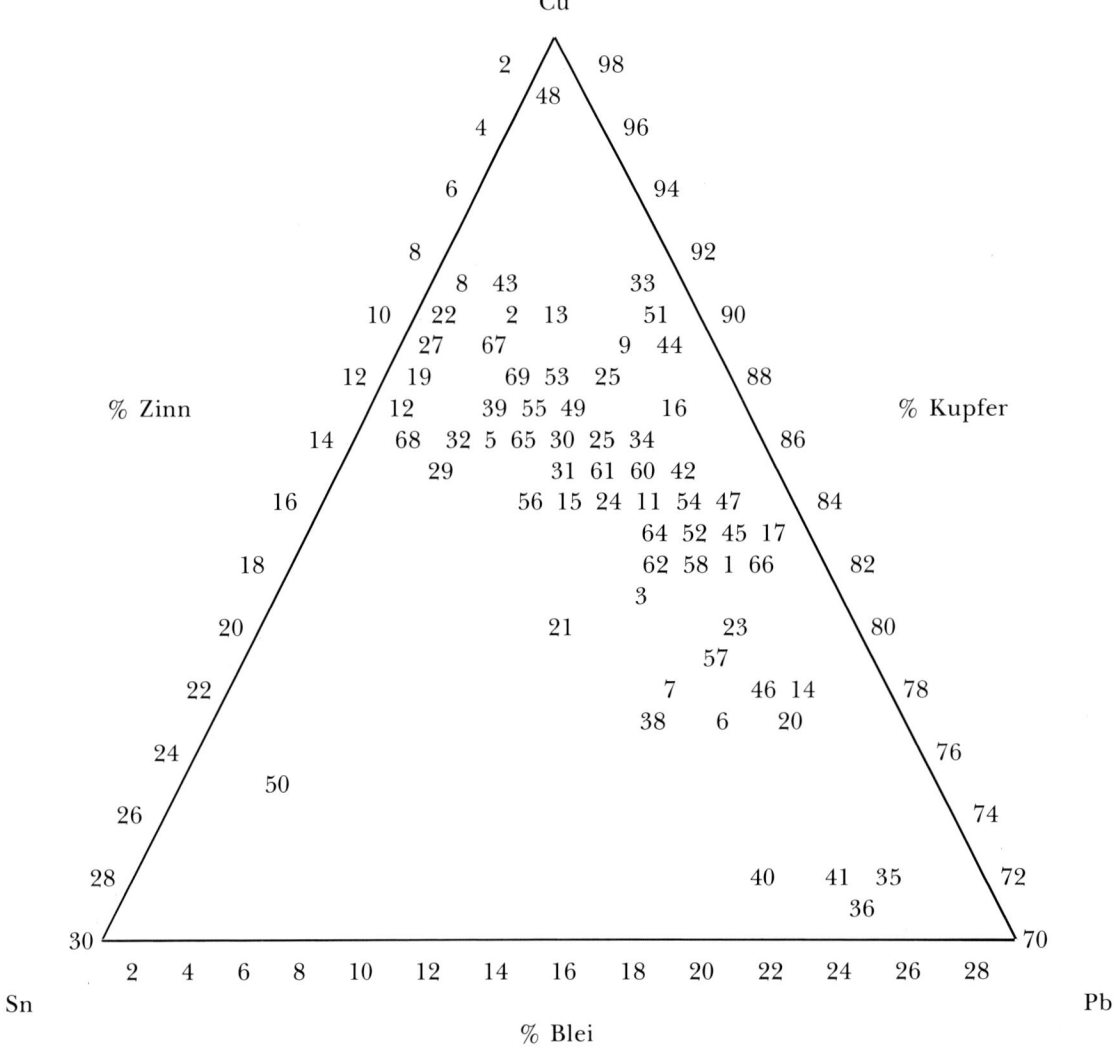

In dem Dreiecksdiagramm wird erstens die Heterogenität der Bleibronzen anschaulich, da ein weites Feld zwischen 92 und 70% Kupfer fast gleichmäßig überdeckt wird. Weiter werden Gruppierungen deutlich, etwa die bleiarmen Objekte 43, 2, 67, 69, 39, 32 und 29, die den Zinnbronzen nahestehen, oder die zinnfreien Bronzen 33, 51, 44 und 17 am rechten Schenkel des Dreiecks, oder die extrem bleireichen Bronzen 35, 36, 40 und 41 in der rechten unteren Ecke des Dreiecks. Solche Dreiecksdiagramme können den Schlüssel zur altägyptischen Bronzetechnik darstellen, da denkbar ist, daß Objekte, die im Dreiecksdiagramm nahe beieinander liegen, aus einer Werkstatt stammen.

Messing

Als Messing werden zinkhaltige Kupferlegierungen bezeichnet. Messing kommt zur römischen Kaiserzeit in allgemeinen Gebrauch. Zinkhaltige Objekte aus früherer Zeit sind nur in Ausnahmefällen bekanntgeworden.

Unter den hier untersuchten Objekten enthalten sechs Zink, und zwar der Mann mit Widderkopf Nr. 59 (10.9% Zn), der Falke Nr. 10 und der Mann mit Lanze Nr. 18 (beide mit 5.8% Zn), die Isis Nr. 37 (4.9% Zn), der Falke mit Doppelkrone Nr. 35a (Füße, 2.8% Zn) und die Bastet Nr. 4 (1.0% Zn).

Die Verteilung der Haupt- und Spurenelemente der Bronzen

Zur Charakterisierung von Bronzen betrachtet man auch die Spurenelemente, da aus ihrer Homogenität oder Heterogenität Rückschlüsse möglich sind, ob die Erze aus einem oder aus mehreren Liefergebieten stammen. Nicht selten gibt die Spurenelementgesellschaft einen Hinweis auf die Lagerstätte der Kupfererze.

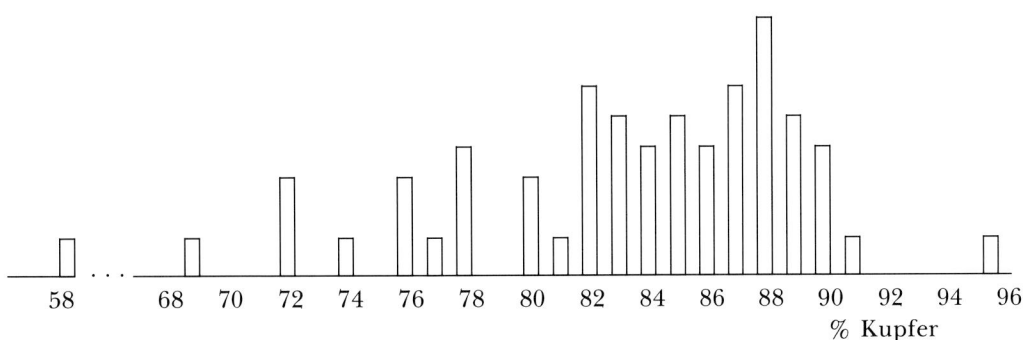

Beim Kupfer konzentrieren sich die Gehalte in dem Bereich zwischen 82–90%, dem Kupfer wurden also Blei und Zinn in relativ hohen Anteilen von 10–18% zugemischt. Deutlich wird, daß bei den hier untersuchten Objekten nur ein dem Kupfer nahestehendes Stück mit 95% Cu enthalten ist und daß kupferarme Objekte als solche, denen hohe Anteile an Zinn und vor allem an Blei zugemischt wurden, seltener vorkommen. Kupfergehalte unter 78% sind schon relativ selten, und das Einzelstück, der Harpokrates Nr. 26 mit 58% Kupfer und 34% Blei, ist eine echte Ausnahme.

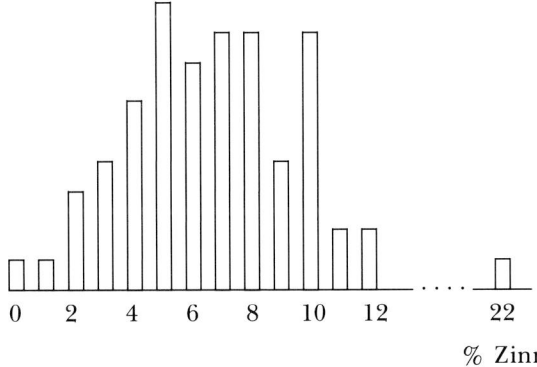

Die Zinngehalte überdecken den Bereich zwischen 2 und 10% ziemlich gleichmäßig. Aus dem Diagramm wird deutlich, daß zinnarme Stücke selten sind. Deutlich wird auch die Sonderstellung des Osiriskopfes Nr. 50 mit 22.4% Zinn, ein Wert, der bei ägyptischen Statuetten recht ungewöhnlich ist, bei Spiegeln, die durch den hohen Zinngehalt besonders hart und dadurch polierbar wurden, aber üblich ist.

227

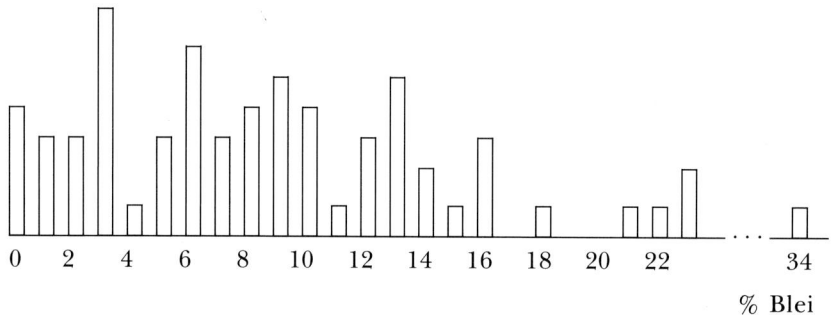

% Blei

Bei den Bleigehalten wird die relativ große Schwankungsbreite von 0–23% mit einer Ausnahme von 34% sehr deutlich. Ungeklärt ist noch, ob die Gehalte zufällig so stark schwanken, ob in verschiedenen Bereichen Ägyptens unterschiedliche Bleigehalte verwendet wurden, ob die Bleigehalte werkstatt-typisch sind oder ob die Bleigehalte mit zunehmender Annäherung der Herstellungszeit der Objekte an die römische Zeit, in der sehr bleireiche Statuetten vorherrschen, mehr Blei enthalten.

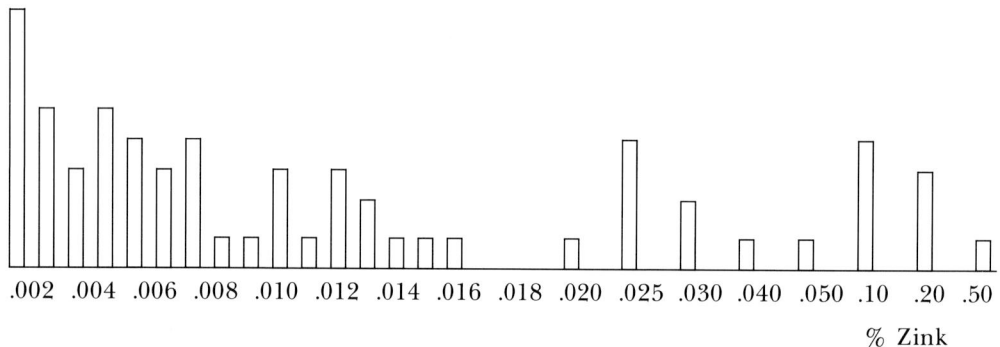

% Zink

Bei den Zinkgehalten, die in dem Diagramm nicht linear dargestellt sind, weil sie einen zu weiten Bereich überdecken, wobei sie bei den niederen Werten stark gehäuft sind, überwiegen deutlich Werte unter 0.01%, während Werte über 0.02% schon etwas ungewöhnlich sind. Auch die Zinkgehalte könnten einen Ansatzpunkt für die regionale oder zeitliche Zuordnung von ägyptischen Bronzen liefern, wenn die Ursache des erhöhten Zinkgehaltes einzelner Objekte aufgeklärt werden könnte. Denkbar ist auch hier, daß der Zinkgehalt der altägyptischen Statuetten ansteigt, je mehr sich ihre Herstellungszeit der römischen Zeit nähert.

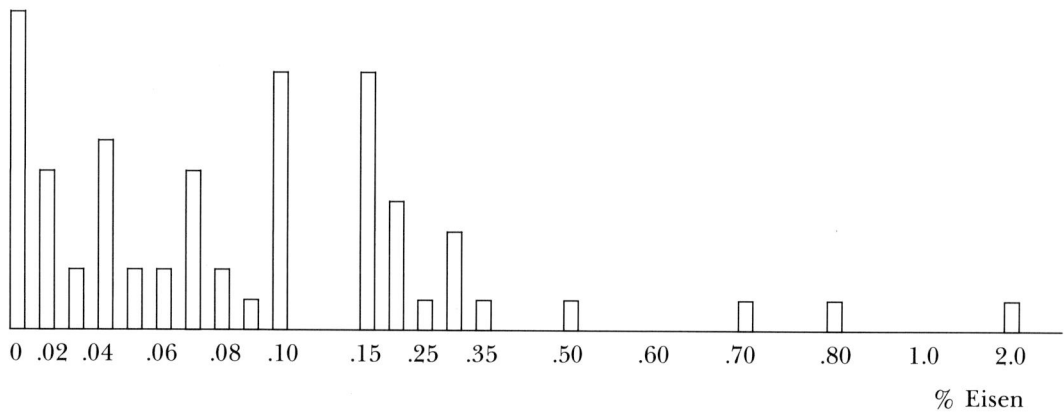

% Eisen

Die Eisengehalte liegen vor allem zwischen 0 und 0.15%. Höhere Werte sind ungewöhnlich und nicht selten auf Verunreinigungen des Objekts zurückzuführen.

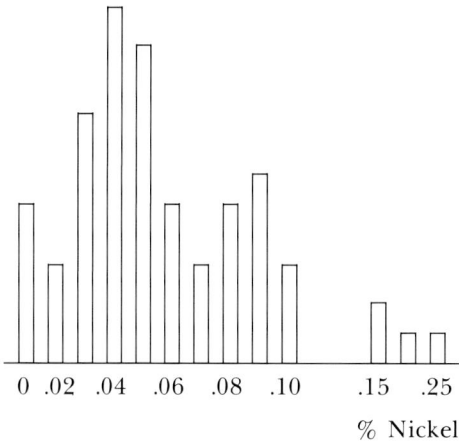

% Nickel

Mit Ausnahme von vier Objekten, die über 0.1% Nickel enthalten, finden sich alle übrigen Werte in dem relativ geringen Bereich zwischen 0 und 0.1%. Da die Nickelgehalte für die Art des Kupfererzes typisch sind und auch bei benachbarten Kulturen Werte um 1% erreichen können, spricht die Einheitlichkeit der Werte der hier untersuchten Statuetten für die Verwendung eines einheitlichen Kupfererzes.

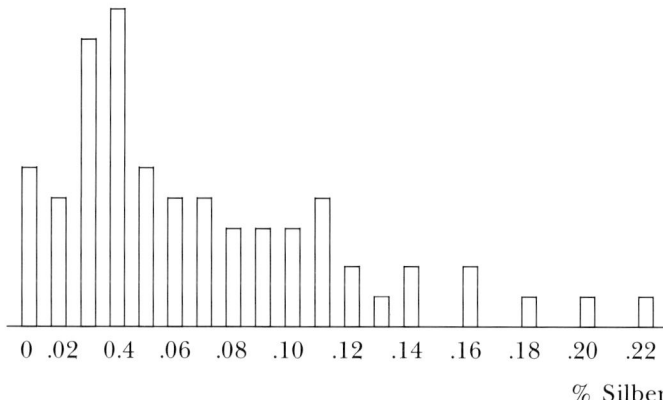

% Silber

Auch beim Silber ist die Homogenität der Spurenelemente deutlich, obwohl bei diesem Element die Schwankungsbreite wesentlich geringer ist als bei den Nickelgehalten. Die Mehrzahl der hier untersuchten Objekte hat Silbergehalte unter 0.1%, Werte über 0.2% sind Ausnahmen.

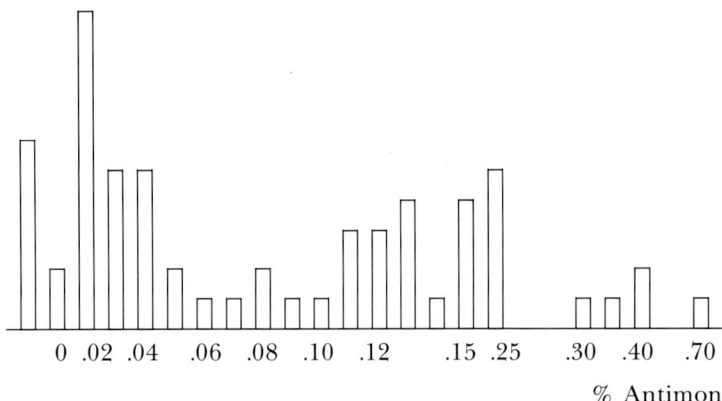

% Antimon

Die stärkere Schwankung der Antimongehalte in Bronzen ist üblich. Darum ist es auch hier nicht unge-wöhnlich, daß sich diese Werte über einen Bereich bis 0.2% erstrecken. Auch die hohen Werte, die in einem Fall 0.7% erreichen, entsprechen dem Bild der Spurenelemente in antiken Bronzen, da dieses Element auch im Vorderen Orient mitunter in Gehalten von bis zu 10% zu finden ist.

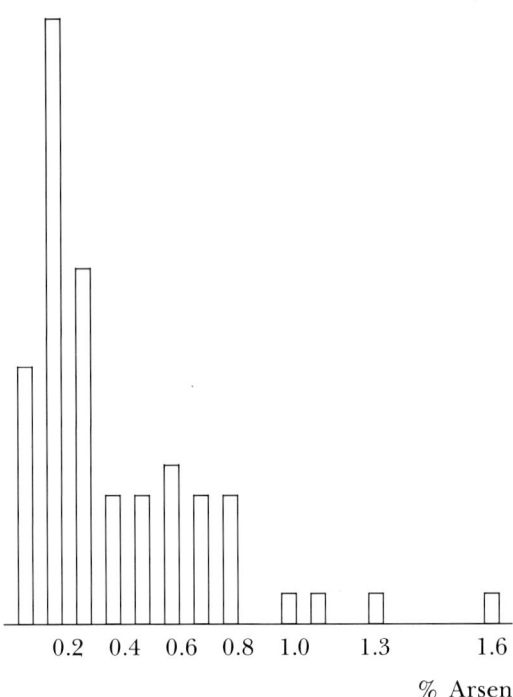

% Arsen

Arsen zählt fast schon nicht mehr zu den Spurenelementen, da es in manchen Kupfererzen in so hohen Anteilen enthalten ist, daß es in der Bronze Werte um 10% erreichen kann. Arsenkupferlegierungen gehörten zu den üblichen Werkstoffen der frühen Kulturen des Vorderen Orients, als man die arsenreichen Kupfererze verhüttete und unbeabsichtigt eine arsenhaltige Kupferlegierung erhielt, die in ihren Eigen-schaften dem Kupfer deutlich überlegen war.

Die Gehalte an Wismut, die in der Analysenliste noch aufgeführt sind, liegen fast immer unter der Nachweisgrenze von 0.025%. Nur in wenigen Fällen wurden höhere Gehalte gemessen, die dann aber beachtlich hoch waren und vereinzelt bis zu 0.4, 0.6 und 0.7% anstiegen.

Kobalt war wieder häufiger in meßbaren Konzentrationen enthalten. Die Mehrzahl der Werte lag aber unter 0.04%, so daß hier keine Differenzierung möglich war.

Zusammenfassend kann somit zur Zusammensetzung der Bronzeobjekte festgestellt werden, daß sie verschiedenen Legierungstypen des Kupfers angehören, wobei die recht heterogene Gruppe der Blei-Zinn-Bronzen vorherrscht, während reine Zinnbronzen oder Kupfer zurücktreten. Die Zinngehalte variieren nicht allzusehr und liegen vorwiegend in dem üblichen Bereich von 4–10%. Die Bleigehalte finden sich dagegen in dem wesentlich breiteren Bereich von 0–34%. Diese Heterogenität des Materials deutet auf regional und zeitlich unterschiedliche Bronzetechniken. Ein Zusammenhang zwischen der Art der Legierung und der Zeit oder dem Ort der Herstellung ist bis jetzt noch nicht erkennbar. Die Gehalte an Spurenelementen sind relativ homogen, was für die Verwendung eines einheitlichen Kupfererzes spricht.

Josef Riederer

Konkordanz

Für die Metallanalyse wurden sämtliche Bronze-Objekte der Sammlung Resandro zur Verfügung gestellt. Objekte ohne Katalognummer werden in der Ausstellung nicht gezeigt.

Analyse Nr.	Katalog Nr.	
1	88	Ptah
2	29	Kind mit Atefkrone
3	109	Nehemet-await
4	105	Bastet
5	20	Liegender Schakal
6	–	Apis-Stier
7	85	Harpokrates
8	64	Osiris
9	56	Barbe
10	–	Falke
11	3	Katzenkopf
12	65	Stier
13	–	Göttergruppe
14	–	Situla
15	57	Atum
16	17	Krokodilsköpfiger Gott
17	2	Sitzende Katze
18	18	Mann mit Lanze
19	40	Frau mit Löwenkopf
20 a	83	Isis mit Kind
20 b	83	Kind
21	103	Neith
22	119	Mann mit Doppelkopf
23	111	Osiris
24	98	Stehender Amun
25	30	Kind mit Hemhemkrone
26	31	Kind mit Hemhemkrone
27	12	Situla
28	84	Osiris, Arm
29	89	Sachmet

Analyse Nr.	Katalog Nr.	
30	–	Uto
31	93	Horus-Speer
32a	22	Falke mit Doppelkrone, Fuß
32b	22	Falke mit Doppelkrone, Flügel
33	32	Blaue Krone mit Kinderzopf
34a	–	Sitzende Isis
34b	–	Isis, Krone
35	–	Osiris
36	66	Schlange, Sarg
37	–	Isis
38	–	Spitzmaus
39	–	Maat
40	–	Katze
41	–	Osiris
42	–	Fisch
43	–	Horus
44	–	Uto auf Standarte
45	–	Aegis
46	–	Menit
47	–	Osiris
48	143	Königskopf
49	131	Opferträger
50	86	Osiris-Kopf
51	13	Ithyphallische Figur
52	110	Thoth
53	42	Löwenköpfige Göttin vor Obelisk
54	19	Mann mit Widderkopf
55	9	Mann mit Stierkopf
56	133	Opferbecken
57	99	Amaunet
58	52	Spitzmaus
59	16	Mann mit Widderkopf
60	55	Nilhecht
61	39	Frau mit Löwenkopf
62	4	Bastet
63	132	Opferträger
64	8	Stier
65	82	Maat
66a	67	Ka mit Opferplatte, Figur
66b	67	Ka mit Opferplatte, Basis
67	121	Sistrum
68	–	Kind mit Doppelkrone
69	28	Harpokrates

Verzeichnis der abgekürzt zitierten Literatur

(Abkürzungen von Zeitschriften und Reihen siehe Wolfgang Helck/Wolfhart Westendorf (Hg.), Lexikon der Ägyptologie, Band VII, Wiesbaden 1989, XIV–XIX)

Assmann, ÄHG — Jan Assmann, Ägyptische Hymnen und Gebete, Zürich/München 1975

Bonnet, RÄRG — Hans Bonnet, Reallexikon der ägyptischen Religionsgeschichte, Berlin 1952

Brunton, Matmar — Guy Brunton, Matmar, London 1948

CT — Adriaan de Buck, The Egyptian Coffin Texts, Vol. I–VII, Chicago 1935–61

Daressy, Statues — Georges Daressy, Statues de divinités, Tome I–II, Catalogue général des antiquités égyptiennes du Musée du Caire, Nos. 38001–39384, Le Caire 1905–06

de Wit, Lion — Constant de Wit, Le rôle et le sens du lion dans l'Egypte ancienne, Leiden 1951

Dendara — Emile Chassinat/François Daumas, Le temple de Dendara, Tome I–VIII, Le Caire 1934–78

Edfou I — Le Marquis de Rochemonteix, Le temple d'Edfou I, Mémoires publiés par les membres de la mission archéologique française au Caire 10, Paris 1897

Edfou VI, X — Emile Chassinat, Le temple d'Edfou IV–XIV, Mémoires publiés par les membres de la mission archéologique française au Caire 21–31, Paris 1929–34

Hibis III — Norman de Garis Davies, The Temple of Hibis in el Khargeh Oasis, Part III, The Decoration, New York 1953

Hornemann, Types — Bodil Hornemann, Types of Ancient Egyptian Statuary, 7 Kästen, Kopenhagen 1951–69

Hornung, Totenbuch — Erik Hornung, Das Totenbuch der Ägypter, Zürich/München 1979

Hornung, Unterweltsbücher — Erik Hornung, Ägyptische Unterweltsbücher, Zürich/München 1972

Katalog Baltimore — Georg Steindorff, Catalogue of the Egyptian Sculpture in the Walters Art Gallery, Baltimore 1946

Katalog Basel 1976 — Erik Hornung/Elisabeth Staehelin (Hg.), Skarabäen und andere Siegel-amulette aus Basler Sammlungen, Mainz 1976

Katalog Berlin 1967 — Werner Kaiser, Staatliche Museen Preußischer Kulturbesitz, Ägyptisches Museum Berlin, Berlin 1967

Katalog Berlin 1991 — Karl-Heinz Priese (Hg.), Museumsinsel Berlin, Ägyptisches Museum, Mainz 1991

Katalog Entdeckungen — Dietrich Wildung, Entdeckungen – Ägyptische Kunst in Süddeutschland, München 1985

Katalog Frankfurt 1990 — Birgit Schlick-Nolte/Vera von Droste zu Hülshoff, Liebieghaus, Museum Alter Plastik, Ägyptische Bildwerke I, Skarabäen, Amulette und Schmuck, Melsungen 1990

Katalog Geschenk des Nils — Erik Hornung u. a., Geschenk des Nils, Aegyptische Kunstwerke in Schweizer Besitz, Basel 1978

Katalog Hildesheim 1973 — Hans Kayser, Die ägyptischen Altertümer im Roemer- und Pelizaeus-Museum in Hildesheim, Hildesheim 1973

Katalog Kairo 1986 — Mohamed Saleh/Hourig Sourouzian, Das Ägyptische Museum Kairo, Mainz 1986

Katalog Kleopatra	Robert S. Bianchi u. a., Kleopatra – Ägypten um die Zeitenwende, Mainz 1991
Katalog Memminger	Peter Pamminger, Ägyptische Kunst aus der Sammlung Gustav Memminger, Wiesbaden 1990
Katalog München 1976	Hans Wolfgang Müller/Dietrich Wildung, Staatliche Sammlung Ägyptischer Kunst, München 1976
Katalog München 1985	Sylvia Schoske/Dietrich Wildung, Ägyptische Kunst München, München o. J.
Katalog Nofret I	Dietrich Wildung/Sylvia Schoske, Nofret – die Schöne, Die Frau im Alten Ägypten, Mainz 1984
Katalog Nofret II	Bettina Schmitz (Hg.), Nofret – Die Schöne, Die Frau im Alten Ägypten, »Wahrheit« und Wirklichkeit, Mainz 1985
Katalog Osiris, Kreuz, Halbmond	Emma Brunner-Traut/Hellmut Brunner/Johanna Zick-Nissen, Osiris, Kreuz und Halbmond, Mainz 1984
Katalog Oxford ²1988	P. Roger S. Moorey, Ancient Egypt, Ashmolean Museum, Oxford ²1988
LÄ	Eberhard Otto/Wolfgang Helck/Wolfhart Westendorf (Hg.), Lexikon der Ägyptologie, 7 Bde., Wiesbaden 1978–89
Lanzone, Dizionario	Ridolfo Vittorio Lanzone, Dizionario di mitologia, Torino 1881–86
LD	Karl Richard Lepsius, Denkmäler aus Ägypten und Äthiopien, 12 Bde., Berlin 1849–58
Mariette, Dendera	Auguste Mariette, Dendérah, Description générale du grand temple de cette ville, Tome I–V, Paris 1870–80
Medinet Habu	The Epigraphic Survey, Medinet Habu, Vol. I–VIII, Oriental Institute Publications 8, 9, 23, 51, 83, 84, 93, 94, The University of Chicago, Chicago 1930–70
Petrie, Amulets	William M. Flinders Petrie, Amulets, London 1914
Ranke, PN I	Hermann Ranke, Die ägyptischen Personennamen I, Verzeichnis der Namen, Glückstadt 1935
Reisner, Amulets I, II	George Andrew Reisner, Amulets, Catalogue général des antiquités égyptiennes du Musée du Caire, Nos. 5218–6000/12 001–13 595, Le Caire 1907–58
Roeder, Bronzefiguren	Günther Roeder, Ägyptische Bronzefiguren, Mitteilungen aus der Ägyptischen Sammlung VI, Berlin 1956
Roeder, Bronzewerke	Günther Roeder, Ägyptische Bronzewerke, Pelizaeus-Museum zu Hildesheim, Wissenschaftliche Veröffentlichung 3, Glückstadt 1937
Vandier, Manuel	Jacques Vandier, Manuel d'archéologie égyptienne, I–V, Paris 1952–69

Allgemeine Abkürzungen

Abb.	Abbildung	op. cit.	opus citatus
Anm.	Anmerkung	pl.	plate
bzw.	beziehungsweise	pls.	plates
d. h.	das heißt	s.	siehe
Diss.	Dissertation	s. v.	sub verbum
Hg.	Herausgeber	Sp.	Spalte
ibid.	ibidem	Tav.	Tavola
id.	idem	Tf.	Tafel
Kat.	Katalognummer	u. a.	unter anderem
Kol.	Kolumne	v. a.	vor allem
loc. cit.	locus citatus	vgl.	vergleiche

Index

(Die römischen Ziffern bezeichnen die Zwischentexte zu den einzelnen Kapiteln, vgl. Inhaltsverzeichnis, die arabischen Ziffern die Katalognummern)

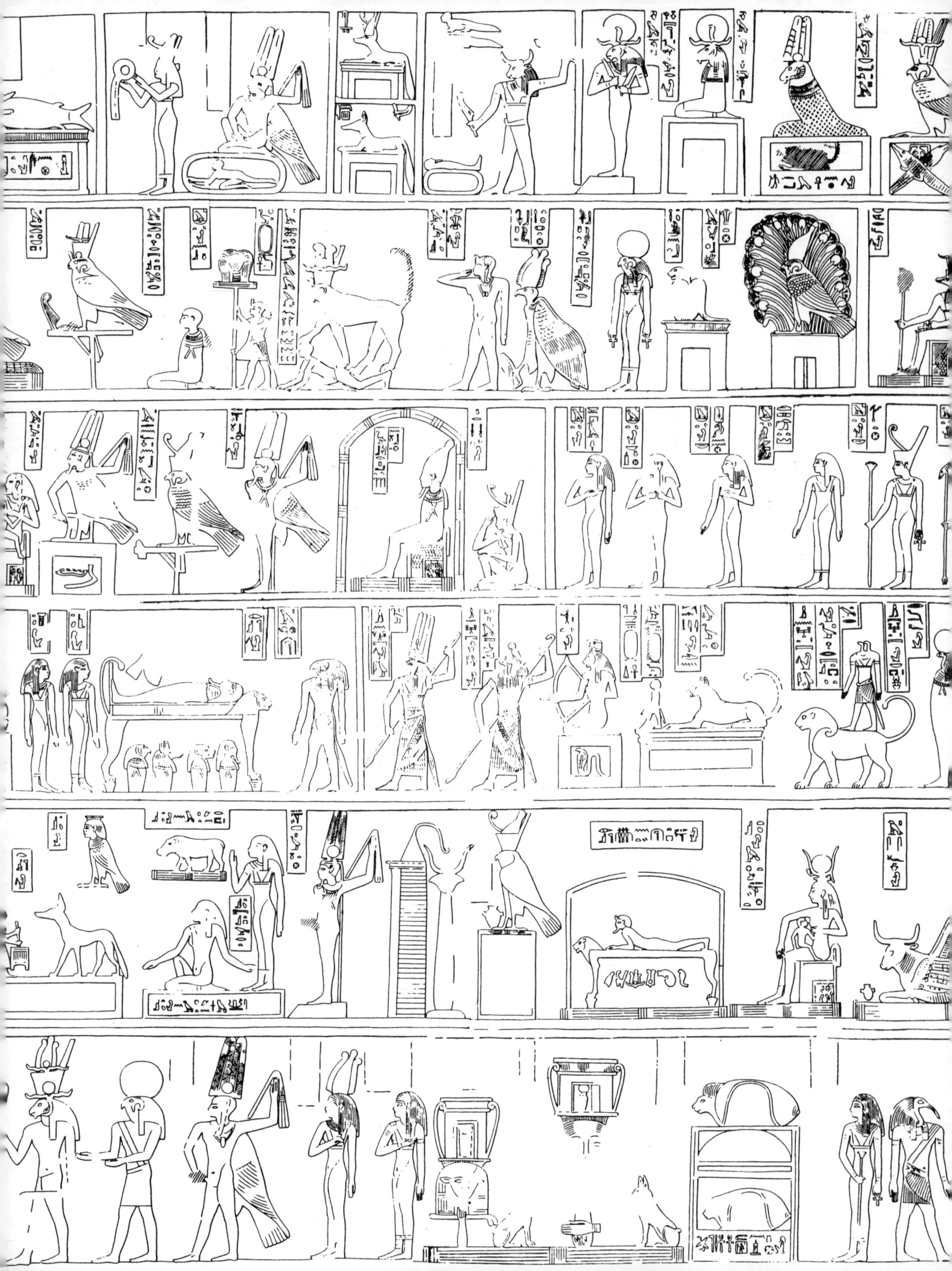